《市政工程施工技术交底手册》系列丛书

城市轨道工程
施工技术交底手册

李世华　李智华　主　编
寿晨曦　李　江　副主编

中国建筑工业出版社

图书在版编目(CIP)数据

城市轨道工程施工技术交底手册/李世华等主编. —北京：中国建筑工业出版社，2011.6
（市政工程施工技术交底手册系列丛书）
ISBN 978-7-112-13180-8

Ⅰ.①城… Ⅱ.①李… Ⅲ.①轻轨车辆-铁路工程-工程施工—技术手册 Ⅳ.①U239.5-62

中国版本图书馆 CIP 数据核字（2011）第 070062 号

本书共6章内容，包括概论；轨道工程测量；城市轨道工程轨道结构；基坑支护桩与地下连续墙；隧道工程施工；其他工程施工。

本书可供从事市政工程设计、施工、监理、管理等技术人员使用，也可供大专院校有关专业师生参考。

*　*　*

责任编辑：常　燕　周艳明

《市政工程施工技术交底手册》系列丛书
城市轨道工程施工技术交底手册
李世华　李智华　主　编
寿晨曦　李　江　副主编

*

中国建筑工业出版社出版、发行（北京西郊百万庄）
各地新华书店、建筑书店经销
北京鑫联必升文化发展有限公司制版
北京京丰印刷厂印刷

*

开本：787×1092毫米　1/16　印张：13　字数：350千字
2011年8月第一版　　2011年8月第一次印刷
定价：29.00元
ISBN 978-7-112-13180-8
（20584）

版权所有　翻印必究
如有印装质量问题，可寄本社退换
（邮政编码100037）

《市政工程施工技术交底手册》系列丛书
编审委员会名单

主　任： 陈思平

副主任： 肖芝才　　肖智勇　　仰永军　　朱剑锋　　彭文杰　　孙　容

委　员： 李智华　　吴红汝　　李国柱　　李春华　　曾义芳　　李柳华
　　　　　李植槐　　李松槐　　聂辉娥　　李爱萍　　李如华　　刘鹤怀
　　　　　李盛华　　周赛兰　　张苍庚　　张铭庚　　张芝丽　　张青丽
　　　　　李辉娥　　彭晓香　　彭铁志　　彭立志　　彭民安　　郑正龙
　　　　　郑银龙　　杨民主　　罗桂华　　罗崇跃　　刘巧玲　　李俊明
　　　　　罗桂梅　　罗崇锡　　邹景堂　　胡海钦　　阳丽娜　　张学华
　　　　　李　琼　　张其林　　李思洋　　寿晨曦　　李　江　　余　阳
　　　　　曾　铮　　唐洁丽　　李　海　　符　霞　　聂建军　　周红莲
　　　　　李星峰　　李　炜　　张　戈　　彭世红　　彭世坚　　罗忠佳
　　　　　陈　勇　　杨　珏　　郑　莉　　王丽平　　刘益辉　　秦　虹
　　　　　张文学　　戴华辉　　刘梦雨　　戴琛辉　　聂智泉　　王芙蓉
　　　　　李育元　　朱小华　　彭景容　　周小单　　曹豪辉　　曹　旋
　　　　　兰美姣　　李新康　　段翠兰　　吴懂林　　刘　嘉　　杨异伦
　　　　　李志伏　　汪新其　　黄向荣　　史敏娟　　陈运良　　陈双灵
　　　　　聂伯青　　罗子兰　　李长春　　李阳春　　李志军　　李新娥
　　　　　彭南光　　王菊香　　刘雪英　　彭志泽　　刘细果　　戴乐农
　　　　　李石林　　王述之　　张学文　　彭玉光　　谢永根　　汪健初
　　　　　沈远清　　张民富　　陈细强　　周锦庆　　陈润芳　　黎克西
　　　　　曾湘元　　康四娥　　唐解秀　　李利华　　罗桂莲　　李世华

前　言

　　随着国民经济的飞跃发展,我国的土木工程建设步入了史无前例的黄金时期,特别在加入WTO后,我国在各个领域都面临着与世界同步前进的挑战,尤其是作为国家发展的基础产业——市政工程行业更是先行一步。市政工程是指城市范围内道路、桥梁、给水、排水、污水处理、燃气、供热、园林绿化、城市轨道、城市垃圾处理等。市政工程项目建设和投资规模逐年扩大,施工技术难度越来越高,施工环境越来越复杂,专业分工越来越细。同时,新技术、新工艺、新设备、新材料的不断涌现,对市政工程施工人员的知识积累、技能水平提出了更高的要求。为加强工程的规范化管理,提高丛业人员施工技术水平和管理水平。

　　本手册在全体编审人员的齐心协力、勤奋努力下问世了,我们希望对从事市政工程设计、施工、验收、管理及材料、设备供应等方面的工程技术和管理人员有所帮助。

　　本手册在编写过程中,严格依据国家现行相关的法律、规范、规程、标准、要求,参考相关地方标准等文件,征求相关单位和专家的意见,结合市政工程施工的特点,考虑到市政工程管理的发展趋势进行编写,力求理论与实际相结合,注重施工实践经验的总结,并将新规范的内容融会贯通,做到通俗易懂,体现知识性、权威性、前瞻性、适用性和可操作性。

　　《城市轨道工程施工技术交底手册》是《市政工程施工技术交底手册》之一,主要包括:概述、轨道工程测量、城市轨道工程轨道结构、基坑支护桩与地下连续墙、隧道工程施工、其他工程施工等内容。

　　本手册由广州大学市政技术学院李世华、上海杉杉科技有限公司李智华主编,广东省东莞市杉杉电池材料有限公司寿晨曦、李江为副主编,广东省华立技师学院陈海龙、广州市市政职业学校马穗勇承担了该书所有图纸的绘制。

　　本丛书内容将会以详实、语言简洁、重点突出、新技术信息含量高、查找方便为特点,具有较强的指导作用和使用价值,可作为规范实施的技术性工具书,可供从事市政工程设计、施工、监理、管理等技术人员使用,也可供大专院校有关专业师生参考。

　　在编写中,不仅承蒙许多单位和个人的帮助,为本手册提供了大量有关城市轨道工程(包括:地铁、高铁、轻轨、悬磁浮式轨道等)施工技术交底的宝贵资料;而且参考了许多素不相识的同行们的著作、成果、资料等。在此一并致以衷心的感谢。由于我们的水平有限,书中不足之处,诚恳地欢迎广大读者批评指正。

编　者

目 录

1 概 论 ·· 1
   1.1 大中城市严重的交通问题 ··· 1
   1.2 城市轨道交通运输的分类、特点及系统制式 ································· 2
   1.3 城市轨道交通运输的发展 ··· 11
   1.4 城市轨道工程施工技术交底概论 ·· 34
2 轨道工程测量 ·· 38
   2.1 概述 ·· 38
   2.2 地面平面控制测量 ·· 44
   2.3 地面高程控制测量 ·· 57
   2.4 高架结构施工测量 ·· 64
   2.5 铺轨基标施工测量 ·· 66
   2.6 城市磁悬浮和跨座式轨道工程施工测量 ··································· 69
3 城市轨道工程轨道结构 ··· 72
   3.1 概述 ·· 72
   3.2 钢轨的施工技术交底 ··· 73
   3.3 轨枕的施工技术交底 ··· 77
   3.4 连接零件的施工技术交底 ··· 79
   3.5 道碴道床的施工技术交底 ··· 82
   3.6 道岔的施工技术交底 ··· 84
   3.7 无碴轨道的施工技术交底 ··· 87
4 基坑支护桩与地下连续墙 ··· 108
   4.1 基坑支护桩施工技术交底 ··· 108
   4.2 地下连续墙施工技术交底 ··· 113
5 隧道工程施工 ·· 118
   5.1 隧道明挖法施工技术交底 ··· 118
   5.2 隧道盖挖逆法施工技术交底 ·· 126
   5.3 隧道喷锚暗挖法施工技术交底 ··· 128
   5.4 隧道盾构掘进法施工技术交底 ··· 140
6 其他工程施工 ·· 184
   6.1 钢筋混凝土高架桥施工技术交底 ·· 184
   6.2 轨道工程建筑装修施工技术交底 ·· 195

1 概 论

1.1 大中城市严重的交通问题

大中城市严重的交通问题见表1-1所列。

表1-1 大中城市严重的交通问题

序号	项目	我国大中城市交通问题的主要内容与图表
1	概述	(1) 进入21世纪后,世界上将有40%以上的人口居住在城市里,据联合国2005年城市化展望资料表明:人口超过100万的城市有350多个;人口超过1000万的城市也将达到20多个;人口超过1500万的城市有8个;人口超过2000万的城市有3个;人口超过3000万的城市有2个;其中中国重庆人口超过3000万;上海、北京两大城市的人口都超过了1500万。 (2) 城市化的迅速发展,使世界各国城市在就业、住房和交通等问题上面临严峻的挑战。大中城市交通运输量在全国交通中占了很大比重,负担着大量的客货运输、换乘、换装、中转、集散任务,突出表现为出入口交通和过境车辆的增加,严重地冲击着城市内部交通运输。过于饱和的城市道路、超负荷的客运交通,使得行车难、乘车难不仅成为市民工作和生活的一个突出问题,而且成为直接制约城市经济发展的一个严重问题。 (3) 在这种情况下,全世界各国城市交通的合理发展模式是什么?如何才能保持大中城市交通的畅通、便捷和安全,是每个国家重大的研究与思考的课题
2	城市交通问题的特点	(1) 城市交通规划、建设和管理的观念有待进一步更新,水平有待进一步提高。目前我国的大、中城市规划主要是土地利用规划,城市交通规划与土地利用规划的相互结合做得不够。交通研究的着眼点主要放在道路网络上,对影响交通发展的政策因素考虑不足,造成在规划实施中对于政策的变化无所适应,规划缺乏应有的弹性和应变能力。 (2) 城市交通政策和法规制定相对滞后,缺乏预见性和超前性。由于在城市交通行业管理体制上的分割,使得交通政策和法规缺乏应有的协调,难以对交通发展中的问题作出快速反应,错过了解决交通问题的大好时机。这种状态还造成某些城市交通发展政策和法规往往从某一部门主管的渠道制定,对于关系到交通综合发展的政策和法规无人系统地进行研究。 (3) 道路容量不足。虽然道路建设不断增加,但交通拥挤没有明显缓解,道路容量仍然不足,主要原因是车辆的增长速度远远超过道路建设增长的速度,并且大多数新增道路均在市区边缘和新区,市中心区的交通仍然处于紧张状况。 (4) 交通方式结构不够合理。我国城市的公交出行比重呈逐年下降趋势,而自行车、摩托车、私家车等个体交通方式的出行比重较大。例如我国南京市的公交出行比重:1997年降为10.4%、2004年降为7.2%;该市自行车出行的比重:1986年为44.1%、1997年升为57.9%;摩托车出行比重:1997年为5.7%、2003年升为15.2%;私家车出行比重:2002年为2.5%、2008年上升为8.6%。根据2001年对武汉市区居民通行方式的抽样调查,乘单位班车上下班的居民占17%,乘公交车的占13%,乘小汽车的占2%,骑摩托车的占21%,骑自行车的占36%,步行的占11%。 (5) 地面车辆排放的废气和引起的噪声、振动对环境造成的污染,也越来越引起人们的重视。城市化的趋势对城市公共交通能力与服务水平不断提出新的要求,而城市交通的发展状况又对城市功能的发挥和城市的发展带来正面和负面的影响。

续表

序号	项目	我国大中城市交通问题的主要内容与图表
2	城市交通问题的特点	(6) 城市私家车的突飞猛增。"路修得再快，也赶不上汽车增加的速度快"。自从20世纪80年代中国开始出现私人汽车，截至2005年底，据国家统计局统计显示：全国民用汽车保有量为3160万辆，其中私人汽车达到1852万辆，占总量的58.6%。2006年国内销售了700多万辆国产和进口汽车，其中60%为私人购买。据中国汽车工业协会的专家估算，目前中国汽车保有量约为3800多万辆，私人汽车约为2200万辆。私车已经占全国汽车保有量的60%左右，这标志着中国汽车消费进入以私人消费为主的新阶段。据公安部交通管理局统计，至2008年9月底止，我国机动车保有量为16 803万辆，其中全国私人机动车保有量为12 768万辆，占机动车总量的75.99%。 (7) 亚洲制造业协会首席执行官兼秘书长罗军2009年12月24日透露，到2010年，全球汽车保有量将达到10亿辆，中国将突破1.99亿辆。到2010年12月25日止，北京市机动车辆保证量达到480万辆。汽车对环境的破坏将更为明显，人类以往的汽车生产和生活方式已到了需要变革的时候，节能与新能源汽车将发挥更重要作用。但在今后较长时期，传统汽车仍然具有十分广阔的市场空间。 (8) 随着汽车大范围普及，人们的生活质量得到了很大改善，有关专家预计我国私家车将在相当一段时期内会有25%~35%的速度上升。但汽车数量的飞速增长，人、车、路之间的矛盾尖锐，交通拥堵、大气污染、交通事故上升等问题也随之而来。
3	解决城市交通问题的途径	(1) 近10年来，许多大城市开始研究依靠轨道工程(地铁、轻轨交通、单轨磁浮列车与有轨电车)来解决城市拥挤的交通问题，像北京、上海、广州、深圳、天津、香港等大城市的实践证明，城市的轨道交通能给大城市拥挤的交通问题带来福音。 (2) 以北京为例，北京市大力建设公共交通，实行低票价的公交政策，吸引市民乘坐公共交通。目前共有20 000多辆公交车，日客运量达1400多万人次。现在地铁拥有8条线路，2009年地铁4号线也将开通运行，到2010年，北京地铁运营总里程将达到300km，同时增加了市郊铁路、城际快线高速铁路等，近年来首次超过小汽车的出行比例。 (3) 城市交通系统将给城市内客运交通结构分成多层次、多个运量级、多个速度档次，形成城市内客运交通的多层次结构体系。低运量快速交通结构城市客运系统与大运量低速、快速城际高速城市客运体系。如自行车、摩托车、小轿车、公交汽车、出租汽车、渡船、无轨电车、有轨电车等，以及轻轨交通、地铁、市郊铁路、城际快线高速铁路、单轨磁悬浮列车等轨道交通。 (4) 城市轨道交通将是城市公共交通客运系统的骨干，是以大众化、大运量为特征的安全、舒适、快速、准时的交通体系，它将是大中城市未来解决交通拥挤主要运输工具。

1.2 城市轨道交通运输的分类、特点及系统制式

城市轨道交通运输的分类、特点及系统制式见表1-2所列。

表1-2 城市轨道交通运输的分类、特点及系统制式

序号	项目	城市轨道交通运输的分类、特点及系统制式主要内容与图表
1	概述	(1) 目前，我国城市的交通有诸多方式，主要由公共交通与非公共交通组成。它们在解决城市交通问题中起到了重要作用。图1-2-1所示是目前大、中城市的各种交通系统示意图。

续表

序号	项目	城市轨道交通运输的分类、特点及系统制式主要内容与图表
1	概述	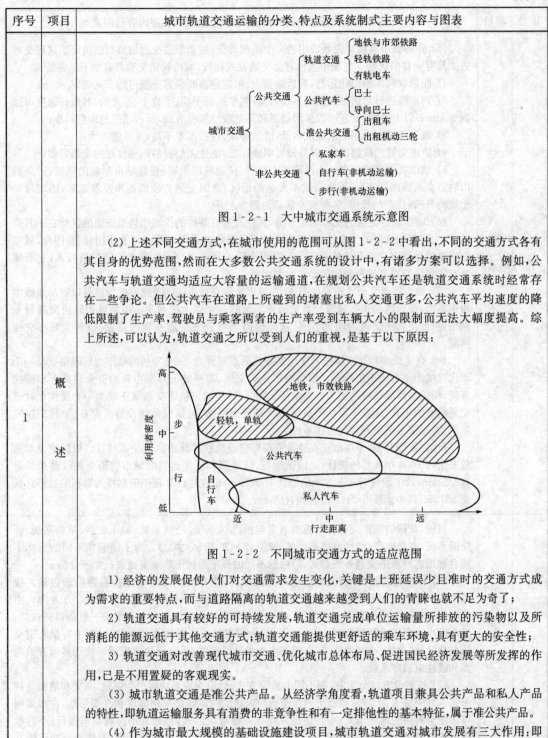

图 1-2-1 大中城市交通系统示意图

(2) 上述不同交通方式,在城市使用的范围可从图 1-2-2 中看出,不同的交通方式各有其自身的优势范围,然而在大多数公共交通系统的设计中,有诸多方案可以选择。例如,公共汽车与轨道交通均适应大容量的运输通道,在规划公共汽车还是轨道交通系统时经常存在一些争论。但公共汽车在道路上所碰到的堵塞比私人交通更多,公共汽车平均速度的降低限制了生产率,驾驶员与乘客两者的生产率受到车辆大小的限制而无法大幅度提高。综上所述,可以认为,轨道交通之所以受到人们的重视,是基于以下原因:

图 1-2-2 不同城市交通方式的适应范围

1) 经济的发展促使人们对交通需求发生变化,关键是上班延误少且准时的交通方式成为需求的重要特点,而与道路隔离的轨道交通越来越受到人们的青睐也就不足为奇了;

2) 轨道交通具有较好的可持续发展,轨道交通完成单位运输量所排放的污染物以及所消耗的能源远低于其他交通方式;轨道交通能提供更舒适的乘车环境,具有更大的安全性;

3) 轨道交通对改善现代城市交通、优化城市总体布局、促进国民经济发展等所发挥的作用,已是不用置疑的客观现实。

(3) 城市轨道交通是准公共产品。从经济学角度看,轨道项目兼具公共产品和私人产品的特性,即轨道运输服务具有消费的非竞争性和有一定排他性的基本特征,属于准公共产品。

(4) 作为城市最大规模的基础设施建设项目,城市轨道交通对城市发展有三大作用:即提高城市交通的运营水平,缓解大城市日益拥挤的道路交通;引导大城市格局按照规划意图发展,支持大型新区的开发建设;通过对城市轨道交通的巨大投入,从源头为城市经济链注入新的活力,并通过巨大的社会效益提高整个城市的综合价值。 |

续表

序号	项目	城市轨道交通运输的分类、特点及系统制式主要内容与图表
1	概述	（5）作为城市客运交通系统中的一个组成部分，城市轨道交通的特点也决定了这种交通方式具有明显的优势。与城市其他客运交通方式比较，城市轨道交通具有如下运输特点： 1) 能采取列车编组化运行，其运输量大，单向最高断面客流量可达 50 000 人次/h； 2) 列车能进行封闭独立运行系统，并且列车运行平稳、干扰小、速度快，其旅行速度可达到 35km/h 以上；轨道交通可以采用地下和高架敷设两种方式，所占用的地面空间小； 3) 轨道交通所采用的电能成本低，清洁环保，且技术水平高，发展潜力大； 4) 轨道交通的线路固定，容易设置明确标志，能使人们容易形成良好的交通习惯； 5) 城市轨道交通还有一个活跃城市经济、拉动城市发展、提高城市形象的功能，一条城市轨道交通线路通车后，原来沿线不发达的地区，会因交通方便而逐步发展起来，随之带来土地的升值、房产的涨价、各种商业活动的逐步上升。 （6）城市轨道交通的优势是相对的，其建设是有条件的。城市轨道交通的优势在于其高速度、大运量和良好的安全性，在道路交通难以满足交通需求的通道上作用显著，因此，城市交通是整个城市交通系统的骨干。但需要指明的是轨道交通的建设所需投资较大，它需要具有较好的需求基础和较好的经济发展水平。 （7）城市轨道交通系统发展史表明，城市轨道交通系统随着路网的发展可以逐步兼顾中短途客流，最后达到负担城市公共交通乘客量的一半以上的水平。围绕城市轨道交通骨干网络，可促使其他交通为辅助方式，从而提高城市公共交通乘客的总量，缓解大城市交通问题。 （8）高速铁路和航空网是一个国家现代的重要标志，一个发达的城市交通网络就是一个现代化城市不可缺少的标志。修建城市轨道交通，需要城市筹集可观的资金和具有相应的客流，均需要雄厚的经济实力作为后盾。同时，要使城市轨道交通真正成为一个现代化城市交通畅通的工具，还必须尽快形成城市轨道交通网络，包括配套建设的换乘系统、行车保障系统、客运服务系统和运行指挥系统。 目前，我国有 18 个城市正在建设或规划建设地铁等城市轨道交通项目。根据建设部质量安全司 2008 年 6 月的统计，全国试运行、试运营和正式运营的城市轨道交通线路总长是 422.52km，其中地铁有 187.52km，轻轨有 235km；正在建设并将于近期投入运行的线路总长是 287km，其中地铁有 211km，轻轨有 76km。
2	城市轨道交通运输的分类	目前，我国的城市交通基本类型通常包括地铁系统、轻轨系统、城市铁路、单轨系统、新交通系统、有轨电车、线性电机车系统、磁悬浮列车等 8 大类型。为了能够在不同的目标下能合理地选择轨道交通系统形式，可根据不同的标准对城市轨道交通进行如下分类。 （1）按交通容量分类：交通容量即运送能力，指单方向每小时断面乘客的通过量。按照不同的交通容量范围，城市轨道交通可分为特大（大于 5 万人/h）、大（2～5 万人/h）、中（0.5～2 万人/h）、小容量（小于 0.5 万人/h）4 种系统。其中特大容量系统一般指市郊铁路，其单向小时断面流量可达到 6 万～8 万人；大容量轨道交通通常指常规地铁；中容量轨道交通包括轻轨、单轨、小型地铁、新交通系统和磁悬浮铁路；小容量轨道交通系统则多指有轨电车和线性电机车系统。 （2）按敷设方式分类：根据不同的敷设方式，轨道交通系统可分为隧道、高架和地面 3 种形式。其中特大、大容量轨道交通在交通较为繁忙的地区多采用隧道和高架形式，在市郊则可采用全封闭的地面形式；中容量也可兼有 3 种敷设形式，且通常不与机动车混行；小容量轨道交通系统一般采用地面形式，可与机动车混行，运输效率较低，相对于普通公交优势并不明显。 （3）按路权分类：路权是指轨道交通系统运行线路与其他交通的隔离程度，也即运行线路的专用程度。以此为依据，轨道交通系统可分为 A、B、C 三种基本类型。

续表

序号	项目	城市轨道交通运输的分类、特点及系统制式主要内容与图表
2	城市轨道交通运输的分类	A类即全封闭系统，与其他交通完全隔离，不受平交道和人车的干扰，因此，这种系统的车辆具有较高的运行速度，可以保持较高的准时性和安全性，用于特大、大容量及1.6万人/h以上的轨道交通系统； B类即半封闭系统，其沿行车的方向采用缘石、隔离栅、高差等措施与其他交通实体隔离，但在交叉路口仍与横向的人车平交混行，受交叉信号系统控制，一般用于1.6万人/h以下的中等容量轨道交通系统； C类即开放式系统，代表地面混合交通，不具有实体分隔，轨道交通或与其他交通混合出行，在路口按照信号规定驶停，也可享有一定的优先权，诸如用道路标线或特殊信号等保留车道，有轨电车通常使用此形式。由于轨道车辆和机动车混杂行驶，运行时间增加，安全难以保证。 (4)按导向方式分类：导向方式是城市轨道交通重要的特性之一，影响着轨道交通系统的结构、运行和建设费用。根据不同的导向方式，轨道交通系统可分为轮轨导向及导向轮导向。市郊快速铁道、地铁、轻轨、线性电机牵引的系统和有轨电车等均属于轮轨导向方式，单轨及新交通系统等胶轮车辆属后一类型。 (5)按轮轨支撑形式分类：轮轨支撑形式，即车轮与转移车重的行驶表面之间的垂直接触与运行方式，从这一标准出发，轨道交通系统可分为钢轮钢轨系统、胶轮混凝土轨系统以及特殊系统。钢轮钢轨系统包括市郊铁路、地铁、轻轨、有轨电车等，胶轮混凝土轨系统主要指单轨及新交通系统，而特殊系统则包括支撑面置于车辆之上的悬挂式单轨系统、磁悬浮式轨道系统等。 (6)按牵引方式分类：牵引动力是城市轨道交通完成运输的基本原动力，其技术水平的高低、能耗和运价的大小，一直在轨道交通的发展中占主导地位，影响着轨道交通运输成本、运行安全及其发展。当前世界各国地下铁道和其他城市轨道交通普遍采用直流牵引的馈电方式。只在客流较少的非电气化市郊铁道线路上采用内燃动车组，以节省投资。目前又出现了利用磁悬浮原理驱动的新型轨道交通车辆。 (7)按车辆的编组形式来分：车辆编组形式影响轨道交通系统的规模、设备容量及车辆检修用地面积，影响轨道交通系统的建设费用，是轨道交通系统的重要特性之一。车辆编组形式通常有全动车编组、动拖车混合编组和单元车组3种方式。 1)全动车编组可以根据客流变化，灵活地调整车辆编组辆数，而且具有整车性能不降低的优点，轴重分布均匀，能全部采用电制动，易于控制，反应快，机械磨损小。但要求每辆车都有独立的牵引控制系统，轴重较大，电机总功率较大，耗电量增加，维修和保养工作量增加； 2)动拖车混合编组可以根据情况，适当增加动车和拖车，电机功率利用率高，设备集中，维修方便，维修工作量小。但车辆种类多，动车轴重较大，拖车轴重较小，全列车重量分配不均匀； 3)所谓单元车组，是将几辆动车和拖车通过半永久式车钩固定连接成为一个车组，根据客流量确定列车单元个数的多少。这种编组形式，可以统一考虑设备布置，设备数量减少，设备能得到充分利用，重量分配均匀，维修工作量减少。
3	地铁交通运输	(1)地铁交通运输是由电气牵引、轮轨导向、车辆编组运行在全封闭的地下隧道内，或根据城市的具体条件，运行在地面或高架线路上的大容量快速轨道交通系统。通常根据城市环境条件，地铁列车主要在城市地下空间修筑的隧道中运行，如图1-2-3所示为北京地铁，当条件允许的时候，也可以穿出地面，在地面或者高架桥上铺轨运行。 (2)我国拥有地铁交通运输的城市主要有北京、上海、天津、广州、南京、香港、台北等城市，目前正在规划和建设的城市有杭州、武汉、哈尔滨、大连、重庆、沈阳、长春、西安、郑州、成都、福州、昆明、长沙、厦门、济南、青岛等城市。地铁的主要特点是：

5

续表

序号	项目	城市轨道交通运输的分类、特点及系统制式主要内容与图表
3	地铁交通运输	图1-2-3 北京地铁外貌图 1) 快速：列车运行最高时速达80~130km/h，平均行车时速为36km/h，每站停车30s。 2) 准确：城市地面交通工具受路面交通情况或天气的影响，但地铁却不受干扰。在交通繁忙的高峰时间，地铁列车一般是每4~5min开出一班。 3) 安全列车采用安全自动控制系统来操作，严格保证列车行车间隔；地铁供电采用双电源，停电可能性甚微。地铁同样重视防火措施，设有足够的灭火设施设备，各车站均安装有闭路监控系统，以便随时了解车站的情况；此外，各车站由公安局的警员负责治安。 4) 舒适：列车与车站均有空气调节装置，使温度与湿度保持在最舒适的范围内。列车按4~6辆编组，个别城市也有8辆编组（如上海地铁1号线、2号线）。 5) 便利：车站美观明亮环境洁净，设施设备现代化。由于采用自动售检票系统，适应大量乘客使用地铁。站厅与站台层设有督导员与站务员，以协助乘客解决问题。地铁各处均设有明确的导向标志，使乘客搭乘地铁非常方便、简易。
4	轻轨交通运输	轻轨是对传统的有轨电车系统利用现代科技进行改造后各类有轨电车系统的总称，它是由国际公共交通联合会（UITP）于1978年3月在比利时布鲁塞尔召开的会议上正式统一命名的。是20世纪70年代发展起来的一种新型城市公共交通系统，因为它具有诸多优点，而越来越被人们所认可，成为当今世界上发展最为迅猛的轨道交通形式，其优点主要表现在以下几个方面： （1）运量大，这是相对于普通的城市公共交通而言的，近些年来逐渐发展起来的轻轨交通，大多是采用电子控制的技术。较为先进的有轨电车，可以拖挂单节或多节车厢，速度高，运载能力大最高车速为80km/h，而其单向最大高峰小时客流量可以达到3万人次。

续表

序号	项目	城市轨道交通运输的分类、特点及系统制式主要内容与图表
4	轻轨交通运输	（2）噪声小、污染小，轻轨采用电力机车牵引，没有困扰城市环境的尾气影响，而且还可以将其所产生的噪声控制在国家规定标准70dB左右。例如武汉轻轨的屏障与别的城市最大不同之处，在于使用的不是金属材料，而是用水泥木屑做的无机材料。这种材料上有许多细小的气孔，它能将声音吸入并转化为热能，使用寿命长达20年，成本还低1/3。 （3）速度快、安全性高。这两者在交通中一直以来似乎是一对不可调合的矛盾，但轻轨却可以做到二者的有机统一，因为轻轨为有轨交通，在专用铁道上行驶，这样就可以避免经常发生交通事故，所以行车的安全性比无轨电车或公共汽车要大得多，几乎可以消除行车伤亡事故的发生。安全性能较好因为轻轨交通是在专用铁轨上行驶，所以行车的安全性比无轨电车或公共汽车要安全得多，几乎可以消除行车伤亡事故的发生。 （4）灵活性高、成本小，这是相对于地铁等其他城市有轨交通来说的，轻轨可以采用多种形式的站台上下乘客，而且可以采用混合路权的形式与其他有轨系统共享轨道，因此其投入的成本就非常小。具有较强的灵活性轻轨是采用电子控制和先进技术的有轨电车。它能在地上行驶，又可以入地，在地下隧道内运行，还可在地面上的高架铁轨上行驶，比地铁要机动灵活得多。 （5）整点运行，这可能是对乘客来说，最具诱惑的一条，因为采用电子控制及专用轨道，不仅安全，而且整点准时。 （6）乘坐舒适，轻轨交通的车体轻，导向轮和走向轮都是充气橡胶轮，并有空气弹簧支持着整个车体，轨道都是钢筋混凝土，刚度大，交通运行没有轮轨冲撞，车体运行平稳，空气弹簧缓冲作用好，振动很小。 我国大、中城市政府部门对此都已有所认识和深刻体会。城市轨道交通项目的建设，已给城市发展带来了勃勃生机。轨道交通项目一个接着一个落成，新兴项目又接踵而来，已形成一个连续不断、循序渐进的发展态势。例如：我国有重庆、上海、北京等城市已经建成投产使用，像重庆市于2000年12月正式开工建设的轻轨，于2004年12月实现试运行，该轻轨交通运输全线长度19.15km（地下2.2km），设18座车站（其中地下3座）。图1-2-4所示为重庆轻轨示意图。 

图1-2-4 重庆轻轨示意图

续表

序号	项目	城市轨道交通运输的分类、特点及系统制式主要内容与图表
5	城际（京津）高速铁路交通运输	京津城际铁路是我国第一条拥有完全自主知识产权、具有世界一流水平的高速铁路,京津城际铁路全长120km,列车运行最高时速350km,沿途设北京南、亦庄、永乐、武清、天津5座车站,其中永乐站为预留车站。全程直达天津站运行时间约为29min。城际高速铁路设计最小发车间隔为3.5min。该工程于2005年7月开工建设,2008年8月1日竣工通车运营（图1-2-5）。  图1-2-5 京津高速铁路示意图 京津城际铁路汇集了当今世界高速铁路建设的最新科技成果和先进技术,从线路基础部分看,主要体现在以下几个方面： （1）无砟轨道技术。轨道结构是铁路线路的基础,是支撑列车运行的重要组成部分。目前世界上铁路轨道结构分为有砟轨道和无砟轨道两种。与传统的有砟轨道相比,无砟轨道具有结构稳定,使用寿命长,维修工作量小,有利于提高运输效率等特点,尤其适合对线路的平顺性和稳定性具有很高要求的高速铁路。 （2）桥梁建造技术。京津城际铁路途经北京、天津两大直辖市,沿线经济发达,道路纵横交错,土地资源极其宝贵,为最大限度地减少铁路线路对城市的切割,节省宝贵的土地资源,经过综合技术经济比选,京津城际铁路广泛采用了桥梁替代传统路基,桥梁长度占线路总长度的87%,每公里桥梁平均节省土地44亩,仅此就节约土地1600余亩。 （3）沉降控制技术。路基及桥梁基础的沉降控制是铺设无砟轨道及保持轨道平顺性的关键。京津城际铁路对基础的沉降有严格要求,其中路基及桥梁基础竣工后沉降不超过15mm,桥梁相邻墩台沉降差不超过5mm。 （4）精密控制测量技术。列车在高速运行时,对轨道的平顺性和稳定性要求非常高,传统测量技术的精度已不能满足高速铁路修建、运营的要求。为确保高速铁路的桥梁、轨道、接触网部件等的精确施工和安装,京津城际铁路建立了精密控制测量网。设计时,用于对线

续表

序号	项目	城市轨道交通运输的分类、特点及系统制式主要内容与图表
5	城际（京津）高速铁路交通运输	路的测量；施工时，用于对桥梁的架设、轨道的定位、路基沉降的监测；运营时，用于对轨道、桥梁及设备的适时监测、养护。 （5）声屏障技术。与普速列车相比，动车组本身具备噪声低、振动小的优点，加上高速铁路的轨道光滑平顺、桥梁自重大、路基密实度高，高速动车组列车产生的噪声和振动均低于国家规定的标准。尽管如此，考虑京津城际铁路与沿线群众生活环境的和谐，在设计修建京津城际铁路时，对经过学校、医院、居民区等区段设置了一道声屏障，最大限度地降低噪声和振动对两侧群众生活的影响。 （6）列车为国产设计时速350km的CRH3\CRH2C型动车组。其中CRH3在试验中最高时速达394.3km/h，CRH2C在试验中跑出了383km/h的最高车速。正式运营时速为350km/h。为保证安全、控制车速，工作人员制定了一套完善的控制系统，控制系统全部采用计算机控制，事先设定好速度，固化在地面设备里面，司机只能以设定的速度运行。 （7）北京南站、天津站在功能上将要实现普通快速铁路、高速铁路、城市地铁间的零距离换乘。京津城际高速铁路在北京南站位于北京地铁4号线、14号线站台上方，与地铁实现零换乘。城际高速铁路亦庄站将与规划中的轻轨线路实现换乘。城际高速铁路在天津站可以与在建的天津地铁2号线、3号线和9号线（津滨轻轨西段）实现换乘。 （8）京津城际高速铁路由"京津城际铁路有限责任公司"负责经营，公司由铁道部、北京市及天津市政府共同组建。京津城际列车使用一套全新的电子车票系统，有别于一般路线使用的纸质车票。 （9）交通的改善也带动了城市相关领域的升级。作为京津城际铁路和京沪高速铁路的交会点，新北京南站备受瞩目，"北京南站经济圈"的概念已经被写进了丰台区政府的工作报告。与北京南站类似，天津东站也将被天津河东区着力打造为商务商贸聚集区。通过京津城际高铁通道，京津密集的人才、信息、技术资源和城市功能都可以更加便捷地向包括滨海新区在内的环渤海区域扩散疏解，进一步释放中心城市优势资源的辐射效应，带动周边地区共同发展。 世界上一次建成里程最长、运营速度最快的高速铁路——武汉到广州高速铁路，于2009年12月26日正式开通运营。武广铁路客运专线从广州南站发车至武汉站，用时不到3h。其间列车跑出394km/h时速，创造两车重联情况下的世界高速铁路最高运行速度。武广CRH3动车组是京津城际CRH3动车组的升级版，武广CRH3动车组与京津CRH3动车组相比有如下新特点： （1）京津城际铁路全长120km，京津两地30min以内到达，CRH3动车组最高运行时速350km，但是维持这个速度的时间只有短短的10min左右，平均旅行时速为260km左右。武广客运专线全长1068.6km，高达350km/h的高速铁路，将武汉与广州之间的铁路旅行时间从11h拉近到3h。CRH3动车组最高运行时速为394km，可是要在350km/h速度至少要维持1h以上，全程平均旅行时速达到341km以上。 （2）这对CRH3动车组的牵引动力系统的能力，各个分系统和部件的疲劳强度和列车安全可靠性都提出新的要求。北车唐山轨道客车有限责任公司通过自主创新，优化了动车组的牵引系统的参数设计从而提升了动车组牵引性能，使动车组8800kW的功率得到充分的发挥，具有更好的启动加速和持续高速运行能力。能使动车组在长距离持续高速运行中能更加安全可靠。 （3）京津城际铁路修建在平原上，桥梁少、坡道少、坡度小、线路平直，列车运行条件优良。京津线CRH3动车组列车采用8辆短编组，载荷小，车辆加速更省力；武广客运专线全长1068.6km的线路中，有桥梁684座计468km，有隧道226座计177km，桥隧比达66.7%，列车一路以高速穿山过河，运行时线路和外界条件与平原地区平直线路相比可谓困难重重，对列车稳定性要求更高。而且武广线坡道多、坡度大，动车组采用两列16辆长大编组重联

续表

序号	项目	城市轨道交通运输的分类、特点及系统制式主要内容与图表
5	城际（京津）高速铁路交通运输	运行,载客1100多人,列车载荷大,爬坡负重的运行条件对CRH3动车组的牵引动力性能和制动性能提出更高要求。 （4）北车唐山轨道客车有限责任公司在优化了CRH3动车组的牵引系统的参数设计,提升性能动车组牵引性能的同时,进一步优化了动车组的轮轨关系,使动车组在高速运行时有充足的安全余量。优化了动车组的制动特性,通过调整了制动系统参数,使重联后的动车组制动能力得到了进一步的提升。动车组传感系统会提前获知行进前方36km处的险情并紧急制动,并保证动车组能够在制动后5km内安全停车。 （5）在武广CRH3动车组自主研发中,已经系统解决了动车组高速重联的双弓受流技术,使动车组能够安全可靠通过双受电弓将能量传递到动力部件上。首次集成了我国自主研发的适合中国国情的世界上最先进的CTCS-3级列车控制系统,在京津CTCS-3D系统基础上,地面增加了无线闭塞中心RBC,车载ATP集成了CTCS2模块,增加了无线接收模块。可以对列车前方32km范围内的线路和车辆情况进行自动报告和预警,满足时速350km以上,动车组行车间隔3min以内的列车运行指挥和控制要求,配合动车组5km内安全停车的能力,可以确保运行安全万无一失。 （6）武广CRH3动车组的研发通过大量的仿真分析与试验,在京津城际动车组成功运营的基础上,结合武广线长交路运营的特点,对牵引、制动、受流性能等28个方面72大项的型式试验和试运行,在动车组集成设计技术、综合试验及评估技术等方面进行技术创新,确保动车组安全可靠、舒适性。武广CRH3动车组采用两列车重联长距离持续高速运行,创新了高速动车组大断面宽车体、高速轮轨、高速受流、高速制动等关键技术,在牵引、制动、高速转向架、车体空气动力学等方面的技术处于世界领先地位,系统解决了外部噪声、振动传递、电磁辐射对环境的影响。 （7）武广铁路客运专线是迄今为止世界上一次建成里程最长、运营速度最高的高速铁路。设计时速350km,平均旅行时速341km,居世界第一。武广铁路客运专线正式运营后每天可运送5万人次,高峰期每天可运送10万～15万人次。全线铺设无砟轨道,采用世界上最先进的国产"和谐号"高速动车组和牵引供电、列车控制、行车指挥等系统,行车密度可达3h/列。
6	磁悬浮式轨道交通运输	磁悬浮列车是一种没有车轮的陆上无接触式有轨交通工具,最高时速可达到500km。它是利用常导或超导电磁铁与感应磁场之间产生相互吸引或排斥力,使列车"悬浮"在轨道上面或下面,作无摩擦运行的交通运输。中、低速磁悬浮列车在轨道上悬浮运行,快捷、安全、舒适、低噪声、无轮轨摩擦、无污染、有利于保护环境,具有良好的市场发展前景。与常规轨道交通列车相比,中、低速磁悬浮式轨道交通运输主要有以下优点: （1）列车运行时处于悬浮状态,车身与轨道之间无接触,传统的列车轮轨系统相互作用引起的振动被消除,列车运行平稳,乘坐舒适。 （2）没有轮轨之间的撞击和摩擦,而且磁悬浮列车运行噪声很低。 （3）占地面积少,转弯半径小,爬坡能力强。转弯半径最小可至50m,爬坡能力可达70‰。磁浮铁路占地面积较少,与普通轨道交通相近,采用高架线路,其效果更加突出。如充分利用其转弯半径小、爬坡能力强的特点,则对城市内较为复杂地形的地区,有着较强的适应能力。 （4）安全可靠。列车是"包"在轨道上运行,不存在脱轨问题,加之采用冗余结构等措施,可确保其安全可靠性,总体安全性好。 （5）中低速磁悬浮列车运行时无轮轨磨损,所以寿命长,机械维修工作量少,运营维护费用较低。使用电力牵引,无空气污染,有利于保护环境,特别适合作为城市内和旅游区的交通工具。

续表

序号	项目	城市轨道交通运输的分类、特点及系统制式主要内容与图表
6	磁悬浮式轨道交通运输	（6）中低速磁悬浮列车项目的综合造价在相同条件下低于轻轨，其低噪声、无污染，线路桥梁载荷分布均匀，转弯半径小、爬坡能力强的特点可以降低线路桥梁工程造价，大量减少征地和拆迁，大幅降低综合造价而节省建设投资。 （7）由于车辆结构、线路结构、轨道结构、桥梁结构、供电方式、列车控制等多方面的不同，中低速磁悬浮列车的综合工程造价远低于高速磁悬浮列车。也可大量借鉴现有轨道交通的成熟技术。 （8）利用轨道交通输送出行人口是在大中城市中解决"交通难"最为根本的途径之一。而中低速磁悬浮列车轨道交通系统由于其优良的技术经济特性，是城市轨道交通发展的趋势。图1-2-6所示为我国上海运行的磁悬浮列车示意图。 图1-2-6 上海磁悬浮列车示意图

1.3 城市轨道交通运输的发展

国内外城市轨道交通运输的发展见表1-3、表1-4所列。

表1-3 国外城市轨道交通运输的发展概况

序号	项目	国外城市轨道交通运输的发展主要内容与图表
1	早期城市轨道交通运输发展概况	（1）美国开展较早的轨道交通系统是1843年在沃西斯特至波士顿开通的市郊铁路线路。纽约、费城、芝加哥等均建设了较大规模的城市铁路运输网络系统。 （2）1863年1月10日，世界上第一条地下铁道在英国伦敦建成通车，列车采用蒸汽机车牵引，线路全长约6.4km。1890年12月8日，伦敦首先用盾构法施工，建成长5.2km的另一条地下铁道，用电气机车牵引。从此地下铁道成为新型的城市客运交通工具。

续表

序号	项目	国外城市轨道交通运输的发展主要内容与图表
1	早期城市轨道交通运输发展概况	(3) 世界上第一条（由第三轨）电力驱动的地铁是 1890 年在伦敦开通的。1896 年布达佩斯的第一条地下铁路开始运行。同年 12 月，格拉斯哥开通了一条 10.6km 的地下环线，它由电缆驱动，但不久便改为电力驱动。 (4) 1892 年 6 月 6 日，芝加哥建成世界上第二条蒸汽驱动地铁，1895 年 5 月 6 日建成世界第二条电气化地铁。1897 年，芝加哥南部当局决定将高架铁路电气化，斯卜拉格作出的重要贡献就是发明了多单元动力系统。 (5) 世界上第一条电力高架线是芝加哥的都市西部高架线，1895 年 5 月 6 日运营，它用 1 台带有电机的机车，可牵引 1～2 台无动力的车箱。 (6) 纽约城的统治者对是否修建地铁曾争执了许多年，僵局在 1900 年打破后，投资商顶着资金压力建设了巴尔蒙特线，它被视为"纽约地铁之父"。1902 年成立了一个快速运输公司（IRT）来经营这条线路，1904 年 10 月 27 日实现电气化、开始运营，第一年底日运量就达到了 40 万人次，票价相当于 5 先令。汉堡地铁在 1912 年开通，马德里在 1919 年、巴塞罗那在 1924 年、斯德哥尔摩在 1933 年开通了地铁服务。 (7) 费城的快速轨道交通始于 1907 年，它是以一条地铁与高架相结合的线路为标志的。这条线路有 4 股道，街道上的两股道为本地服务，另外两股道采用第三轨驱动，提供快速运输服务。 (8) 芝加哥的快速运输体系一开始并未选择地铁，它建立了高架的道路网络。沙缪尔（Samuel）开始控制所有的高架运输公司时才开始这一事业，他在 1924 年将所有的高架公司合并为芝加哥快速运输公司。1896 年 5 月 8 日，布达佩斯建成世界第三条、欧洲大陆第一条电气化地铁，并由奥匈帝国皇帝佛朗西斯·约瑟夫剪彩通车。1897 年 9 月 1 日波士顿建成世界上第四条电气化地铁。1898 年 5 月 9 日维也纳也建成蒸汽驱动地铁。 (9) 1900 年 7 月 9 日，巴黎建成世界第六、欧洲第一条电气化地铁。1902 年 2 月 18 日柏林建成世界第八、欧洲大陆第三条电气化地铁。20 世纪上半叶，东京、莫斯科等几座城市相继修建了地铁。截至 1963 年的 100 年间，世界上建有地铁的城市共有 26 座。 (10) 拉丁美洲的第一条地铁是 1913 年在布宜诺斯艾利斯开通的。澳大利亚成为第四块拥有地铁系统的大陆，它在 1926 年开通了悉尼近 5km 的隧道电车。非洲的地铁是直到 1987 年开罗开通连接两个铁路车站的隧道服务后才有地铁系统的。 (11) 1964 年到 1980 年的 17 年中又有 30 座城市修建了地铁，到 1985 年世界大约共有 60 座城市正在有计划地修建地铁，当时全世界地铁运营的里程总计 3000km。据 1994 年 7 月德国《地铁世界》一书统计资料，到 1990 年世界有 98 个城市约 5300km 轨道交通投入运营，另有 29 个城市 94 条线约 1000km 在建。莫斯科地铁始建于 1933 年，该市第一条线路于 1935 年投产。 (12) 近 20 年来增加的线路是 1863 年到 1963 年 100 年建成地铁总长度的 3 倍。运营线路长度排名前 10 位的城市依次为：纽约、伦敦、巴黎、莫斯科、东京、芝加哥、墨西哥城、柏林、波士顿、圣彼得堡，线路总长 2300km，占世界轨道交通的 43%。目前伦敦拥有世界上最大的地铁系统，其线路共 406km，纽约以 372km 屈居第二位。
2	世界地铁交通的发展阶段	(1) 初步发展阶段（1863～1924 年）：这一阶段，欧美的城市轨道交通发展较快，其间 13 个城市建成了地铁，还有许多城市建设了有轨电车。20 世纪 20 年代，美国、日本、印度和中国的有轨电车有了很大发展。这种旧式的有轨电车行驶在城市的道路中间，运行速度慢，正点率很低，而且噪声大，加速性能低，旅客舒适度差，但是在当时仍然是公共交通的骨干。 (2) 停滞萎缩阶段（1924～1949 年）：二次世界大战的爆发和汽车工业的发展，促使了城市轨道交通的停滞和萎缩。汽车的灵活、便捷及可达性，一度成为城市交通的宠儿，得到飞

续表

序号	项目	国外城市轨道交通运输的发展主要内容与图表
2	世界地铁交通的发展阶段	速发展。而轨道交通因投资大,建设周期长,一度失宠。这一阶段只有5个城市发展了城市地铁,有轨电车则停滞不前,有些线路被拆除。美国1912年已有370个城市建有有轨电车,到了1970年受拆除风的影响,只剩下8个城市保留有轨电车。 (3) 发展阶段(1949~1969年):汽车过度增加,使城市道路异常堵塞,行车速度下降,严重时还会导致交通瘫痪,加之空气污染,噪声严重,大量耗费石油资源,市区汽车有时甚至难以找到停车地方,于是人们又重新认识到,解决城市客运交通必须依靠电力驱动的轨道交通。轨道交通因此重新得到了重视,而且从欧美扩展到了日本、中国、韩国、巴西、伊朗、埃及等国家,这期间有17个城市新建了地铁。 (4) 再发展阶段(1970~1999年):世界上很多国家都确立了优先发展轨道交通的方针,立法解决城市轨道交通的资金来源。世界各国城市化的趋势,导致人口高度集中,要求地铁、轻轨、城际铁路、磁悬浮列车等交通发展以适应日益增加的客流运输,各种技术的发展也为轨道交通奠定了良好的基础。 (5) 高速发展阶段(2000~现在):据统计,目前世界上已有40多个国家和地区的127座城市都建造了地下铁道,累计地铁线路总长度为5263.9km,年客运总量约为230亿人次。 "让乘客方便乘车"永远是地铁系统努力的方向,各国的独立运输公司经过多年摸索,努力使地铁形成"买票方便"、"出入站方便"、"乘车方便"、"换乘方便"和"购物方便"五大特色。
3	世界各国地铁的特色	(1) 巴黎地铁也是世界上层次最多的地铁,包括地面大厅共有6层(一般为2~3层),如图1-3-1所示为法国巴黎地铁示意图。法国里尔地铁是当今世界最先进的地铁,该地铁为全部由微机控制,无人驾驶、轻便、省钱、省电,车辆行驶中噪声、振动都很小,高峰时每小时通过60列车,为世界上行车间隔最短的全自动化地铁。 图1-3-1 法国巴黎地铁示意图

续表

序号	项目	国外城市轨道交通运输的发展主要内容与图表
3	世界各国地铁的特色	(2) 世界各国地铁各具特色，莫斯科地铁是世界上最豪华的地铁，有欧洲"地下宫殿"之称。天然的料石、欧洲的传统灯饰与莫斯科气势恢弘的各类博物馆交相辉映，简直是一座艺术的博物馆。莫斯科地铁全长220km，其布局与地面的布局一致，呈辐射及环行线路。地铁总共有9条线，全长300km，有150个站台，4000列地铁列车在地铁线上运行，有5000多节车厢。地铁每天平均开8500多次列车，担负全市客运量的45%，每天运送的乘客达900多万人次。地铁运行速度很快，时速最高达90km。图1-3-2所示为莫斯科的地铁示意图。  图1-3-2 莫斯科地铁示意图 (3) 纽约是当今世界地铁运行线路最长的城市，其线路37条，全长432.4km，车站多达498个，但地铁设施较为陈旧。纽约的地铁也是不安静的，甚至是闹哄哄的。在很多个地铁口都能看见来自世界各地的杂耍和其他所谓的或无所谓的街头艺术，其中不乏在美国艰难求生的中国人，他们有的卖中国画，有的拉二胡，诸如此类。地铁里的看客好像总是比表演的人数多。图1-3-3所示为美国纽约地铁示意图。 (4) 亚洲最早的地铁是日本东京1927年12月开通的浅草—涩谷线。1960年东京市内地铁仅为2条，总里程为42.6km。40年间共建地铁243.6km，年平均建设6.1km。目前的地铁总里程接近300km，部分地铁甚至24h运行。目前，东京已经建成了较为庞大的、形式多样的城市铁路网络。图1-3-4所示日本东京地铁示意图。 (5) 无人驾驶地铁列车。丹麦首都哥本哈根共有两条地铁线，都相当的简约，简约到列车无人驾驶、车站无人服务。说来你也许难以相信，它居然在2008年荣膺世界最佳地铁

续表

序号	项目	国外城市轨道交通运输的发展主要内容与图表
3	世界各国地铁的特色	 图 1-3-3 美国纽约地铁示意图 图 1-3-4 日本东京地铁示意图 称号。例如，哥本哈根一个叫席勒瑟的高架地面站车站，环顾四周设施，比上海的轻轨站简陋了许多，站顶仅仅搭了一座四面透风的钢结构凉棚，而站台被夹在两条来去轨道的中间。车站虽然其貌不扬，但升降电梯、自动扶梯、方便座椅、列车到达时间预告等一应俱全。车站里没有工作人员，没有进出验票的栏杆，也没有人来过问你买票与否。但站台顶头一角摆着一个很不显眼的自动售票器和车票刷卡器，原来无乘车卡的全凭乘客自觉买票。

续表

序号	项目	国外城市轨道交通运输的发展主要内容与图表
3	世界各国地铁的特色	地铁的车厢整洁宽敞明亮,前后3节一览无遗,前方视线这么好,这里本该是驾驶员的宝座,可挡风大玻璃下的前台,光溜溜的,根本没有可供操纵的仪表按钮,列车能反向推动,或许驾驶室就在车尾,但是另一头齐刷刷坐满了乘客。列车"扑哧"一声车门关闭,仍不见驾驶员和列车员身影。这是目前世界上最先进、最现代化、无人服务、无人驾驶独特的地铁列车。
4	地铁之最	目前,全世界上已有43个国家的118座城市建有地铁。这些地铁中最有特色如下: (1) 最早的地铁:世界上最早的地铁于1863年在英国伦敦建成,其长度约6.5km,采用当时最先进的蒸汽机车牵引。 (2) 最短的地铁:土耳其的伊斯坦布尔地铁,总长度只有610m,而且只有首尾两个车站。 (3) 速度最快的地铁:美国旧金山地铁运行时速最高达128km/h,为世界地铁速度之最。 (4) 最有效益的地铁:香港地铁是全球独一无二最具商业价值的地铁,经济效益十分可观。 (5) 最繁忙的地铁:莫斯科的地铁由10余条线路组成,全年运送的乘客达26亿人次,占整座城市交通总运量的45%。 (6) 最长的地铁:英国有一条地铁穿越8座城市,总长度近100km,共设458个车站。 (7) 最先进的地铁:丹麦首都哥本哈根、法国里尔市的地铁是采用无人驾驶、无人管理的全自动化地铁,在高峰期间,列车的间隔时间只有72s。 (8) 最清洁和安全的地铁:新加坡的地铁最清洁、最安全。列车及车站清洁光亮,一尘不染。乘客所能触及的地方,均采用不易燃的材料进行装修,同时还有一整套灭火救灾的自动检测系统。 (9) 最深的地铁:朝鲜平壤市的地铁,最大埋深达100m左右,称得上世界埋深最深的地铁。 (10) 最浅的地铁:我国的天津地铁,最浅处埋深仅2~3m,可谓世界上埋深最浅的地铁。 (11) 最有艺术氛围的地铁:瑞典斯德哥尔摩地铁被誉为"世界最长的地下艺术长廊"。在99个地铁车站中,有一半以上装饰着不同的艺术品,它们表现着不同的主题。 (12) 海拔最高的地铁:墨西哥的地铁,修建在海拔2300m的高原上,是目前全世界城市地铁中海拔最高的地铁。线路和车站最多的地铁:纽约地铁有30条线路,469个车站,堪称世界上地铁线路和车站最多的城市。
5	各国轨道交通现状	随着道路交通污染的加剧和人类环境危机感加强,越来越多国家意识到发展轨道交通系统的重要性。20世70年代末以来,轨道交通系统在全世界范围内得到进一步发展。表1-3-1、表1-3-2列出了世界各国和地区运营的轨道交通统计情况。不难看出:拥有轨道交通系统的城市都是各国的政治、文化中心,这些城市有良好的市场需求,可以保证轨道交通系统的经济合理性。

续表

序号	项目	国外城市轨道交通运输的发展主要内容与图表					
5	各国轨道交通现状	世界城市轨道交通统计表之一　　　　　　表1-3-1					
		洲名	国家	城市名称	当地名称	中译名称	路线图	通车年份

洲名	国家	城市名称	当地名称	中译名称	路线图	通车年份
亚洲	中国	北京	北京地铁		链接	1969
			京津高速			2008
		天津	天津地铁		链接	1984
		上海	上海地铁		链接	1995
		广州	广州地铁		链接	1996
		深圳	深圳地铁		链铁	2004
		南京	南京地铁		链接	2005
		长春	长春轻轨			2002
		大连	大连轨道交通			2003
		武汉	武汉轨道交通			2004
		重庆	重庆轨道交通		链接	2005
		哈尔滨	哈尔滨地铁			建设中
		郑州	郑州地铁			建设中
		杭州	杭州轨道交通			建设中
		苏州	苏州轨道交通			建设中
		成都	成都地铁			建设中
		沈阳	沈阳地铁			建设中
		西安	西安地铁			建设中
		东莞	东莞轨道交通			计划中
		香港	港铁		链接	1910(九广铁路)
					链接	1979(地铁)
					链接	2007(两铁合并)
		台北	台北捷运		链接	1996
		桃园县	桃园捷运			建设中
		高雄	高雄捷运		链接	2008
	日本	福冈	福冈市地铁	福冈地铁		1981
		神户	神户高速铁道	神户高速铁道		1968
			神户市地下铁道	神户地铁	链接	1977
		京都	京都市地下铁道	京都地铁	链接	1981
		名古屋	名古屋市地下铁道	名古屋地铁	链接	1957
		大阪	大阪市地下铁道	大阪市地铁	链接	1933
		埼玉县	埼玉高速铁道线	埼玉高速铁道		2001
		札幌	札幌市地下铁道	札幌市地铁	链接	1971
		仙台	仙台市地下铁道	仙台市地铁		1987
		东京	东京地下铁	东京地下铁		1927
			东京临海高速铁道	东临海高速铁道	链接	1996
		横滨	横浜市地下铁道	横滨市地铁		1972
			みなとみらい線	横滨高速铁港		2004
	朝鲜	平壤	평양 지하철	平壤地铁	链接	1973
	韩国	釜山	부산 지하철	釜山地铁	链接	1985
		大邱	대구 지하철	大邱地铁		1997
		大田	대전 도시철도	大田都铁		2006
		光州	광주 지하철	光州都铁		2004
		仁川	인천광역시 지하철공사	仁川地铁		1996
		首尔	수도권 전철	韩国首都圈电铁	链接	1970(SeoulMetro)
						1994(SMRT)
						1974(Korail)

17

续表

序号	项目	国外城市轨道交通运输的发展主要内容与图表					

续表

序号	项目	洲名	国家	城市名称	当地名称	中译名称	路线图	通车年份
5	各国轨道交通现状	亚洲	印度	班加罗尔	Banglore Metro	班加罗尔地铁		建设中
				加尔各答	Kolkata Metro	加尔各答地铁	链接	1984
				金奈	Mass Rapid Transit System	金奈捷运	链接	1997
				德里	Delhi Mass Rapid Transit System	德里捷运	链接	2002
				海得拉巴	MMTS Hyderabad	海得拉巴复合运输系统	链接	2003
					Hyderabad Metro	海得拉巴捷运		计划中
				艾哈迈达巴德	Ahmedabad Metro	艾哈迈达巴德地铁		计划中
				孟买	Mumbai Metro	孟买地铁		建设中
				塔纳	Thane MRTS	塔纳地铁		计划中
			菲律宾	马尼拉	Manila Metro Rail Transit System	马尼拉地铁		1999
			新加坡		Mass Rapid Transit	新加坡地铁	链接	1987
			泰国	曼谷	รถไฟฟ้าเฉลิมพระเกียรติ 6 รอบพระชนมพรรษา	曼谷集体运输系统	链接	1999
					รถไฟฟ้ามหานคร สายเฉลิมรัชมงคล	曼谷地铁		2004
			越南	胡志明市	Dự án đường sắt đô thị Thành phố Hồ Chí Minh	胡志明市地铁		建设中
			亚美尼亚	埃里温	Երեւանի մետրոպոլիտեն	埃里温地铁		1981
			阿塞拜疆	巴库	Bakı Metropoliteni	巴库地铁	链接	1967
			格鲁吉亚	第比利斯	Երեւանի եանետրոպալի եան	第比利斯地铁	链接	1966
			伊朗	伊斯法罕		伊斯法罕地铁		建设中
				阿瓦士		阿瓦士地铁		建设中
				马斯哈德		马斯哈德地铁		2004
				设拉子		设拉子地铁		建设中
				大不里士		大不里士地铁		建设中
				德黑兰	تهران مترو	德黑兰地铁		1999
			哈萨克斯坦	阿拉木图	Алма-атинский метрополитен	阿拉木图地铁		建设中
			土尔其	安卡拉	Ankara metro ağı	安卡拉地铁	链接	1996
				伊斯坦堡	Istanbul metrosu	伊斯坦堡地铁	链接	2000
				伊兹密尔	Izmir metrosu	伊兹密尔地铁		2000
			阿联酋	迪拜	مترو دبي	迪拜地铁	链接	建设中
		欧洲	奥地利	维也纳	U-Bahn Wien	维也纳地铁	链接	1925
			比利时	布鲁塞尔	Metro Brüssel	布鲁塞尔地铁	链接	1976
			保加利亚	索菲亚	Софийско метро	索菲亚地铁	链接	1998
			法国	里尔	Métro de Lille	里尔地铁	链接	1983
				里昂	Métro de Lyon	里昂地铁	链接	1968
				马赛	Métro de Marseille	马赛地铁	链接	1977

续表

序号	项目	国外城市轨道交通运输的发展主要内容与图表						

续表

序号	项目	洲名	国家	城市名称	当地名称	中译名称	路线图	通车年份
5	各国轨道交通现状	欧洲	法国	巴黎	Métro de Paris	巴黎地铁	链接	1900
					Orlyval	奥利机场内线	链接	1991
				雷恩	Métro de Rennes	雷恩地铁	链接	2002
				土鲁斯	Métro de Toulouse	土鲁斯地铁	链接	1993
			德国	柏林	U-Bahn Berlin	柏林地铁	链接	1902
				法兰克福	U-Bahn Frankfurt	法兰克福地铁	链接	1968
				汉堡市	U-Bahn Hamburg	汉堡市地铁	链接	1912
				纽伦堡	U-Bahn Nürnberg	纽伦堡地铁	链接	1972
			希腊	雅典	Ηλεκτρικοί Σιδηρόδρομοι Αθηνών-Πειραιώς	比雷埃夫斯电气铁路		1869
					ΜετρόAθήναζ	雅典地铁	链接	2000
				塞萨洛尼基	Μετρό Θεσσαλονίκης	塞萨洛尼基地铁	链接	建设中
			荷兰	阿姆斯特丹	Amsterdamse metro	阿姆斯特丹地铁	链接	1977
				鹿特丹	Rotterdamse metro	鹿特丹地铁	链接	1968
			意大利	布雷西亚	Metropolitana di Brescia	布雷西亚地铁	链接	建设中
				巴里	Metropolitana di Bari	巴里地铁		2007
				卡塔尼亚	Metropolitana di Catania	卡塔尼亚地铁	链接	1999
				热那亚	Metropolitana di Milano	热那亚地铁	链接	1990
				米兰	Metropolitana di Milano	米兰地铁	链接	1964
				那不勒斯	Metropolitana di Napoli	那不勒斯地铁	链接	1993
				罗马	Metropolitana di Roma	罗马地铁	链接	1955
				杜林	Metropolitana di Torino	杜林地铁	链接	2006
			葡萄牙	科英布拉	Metro Mondego	科英布拉地铁	链接	建设中
				里斯本	Metropolitano de Lisboa	里斯本地铁	链接	1959
				波尔图	Metro do Porto	波尔图地铁		2002
			西班牙	巴塞隆纳	Metro de Barcelona	巴塞隆纳地铁	链接	1924
				毕尔包	Metro de Bilbao	毕尔包地铁	链接	1995
				格拉纳达	Metropolitano de Granada	格拉纳达地铁		建设中
				马德里	Metro de Madrid	马德里地铁	链接	1919
				帕尔马	Metro de Palma de Mallorca	帕尔马地铁	链接	2007
				马拉加	Metro de Málaga	马拉加地铁		建设中
				塞维利亚	Metro de Sevilla	塞维利亚地铁		2009
				巴伦西亚	MetroValencia	巴伦西亚地铁	链接	1988
			英国	加的夫	Valley Lines	山谷线		1995
				格拉斯哥	Glasgow Subway	格拉斯哥地铁	链接	1896
				伦敦	Lodon Underground	伦敦地铁	链接	1863
				泰恩河畔纽卡索	Tyne and Wear Metro	泰恩及威尔地铁	链接	1980
				曼彻斯特	Manchester Metrolink	曼彻斯特都市连接	链接	1992
			白俄罗斯	明斯克市	Минский метрополитен	明斯克地铁	链接	1984
			丹麦	哥本哈根	Københavns Metro	哥本哈根地铁	链接	2002
			瑞典	斯德哥尔摩	Stockholms tunnelbana	斯德哥尔摩地铁	链接	1950
			芬兰	赫尔辛基	Helsingin metro	赫尔辛基地铁	链接	1982
			匈牙利	布达佩斯	Budapesti metró	布达佩斯地铁	链接	1896
			挪威	奥斯陆	Metro van Oslo	奥斯陆地铁	链接	1968
			波兰	华沙	Metro warszawskie	华沙地铁	链接	1995
			罗马尼亚	布加勒斯特	Metroul din București	布加勒斯特地铁	链接	1997

续表

序号	项目	国外城市轨道交通运输的发展主要内容与图表					
		洲名	国家	城市名称	当地名称	中译名称	路线图	通车年份

续表

序号	项目	洲名	国家	城市名称	当地名称	中译名称	路线图	通车年份
5	各国轨道交通现状	欧洲	俄罗斯	车里宝斯克	Челябинский метрополитен	车里宝斯克地铁	链接	建设中
				喀山	Казанскийметрополитен	喀山地铁	链接	2005
				克拉斯诺亚尔斯克	Красноярский метрополитен	克拉斯诺亚尔斯克地铁	链接	建设中
				莫斯科	Московский метрополитен	莫斯科	链接	1935
				下诺夫哥罗德	Нижегородский метрополитен	下诺夫哥罗德	链接	1986
				新西伯利亚	Новосибирский метрополитен	新西伯利亚地铁	链接	1985
				鄂木斯克	Омский метрополитен	鄂木斯克地铁	链接	建设中
				圣彼得堡	Петербургский метрополитен	圣彼得堡地铁	链接	1955
				萨马拉	Самарский метрополитен	萨马拉地铁	链接	1987
				乌法	Уфимский метрополитен	乌法地铁	链接	建设中
				叶卡捷琳堡	Екатеринбургскийм етрополитен	叶卡捷琳堡地铁	链接	1991
			乌克兰	第聂伯罗彼得罗夫斯克	Дніпропетровський метрополітен	第聂伯罗彼得罗夫斯克地铁	链接	1995
				顿涅茨克	Донецьке метро	顿涅茨克地铁	链接	建设中
				哈尔科夫	Харківське метро	哈尔科夫地铁	链接	1975
				基辅	Київський метрополітен	基辅地铁	链接	1960
		美洲	加拿大	蒙特利尔	Montreal Metro	蒙特利尔地铁	链接	1966
				多伦多	Toronto subway and RT	多伦多地铁	链接	1954
				温哥华	SkyTrain	温哥华地铁	链接	1986
			墨西哥	瓜达拉哈拉	Metro de Guadalajara	瓜达拉哈拉捷运	链接	1989
				墨西哥城	Metro de la Ciudad de México	墨西哥城地铁	链接	1969
				蒙特雷	Metro de Monterrey	蒙特雷地铁	链接	1991
			美国	亚特兰大	Metropolitan Atlanta Rapid Transit Authority	亚特兰大地铁	链接	1979
				巴尔的摩	Metro Subway	巴尔的摩地铁	链接	1983
				波士顿	Massachusetts Bay Transportation Authority	麻萨诸塞湾交通署	链接	1901
				芝加哥	Chicago 'L'	芝加哥捷运	链接	1892
				克里夫兰	RTA Rapid Transit	区域运输署捷运		1955
				洛杉矶	Los Angeles County Metro Rail	洛杉矶捷运	链接	1990
				达阿密	Metrorail	达阿密地铁	链接	1984
				纽约市	New York City Subway	纽约地铁	链接	1904
				纽约/纽泽西	PATH	纽新航港局过哈德逊河捷运	链接	1908
				费城	SEPTA	费城东南运输局	链接	1907
					Norristown High-Speed Line	诺利斯城高速线	链接	1907
				费城/纽泽西	PATCO Speedline	港务局交通公司快速线	链接	1936
				旧金山	Muni Metro	旧金山城市铁路	链接	1912
				旧金山湾区	BART	旧金山湾区捷运系统	链接	1972
				华盛顿特区/马里兰/维吉尼亚	Washington Metro	华盛顿都会区捷运系统	链接	1976
				华盛顿特区	United States Capitol Subway System	美国国会地铁	链接	1909

续表

序号	项目	国外城市轨道交通运输的发展主要内容与图表					
5	各国轨道交通现状	洲名	国家	城市名称	当地名称	中译名称	路线图	通车年份
		加勒比地区与南美洲	阿根廷	布宜诺斯艾	Subte de Buenos Aires	布宜诺斯艾地铁	链接	1913
			巴西	贝洛奥里藏特	Metropolitano de Belo Horizonte	贝洛奥里藏特捷运		1986
				巴西利亚	Metropolitano do Distrito Federal	巴西利亚地铁	链接	2001
				阿雷格里港	Metropolitano de Porto Alegre	阿雷格里港地铁		1985
				勒西腓	Metropolitano do Recife	勒西腓地铁		1985
				里约热内卢	Metropolitano do Rio de Janeiro	里约热内卢地铁	链接	1979
				圣保罗	Metropolitano de São Paulo	圣保罗地铁	链接	1974
			智利	圣地亚哥	Metro de Santiago	圣地亚哥地铁	链接	1975
				瓦尔帕莱索	Metro de Valparaíso	瓦尔帕莱索地铁	链接	2005
				康塞普西翁市	Biotrén	比奥列车	链接	2006
			哥伦比亚	马德林	Metro de Medellín	马德林捷运		1995
			多米尼加共各国	圣多明哥	Metro de Santo Domingo	圣多明哥地铁		建设中
			秘鲁	利马	Metro de Lima	利马捷运	链接	1989
			波多黎各	圣胡安	Tren Urbano	圣胡安	链接	2004
			委内瑞拉	卡拉卡斯	Metro de Caracas	卡拉卡斯地铁	链接	1983
				格瑞纳斯-瓜地雷	Metro de Guarenas-Guatire	格瑞纳斯-瓜地雷地铁		建设中
				洛期特克斯	Metro de Los Teques	洛期特克斯地铁		2006
				马拉开波	Metro de Maracaibo	马拉开波地铁		建设
				瓦伦西亚	Metro de Valencia	瓦伦西亚地铁		建设中

世界城市轨道交通统计表之二(前50位)　　表1-3-2

序号	国家	轨道交通总长度(km)	车站数量(个)	轨道交通启用年度
1	美国	1747.3	1037	1870
2	中国	1321.1	654	1969
3	日本	803.1	722	1933
4	西班牙	642.4	555	1919
5	英国	533.1	386	1863
6	韩国	482.2	477	1974
7	俄罗斯	446.8	281	1935
8	德国	446.4	484	1902
9	法国	345.9	477	1900
10	巴西	257.5	195	1974
11	墨西哥	233.4	206	1969
12	意大利	190.5	240	1955
13	加拿大	193.1	170	1954
14	印度	161.6	146	1984
15	智利	147.5	132	1975
16	土耳其	125.6	124	1875
17	中国台北	120.8	104	1996
18	新加坡	113.2	97	1987

续表

序号	项目	国外城市轨道交通运输的发展主要内容与图表			
5	各国轨道交通现状	续表			

序号	国家	轨道交通总长度(km)	车站数量(个)	轨道交通启用年度
19	瑞典	110.0	100	1950
20	乌克兰	102.4	80	1960
21	荷兰	97.8	101	1968
22	委内瑞拉	91.0	99	1983
23	葡萄牙	89.2	100	1959
24	挪威	84.2	104	1966
25	马来西亚	75.0	49	1996
26	奥地利	69.8	84	1976
27	罗马尼亚	67.3	48	1979
28	埃及	65.5	51	1987
29	捷克	59.3	54	1974
30	比利时	55.6	70	1969
31	希腊	55.0	51	2000
32	阿根廷	52.3	74	1913
33	伊朗	48.5	40	2000
34	菲律宾	45.6	41	1984
35	泰国	44.1	41	1999
36	乌兹别克	39.1	29	1977
37	哥伦比亚	32.0	31	1995
38	阿塞拜疆	31.7	20	1967
39	匈牙利	31.4	42	1896
40	白俄罗斯	30.3	25	1986
41	格鲁吉亚	26.4	22	1966
42	波兰	23.1	21	1927
43	多米尼加共和国	23.0	16	2008
44	朝鲜	22.5	17	1973
45	芬兰	21.1	17	1982
46	丹麦	21.0	22	2002
47	波多黎各	17.2	16	2004
48	亚美尼亚	13.4	10	1981
49	保加利亚	10.0	8	1998
50	秘鲁	9.2	7	2003

| 6 | 高速轮轨和磁悬浮技术在轨道交通的发展 | (1) 概述
1) 高速轮轨交通从 20 世纪 60 年代开始建设,到 2010 年止,世界上已建成的高速铁路约有 8000km;正在建设的新线有 5000km,正在研究和准备立项的有 9000km;
2) 从德国、日本建成磁悬浮试验线后,世界有 5 个国家启动磁悬浮线路研究,中国上海成为世界第一个高速常导磁悬浮商用试验线建设的地区;
3) 世界轮轨高速铁路的发展没有因为磁浮技术的发展而停滞,随着速度目标值的提高(中国的武广高速铁路运营时速为 341km/h,最高运营时速为 394km/h),高速轮轨技术仍然在不断创新。磁悬浮的研究与试验和轮轨高速铁路的建设与发展在世界上并存。 |

续表

序号	项目	国外城市轨道交通运输的发展主要内容与图表
6	高速轮轨和磁悬浮技术在轨道交通的发展	(2) 高速铁路与磁悬浮高速列车的发展 1) 20世纪60年代，世界上第一条运营速度超过200km/h的高速铁路率先在日本建成。此后，日本、法国、德国、意大利、西班牙等发达国家开始了大规模的建设。20世纪90年代，轮轨高速铁路技术在西欧国家普及，高速铁路网的规划与建设得到了欧洲议会和欧共体的支持； 2) 20世纪60年代初轮轨高速铁路技术的最高商业运营速度为200km/h，随着技术的进步，20世纪90年代末达到了320km/h。当时，世界上一些从事交通运输的专家认为，轮轨接触型技术最高运营速度仅能达到300km/h左右，要想超过这一极限，只能借助于非接触类技术，磁悬浮技术将作为新一代地面交通运输技术，成为21世纪的城市间主要交通运输工具； 3) 20世纪60年代初，日本开始投入资金、建设试验段对磁悬浮高速列车技术进行研发；随后，德国、法国、美国、英国、加拿大等国家也先后开始对这项技术的应用进行研究。20世纪90年代，德国通过了对TR07磁悬浮车辆的认证，并拟于汉堡——柏林间建设世界上第一条商用磁悬浮线路，日本也在山梨试验段上实现了超导磁浮列车试验速度达到了550km/h的最高运行速度。高速磁悬浮技术取得的成就，重新唤起了各国对其市场应用的关注与兴趣。当今，对采用轮轨/磁悬浮技术建设地面高速交通运输体系的争论，已经成为世界范围的热门话题。 (3) 高速磁悬浮线路建设和研究的推进：20世纪90年代以来，共有5个国家的政府建立专门项目，从事高速磁悬浮工程前期研究或建设，这些国家磁悬浮项目近期进展情况如下所述： 1) 德国政府于1992年将建设柏林—汉堡300km高速磁悬浮线路项目列入联邦运输计划。1997年，铁路公司决定采用常导磁悬浮技术。世界上很多国家非常关注这一技术实际应用的进展。其中，美国和我国政府针对该项技术的应用，进行了深入研究，并开始启动试验计划； 2) 德国交通部2000年2月宣布，由于多种原因，柏林—汉堡磁悬浮项目未能实施，此后，国际磁悬浮公司将注意力从城市间移向城市中心—机场线路，并开始选取合理的应用项目；6月，政府签署协议，支持对慕尼黑37km长以及多特蒙德——杜塞尔多夫80km长两条线路开展可行性研究工作。2002年1月，联邦运输部宣布，经过研究，连接慕尼黑市中心车站——慕尼黑机场，杜塞尔多夫市中心车站—多特蒙德市中心车站的两个磁悬浮运输项目，在技术、运营和经济上都是可行的； 3) 慕尼黑中心车站——慕尼黑机场间的磁悬浮线路是一条3618km长的线路，建设费用约为16亿欧元。杜塞尔多夫市中心车站和多特蒙德市中心车站的快速线则长7819km，预计将耗资32亿欧元。宏观经济评估表明，这两个项目均为投资收益型。运输部将对项目的研究作出评估，并与两个州政府商谈项目，联邦政府可提供23亿欧元，作为磁悬浮运输系统的建设资金； 4) 我国是世界上第一个进行高速常导磁悬浮商用试验线建设的国家。1999年11月，中国科技部与德国国际磁悬浮公司，就在中国境内选择适当线路作为磁悬浮试验场地签署了意向书。2000年6月，上海市与国际磁悬浮公司签署了合作开展陆家咀——浦东国际机场磁悬浮线路可行性研究的协议。上海磁悬浮线总投资约89亿元人民币，工程于2001年3月正式开工兴建，2002年12月，通车剪彩仪式在这条示范运营线的始发站——龙阳路站的站台上举行，仪式结束后，中德两国总理登上列车一同前往终点站——上海浦东国际机场站。列车达到最高速度430km/h，全程33km只用了不到8min的时间。

表1-4 国内城市轨道交通运输的发展概况

序号	项目	国内城市轨道交通运输的发展主要内容与图表
1	早期城市轨道交通运输	(1) 1875年初,上海英商怡和洋行耍了个花招,组织了吴淞道路公司,声称修筑吴淞——上海间的马路,而实际是要在筑好的路基上铺设钢轨,开行火车。清政府未能识破骗局,就同意征购土地并开始建设。到1876年4月全长4.5km的吴淞铁路全线完工,当年7月1日正式通车营业。这是一条轨距为0.762m的窄轨铁路,采用每米重13kg的钢轨,列车速度为24～32km/h。这是中国的首条铁路——吴淞铁路。 (2) 1906年2月16日,我国第一条有轨电车(单轨)在天津正式通车,是中国最早的城市轨道公共交通之一。紧接着沈阳有轨电车的前身——马拉铁道车;1907年10月18日,由中日商办奉天马车铁道股份有限公司建立。1908年1月4日,沈阳由老火车站(今老道口桥南侧)至小西门段首先建成通车,后由小西边门至小西城门段相继建成通车,运营线路长4.03km。 (3) 1907年,南满洲铁道株式会社发起筹建城市"电气铁道",1908年首先开始铺设沈阳动物园到码头的有轨电车线路,1909年建成通车,全长2.45km。 (4) 1908年我国上海第一条城市有轨电车线路建成,由静安寺行驶至外滩,全长6.04km。1909年大连市也建成了有轨电车。随后,北京、天津、沈阳、哈尔滨、长春等城市大量修建有轨电车线路,在当时的城市公共交通中发挥了重要作用。 (5) 谈到中国的轨道交通就不能不提中国铁路技术专家詹天佑。辛亥革命期间,孙中山邀约詹天佑协助他制订修10万英里(16万km)大铁路的规划。詹天佑不仅在工程技术上创造出辉煌业绩,而且在道德上也以忠贞爱国、刚正不阿为后世垂范。詹天佑逝世后,交通部在京张铁路的八达岭和张家口为其树立两座铜像,颁给碑文"贞石磨崖,刊垂不朽,以案往哲,而励将来"。 (6) 1909年9月24日通车的京张铁路连接北京和张家口。京张铁路穿越燕山山脉,沿途地势陡峭,地形险要,施工艰难。这是中国第一条不借助外国,完全由中国工程人员自建的铁路。 (7) 1876～1912年36年间,中国共修筑铁路9968.5km。此时中国的铁路技术落后,采用的制式混杂,仅铁路轨距就有5种之多,如1.435m的标准距、1.524m的宽轨,以及0.762、1、1.067m三种窄轨。 (8) 1945年沈阳有3条有轨电车线路,总长17.7km,在籍车辆156辆,日客运量1.28万人次。 (9) 1949年前,中国铁路总里程21949km,各大城市没有建设地铁,而城市有轨电车则几乎与世界同步发展,上海、香港、北京、天津、沈阳、大连及哈尔滨等城市都建有轨电车线路。
2	新中国的铁路交通概况	(1) 新中国成立后,中国人民政府成立了铁道部,统一管理全国的铁路,组织了桥梁和线路恢复工程,并大力修建新铁路,以保证日益增长的运输需要。1949～1978年间,相继完成了成渝、天兰铁路的铺轨通车任务,紧接着又动工新建兰新、宝成、丰沙等线路。至1958年新建及修复第二线铁路共1337km,全国14个铁路枢纽得到改善和加强。然后完成包兰、兰新、兰青、干武、黔桂、京承、太焦、外福、肖甬等线路。"文革"期间,也建成铁路干线有贵昆、成昆、湘黔、京原、枝柳等铁路。到1976年2月底止,全国新增铁路运营23662km。 (2) 建国60年来,我国的铁路建设得到了很大的发展,至2008底年止,铁路线路已经达到了约7.2万km,在我国的东北、华北、西北、华东及华南的铁路网形成后,火车开进了世界屋脊西藏拉萨市。其牵引动力由蒸汽机到内燃机,现在正在迈向电力牵引。铁路设备已国产化,并向国外输出大量的技术和机械设备。 (3) 同时,我国已从1997年、1998年、2000年、2001年、2004年及2007年连续6次铁路大提速,几乎涉及所有的铁路干线,提速包括客车和货车。提速网络总里程超过16 500km,

续表

序号	项目	国内城市轨道交通运输的发展主要内容与图表
2	新中国的铁路交通概况	其中时速160km/h及以上提速线路超过7700km。 (4) 2004年4月18日,京沪、京广、京哈等干线部分地段线路基础达到时速200km/h的要求。直达特快列车在京广、京沪等繁忙干线以160km/h速度长距离运行。全路旅客列车平均旅行速度65.7km/h,直达特快列车旅行速度129.2km/h。 (5) 2007年4月18日,第6次大面积提速后,我国铁路既有线提速干线旅客列车最高运行时速达200km/h以上,京哈、京沪、京广、胶济等提速干线部分区段可达250km/h。2007年初开始的第6次铁路提速将北京到上海的客旅行时间进一步缩短为少于10h。 (6) 国家制定了《中长期铁路网规划》,到2020年,全国铁路营业里程将达到10万km,主要繁忙干线实现客货分线,建成1.2万km四纵四横的快速客运专线网,见图1-3-5所示,复线率和电化率均达到50%,运输能力满足国民经济和社会发展需要,主要技术装备达到或接近国际先进水平。 图1-3-5 中国中长期铁路网规划示意图
3	我国地铁的发展概况	(1) 北京地铁始建于1965年7月1日,1969年10月1日第一条地铁建成通车(表1-3-3所列我国部分城市第一条地铁通车时间),使北京成为中国第一个拥有地铁的城市。其线路沿长安街与北京城墙南缘自西向东贯穿北京市区,连接西山的卫戍部队驻地和北京站,采用明挖填埋法施工。全长23.6km,设17座车站和一座车辆段。 我国部分城市第一条地铁建设情况表　　　　表1-3-3 | 城市名称	北京	香港	天津	上海	台北	广州	深圳	南京	高雄
---	---	---	---	---	---	---	---	---	---
年限	1971	1979	1984	1995年	1996年	1997	2004	2005	2008
里程(km)	22.17	15.6	7.4	21	10.9	18.47	21.8	21.7	28.9	

续表

序号	项目	国内城市轨道交通运输的发展主要内容与图表
3	我国地铁的发展概况	但是从20世纪60年代到90年代末,地铁建设也就45km的长度,真正城市地铁发展速度的提升是从20世纪90年代开始。进入21世纪,地铁的建设就进入了快速发展的时期。2004年以来,随着4号线、5号线、10号线、13号线、八通线、奥运支线和机场专线三条共58km的线路的开通,地铁建成线已经从45km延长到336km。目前在建的其他地铁线路包括6号线、7号线、8号线二期、9号线、10号线二期以及亦庄线、大兴线等9条线路;到2010年底止,北京地铁每天的营运量最高达到600多万人次;预计到2015年底,北京轨道线路将达19条,将形成"三环、四横、五纵、七放射",总长度为561km的轨道交通网络。这一数字将使北京有望超越纽约,成为全球地铁线路总长最长的城市。图1-3-6所示为北京地铁交通运输示意图。 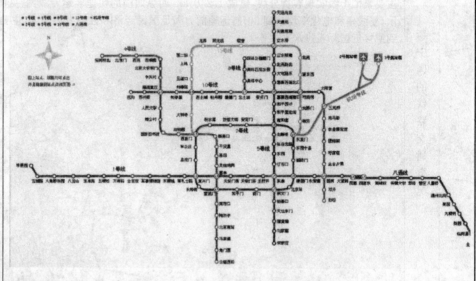 图1-3-6 北京地铁交通运输示意图 (2) 天津地铁建设始于1970年,后因故停工,1983年复工续建,1984年12月第一条线开通运营。上海地铁一号线工程自1990年1月19日正式开工建设,于1994年12月基本建成,1995年4月开始全线试运营。目前,天津轨道交通将由地铁1~9号线和轻轨1、2期工程组成。现阶段天津地铁规划由9条轨道交通线路组成。地铁建设是天津市城市快速轨道交通线网规划的重要组成部分,现已规划9条地铁线路。即:1号线由刘园至双林,线路全长26.2km;2号线由中北镇至李明庄,线路全长23.5km;3号线由侯台至小淀,线路全长22.3km;4号线由张贵庄至引河北,线路全长35.7km;5号线由张道口至北仓,线路全长31.2km;6号线由梨园头至大毕庄,线路全长29km;7号线由大毕庄至李七庄,线路全长24km;8号线由新庄至银河风景区,线路全长24km;9号线由张贵庄至海河中心广场,为津滨轻轨线的延长线,线路全长14.9km。计划30年建成,9条线全长234.7km。图1-3-7为天津地铁交通运输示意图。 (3) 香港于1975年11月开始修建地铁,首座地铁于1979年通车,其里程为15.6km。香港的地铁曾经是香港两大城市轨道交通系统之一,已在2007年12月2日和九广铁路合并成港铁(即为香港的铁路)。自1979年开通至2007年两铁合并期间,香港的地铁由地铁有限公司(现称香港铁路有限公司)营运,发展成一个有7条路线,全长91.0km的铁路系统网络,共有53个车站,其中14个为中转车站。

续表

序号	项目	国内城市轨道交通运输的发展主要内容与图表
3	我国地铁的发展概况	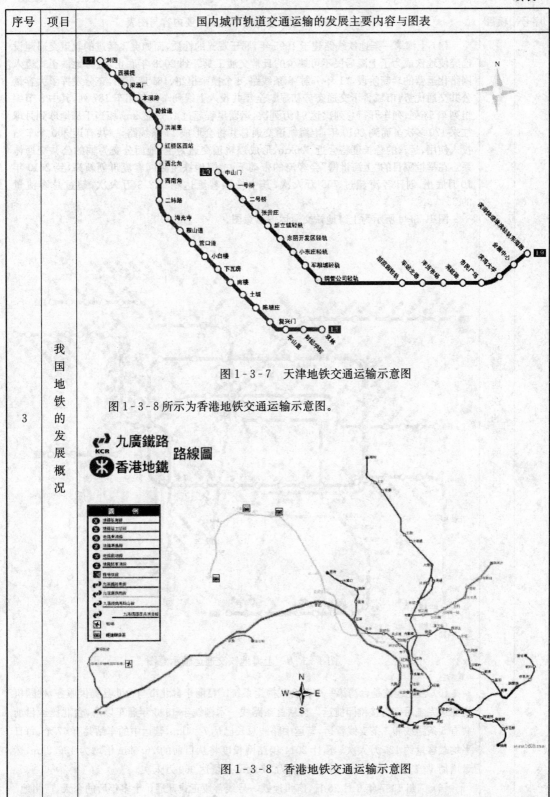 图 1-3-7 天津地铁交通运输示意图 图 1-3-8 所示为香港地铁交通运输示意图。 图 1-3-8 香港地铁交通运输示意图

续表

序号	项目	国内城市轨道交通运输的发展主要内容与图表
3	我国地铁的发展概况	(4) 上海第一条地铁线路建于1995年,属于观光的性质,而如突飞猛进的轨道交通建设已经使地铁成为了上海居民不可缺少的日常交通工具。到2008年底止,上海地铁正式迈入网络化运营的崭新阶段,"1环7射"8条线路、8个换乘枢纽、161座车站,充分发挥了大容量公共交通优势,市域骨干交通态势初显。全年共投入上线列车及备用车187列,其中8节编组列车53列;列车开行总列次达94万列次,运营里程超过1.32亿km,相当于从地球到月球往来170多次。而到2010年,上海轨道交通总共将会形成11条线路,一共有近300个车站投入使用,运营的总长度将会近500km,形成以轨道交通为主、地面公交为辅的公共交通体系。在举世瞩目的"上海世博"会客流的带动下,上海地铁全路网客流再创新高,到2010年10月底止,创日客流超过755万人次,其中换乘客流达到242.3万人次,超过总客流量的35%。 图1-3-9所示为上海地铁交通运输示意图。 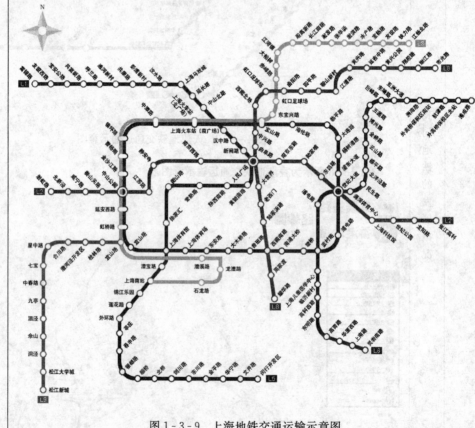 图1-3-9 上海地铁交通运输示意图 (5) 台北地铁是台湾第一个都会区捷运系统。目前于台北市与台北县提供服务,桃园机场捷运完工后将衔接桃园捷运。自从首条路线——木栅线于1996年通车以来,台北捷运目前共有5条路线和3条支线营运,营运中路线总长已达74.4km,营运中的车站共有67个,每日平均载客量约125万人次。预计2014年路网长度将从目前的76.6km倍增为156.3km,运量增加1倍。到2020年时,长度增加为270km,运量达360万人次。 (6) 广州1997年6月28日,广州地铁一号线首段正式开通。十多年后的今天,广州地

续表

序号	项目	国内城市轨道交通运输的发展主要内容与图表
3	我国地铁的发展概况	铁已形成贯穿广州东西南北的一、二、三、四、五、六、九、十三号线共235.7km的轨道交通线网,已初步形成广州市城市轨道交通主骨架。每天超过400万人次的客流顺畅地穿梭在羊城脚下,有效地缓解了地面的交通压力,更将城市外延不断拓宽,由此带动城市发展与经济繁荣。 从现在起到2020年,在交通网络上规划形成以广州为中心的泛珠三角一日交通圈、珠三角2h交通圈和广佛1h交通圈。轨道交通将成为未来解决市民出行问题的一大主力。目前,轨道交通通车里程将已达到400km左右,内环以内轨道交通站点500m服务半径站点覆盖率达60%以上,外环以内500m服务半径站点覆盖率达到30%以上,轨道交通承担公交客流25%以上。到2020年,轨道交通线网总长达800km以上,将承担公共交通客流的40%左右,实现以轨道交通为主体的城市客运交通模式。也形成包括密集的城区线、快捷郊区组团线和城际线在内的大都市轨道交通网络。广州正在成为地铁上的大城市。 图1-3-10所示为广州市地铁交通线网示意图。截止2010年7月底,我国各大城市地铁通车与总的里程见表1-3-4所列。 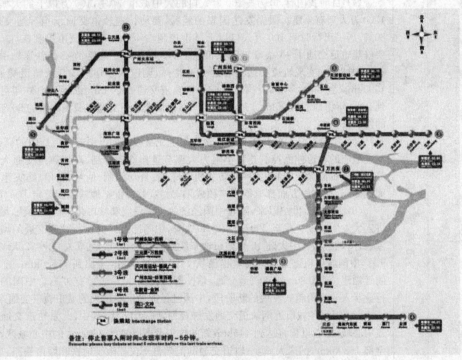 图1-3-10 广州市地铁交通线网示意图

我国各大城市地铁通车条数与总的里程　　　　　　　　表1-3-4

城市名称	北京	香港	天津	上海	台北	广州	深圳	南京	高雄
线路条数	10	8	2	11	6	8	2	1	1
计划线路条数	19	10	9	18	6	14	8	13	5
现日运能力(万人次)	600	240	25	755	95	780	20	30	11
现运营车站	148	53	37	266	69	88	16	16	37
现总营运里程(km)	228	270	71	410	74	222	21.8	21.7	42.7

续表

序号	项目	国内城市轨道交通运输的发展主要内容与图表
4	我国城市轨道交通发展概况	(1) 作为城市公共交通系统的一个重要组成部分,目前城市轨道交通有地铁、轻轨、市郊铁路、有轨电车以及悬浮列车等多种类型,号称"城市交通的主动脉"。国外城市轨道交通起步较早,德国、美国、日本等国都已形成完善的城市轨道交通网络。 (2) 由于经济实力和技术水平的限制,中国城市轨道交通建设起步较晚,在2000年之前,全国仅有北京、上海、广州3个城市拥有轨道交通线路。城市轨道交通真正受到重视和快速发展则始于20世纪90年代以后。在此期间,我国在城市轨道交通建设的指导思想上,经历了以战略为主、兼顾交通的第一阶段,到以交通为主、兼顾人防的第二阶段,直至现在的纳入国家宏观战略、城市长远规划及考虑可持续发展的第三阶段。 (3) 截止到2008年,我国轨道交通开通运营的城市有北京、香港、台北、天津、上海、广州、深圳、南京;正在建设中的城市有重庆、沈阳、青岛、武汉、成都、西安等;列入规划或正在筹建的城市有大连、长春、哈尔滨、鞍山、杭州、宁波、乌鲁木齐、合肥、兰州、佛山、桂林、昆明、济南、福州等,部分城市有望近年开工。 (4) 目前我国有50万～100万人口的大中城市44座,100万以上的大城市35座,其中1000万人口有4座。根据发达国家的经验,要使快速轨道交通承担客运交通量的50%～80%,居民出行时间100万人口以上城市控制在40min,中等城市控制在30min。中等城市要修建轨道交通1～3条,100万人口以上的大城市则要修建4～8条快速轨道交通线。若所有大中城市均实现轨道交通为客运交通主体,则应该修建约300条轨道交通线路,共计约4500km。到2010年止,我国已建成快速轨道交通1100km,预计到2020年可建成2000km,到2050年将建成4500km。地铁和其他城市快速轨道交通在我国未来的50年中将有着巨大的发展潜力。 (5) 我国目前正在开展关于轻轨高架上无缝线路铺设引起温度应力的研究,并相应开发与之适应的轨道伸缩控制器和小阻力大调节量扣件的研制,高架轨道交通大跨度预应力钢筋混凝土桥梁徐变控制,各种设备如机车车辆、自动控制、信号、通信、防灾系统的国有化方面的研究,在这些方面都取得了丰硕成果,为我国21世纪地铁发展奠定了一定的基础。 (6) 进入21世纪以来,随着中国经济的飞速发展和城市化进程的加快,城市轨道交通也进入大发展时期。截至2007年12月31日,中国已经开通运行轨道交通的城市12个(含香港、台湾地区),其中大陆10个城市通车线路总计达30条,通车总里程729km。截至2008年9月,中国城市轨道交通运营里程已从1995年的43km增加到775.6km。全国"十一五"期间计划建设1500km左右轨道交通,总投资额在4000～5000亿左右。中国的城市轨道交通行业步入一个跨越式发展的新阶段,中国已经成为世界最大的城市轨道交通市场。 (7) 根据各城市近期轨道交通发展规划,到2012年,其中,北京轨道交通线网将全部覆盖中心城,运营里程将达到440km;新的规划蓝图既考虑360km^{2}的中心城区,还会通盘考虑全部16800km^{2}的广大城乡;轨道交通的范畴也不仅仅限于地铁和城市铁路,市郊铁路、有轨电车、磁悬浮列车等均被纳入其中;中关村科技园区、商务中心区、规划的奥运村所在地等未来城市发展的热点地带都将成为地铁规划的重点区域。而上海市轨道交通将形成13条线路、300多座车站、运营总长度超过500km的轨道交通基本网络。 (8) 中国城市轨道交通建设目前进入了高峰期,有25个城市规划了轨道交通网络,总投资估算超过8000亿元,其中北京、天津、上海、广州、深圳、重庆、武汉、南京等10个城市拥有已建成的轨道交通线路。 (9) 2008年下半年,受国际金融危机的影响,中国及时调整宏观经济政策,提出扩大内需保持经济增长,政府进一步加大基础设施建设力度,各地方政府也纷纷出台政策规划,大批城市开始筹建轨道交通。根据国务院批准的第一批城市轨道交通项目规划,至2015年的规划线路长度是2400km,投资规模近7000亿,截至2008年11月已完成了1000亿元投资。

续表

序号	项目	国内城市轨道交通运输的发展主要内容与图表
4	我国城市轨道交通发展概况	(10) 中国轨道交通设备在全面建设初期主要依靠进口,价格昂贵,地方财力难以承受,在一定程度上限制了我国城市轨道交通规模的扩大。自从实施城市轨道交通设备国产化政策以来,中国城轨车辆国产化成绩斐然,国产城轨车辆不断涌现,自主创新能力显著增强。当前全国各地纷纷掀起城市轨道交通建设高潮,国产轨道交通设备的市场需求大幅提升,广阔的市场空间将有利拉动中国轨道交通设备制造业的长足发展。 (11) 总体来看,中国城市轨道交通仍然处于初级发展阶段,发展机制仍不够健全,但各地建设城市轨道交通的热情日渐高涨。随着城市化建设步伐的加快,中心城市不断向周边辐射,轨道交通建设的紧迫性也在增加。为缓解轨道交通建设资金的困境,政府已大力号召外资和民营企业进入轨道交通建设领域。目前,外资主要以设备供应和技术提供的方式活动于轨道交通建设领域,民营资本则因投资额过大而暂时难以介入。随着中国城市规模的不断扩大,产业外围转移速度的增加,外资和民营资本进入城市轨道交通建设成为一种必然趋势。 (12) 如图1-3-11～图1-3-13所示分别是北京市、上海市、广州市轨道交通示意图。 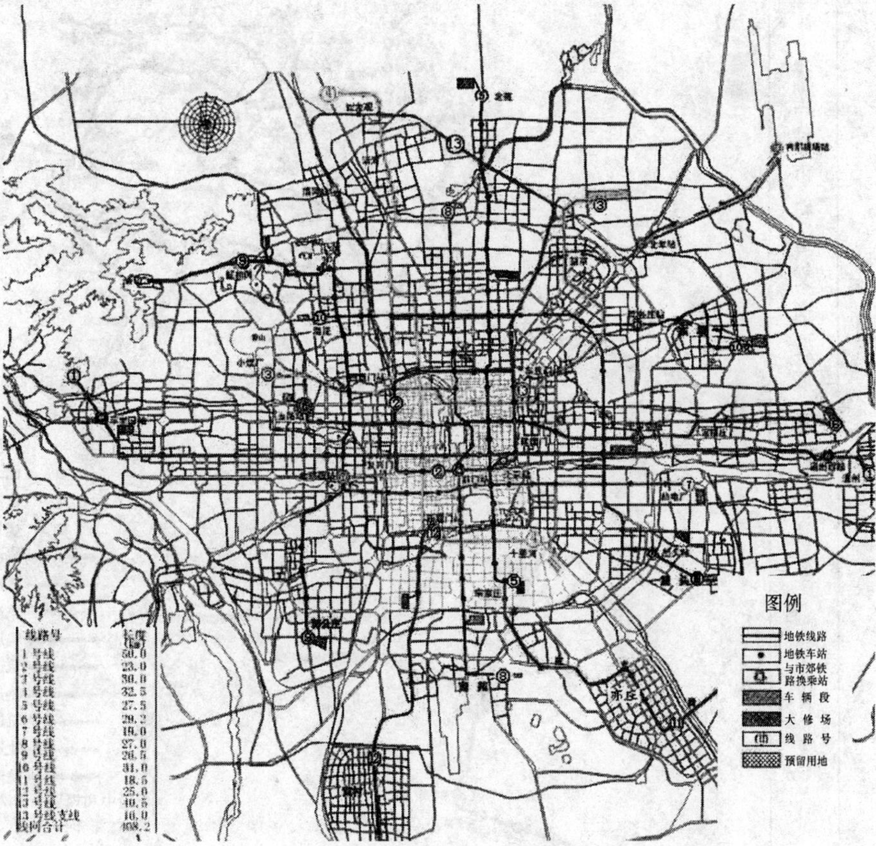 图1-3-11 北京市区轨道交通示意图

续表

序号	项目	国内城市轨道交通运输的发展主要内容与图表
4	我国城市轨道交通发展概况	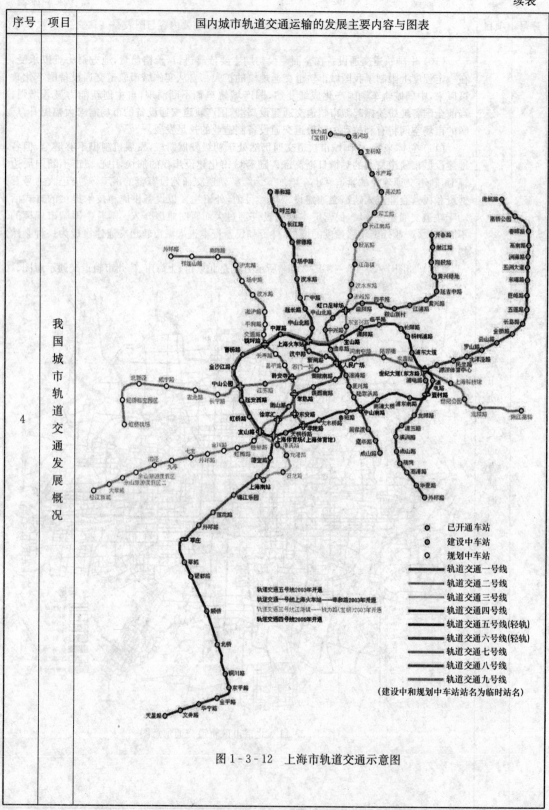 图 1-3-12 上海市轨道交通示意图

续表

序号	项目	国内城市轨道交通运输的发展主要内容与图表
4	我国城市轨道交通发展概况	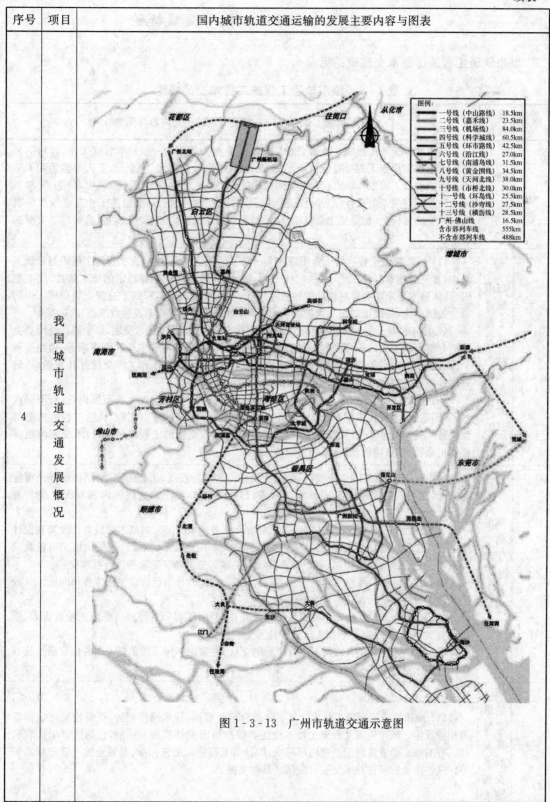 图1-3-13 广州市轨道交通示意图

图例：
一号线（中山路线） 18.5km
二号线（嘉禾线） 23.5km
三号线（机场线） 84.0km
四号线（科学城线） 60.5km
五号线（环市路线） 42.5km
六号线（沿江线） 27.0km
七号线（南浦岛线） 31.5km
八号线（黄金围线） 34.5km
九号线（天河北线） 38.0km
十号线（市桥北线） 30.0km
十一号线（环岛线） 25.5km
十二号线（沙湾线） 27.5km
十三号线（横沥线） 28.5km
广州-佛山线 16.5km
含市郊列车线 555km
不含市郊列车线 488km

1.4 城市轨道工程施工技术交底概论

城市轨道工程施工技术交底概论见表1-5所列。

表1-5 城市轨道工程施工技术交底概论

序号	主要项目	城市轨道工程施工技术交底概论的主要内容与图表
1	概述	城市轨道交通工程施工技术交底是施工企业极为重要的一项技术管理工作,其目的是使城市轨道工程施工的所有参与者,包括工程的指挥者、技术员、安全员、工人等熟悉和了解所承担的各段工程项目特点、设计意图、技术要求、施工工艺、安全要点及注意事项。并根据城市轨道工程施工复杂性、隐秘性、连续性和多变性的固有特点,各级施工企业必须严格贯彻技术交底责任制,加强施工质量检查、监督和管理,以达到提高施工质量、确保施工安全的目的。
2	城市轨道工程施工技术交底的任务与目的	(1) 城市轨道工程从施工蓝图要变为一条条的轨道工程实体,在工程施工组织与管理工作中,首先要使参与施工活动的每个技术人员,明确城市轨道工程特定的施工条件、施工组织、具体技术要求和有针对性的关键技术措施,系统掌握轨道工程施工过程全貌和施工中的每个关键部位,使城市轨道工程施工质量达到《地下铁道工程施工及验收规范》的标准。 (2) 同时,对于每一位参加具体施工操作的工人来说,通过技术交底,要了解自己所要完成的分部分项工程的具体内容、操作方法、施工工艺、质量标准和安全注意事项等,做到使每个施工操作人员必须任务明确、心中有数;各工种之间配合协作和工序交接井井有条,达到有序地施工,以减少各种质量通病,提高施工质量的目的。 (3) 在每一项工程施工前,必须在全部参与施工的不同层次的人员范围内,进行不同内容、不同重点、不同技术深度的技术交底。特别是对于国家的重点工程、轨道工程的重要部位、特殊工程和推广与应用新技术、新工艺、新材料、新结构的工程项目,在技术交底时更需要作出全面、重点明确、具体而详细的技术交底。
3	城市轨道工程施工技术交底分类	城市轨道工程施工技术交底一般是按照施工的难易程度、工程的规模、结构的复杂程度等情况,在不同层次的施工人员范围内进行技术交底,其技术交底的内容与深度也各有不同。 (1) 城市轨道工程设计单位交底:主要由设计单位根据国家的基本建设方针政策和设计规范进行工程设计,经所在地区建设委员会和有关部门审批后,由设计人员向施工单位就设计意图、图纸要求、技术性能、施工注意事项及关键部位的特殊要求等进行技术交底。 (2) 城市轨道工程施工单位交底:主要由施工单位的总工程师或主任工程师向施工队或工区施工负责人进行施工方案实施技术交底。 (3) 城市轨道工程施工队或项目经理交底:主要由工程项目经理向单位工程负责人、质量检查员、安全员及有关职能人员进行技术交底。 (4) 单位工程负责人或技术主管工程师交底:主要由单位工程负责人向各作业班组长和各工种工人进行技术交底。
4	城市轨道工程施工技术交底要求	(1) 城市轨道工程施工技术交底必须符合验收规范、技术操作规程、质量检验评定标准的相应规定。城市轨道工程施工技术交底必须执行国家各项技术标准,包括计量单位和名称。有的施工企业还制定企业内部标准,如分项工程施工工艺标准、混凝土施工管理标准等等。这些企业标准在技术交底时应认真贯彻实施。

续表

序号	主要项目	城市轨道工程施工技术交底概论的主要内容与图表
4	城市轨道工程施工技术交底要求	(2) 城市轨道工程施工技术交底还应符合各项技术要求,特别是当设计图纸中的技术要求和技术标准高于国家施工及验收规范的相应要求时,应作更为详细的技术交底和说明。对于某些城市轨道工程,还应符合和体现上一级领导技术交底中的意图和具体要求。 (3) 对不同层次的施工人员,其技术交底深度与详细程度不同,也就是说对不同人员其交底的内容深度和说明的方式要有针对性。所有技术交底应全面、明确,并突出要点。 (4) 在城市轨道工程施工中所使用的新技术、新工艺、新材料,应进行详细的交底,并交待如何作样板工程的具体事宜。
5	城市轨道工程施工技术交底内容	(1) 轨道工程施工单位的总工程师或主任工程师向施工队或工区施工负责人进行技术交底的内容应包括以下几个主要方面: 1) 轨道工程的概况、各项技术指标、经济指标和具体要求; 2) 轨道工程主要的施工方法,关键性的施工技术及实施中存在的问题; 3) 轨道工程中的特殊工程部位技术处理细节及其注意事项; 4) 采用新技术、新工艺、新材料、新结构的施工技术要求与实施方案及注意事项; 5) 施工组织设计网络计划、进度要求、施工部署、施工机械、劳动力安排与组织; 6) 总包与分包单位之间互相协作配合关系及有关问题的处理、施工质量标准和安全技术。 (2) 城市轨道工程施工队的技术负责人向单位工程负责人、质量检查员、安全员技术交底的内容包括以下几个方面: 1) 城市轨道工程概况和当地的地形、地貌、工程地质及各项技术经济指标; 2) 城市轨道工程设计图纸的具体要求、做法、施工工期及其施工难度等; 3) 城市轨道工程施工组织设计或施工方案的具体要求及其实施步骤、方法等; 4) 城市轨道工程施工中的具体做法,采用什么工艺标准;关键部位及其实施过程中可能遇到问题与解决的方法;施工进度要求、工序搭接、施工部署与施工班组任务的确定; 5) 施工中所采用主要施工机械型号、数量及其进场时间、作业程序安排等有关问题; 6) 新工艺、新结构、新材料的相关操作规程、技术规定及其注意事项; 7) 施工质量标准和安全技术具体措施及其注意事项。 (3) 单位工程负责人或技术主管工程师向作业班组长和各工种工人进行技术交底的内容应包括以下几个方面: 1) 交清每个作业班组负责施工的分部分项工程的具体技术要求和采用的施工工艺标准; 2) 交清各分部分项工程施工质量标准、质量通病预防办法及其注意事项; 3) 交清施工安全交底及介绍以往同类工程的安全事故教训及应采取的具体安全对策。
6	城市轨道工程施工技术交底实施法	会议交底 (1) 由城市轨道工程总公司的总工程师或主任工程师向施工队或工区施工负责人进行技术交底一般采用技术会议交底形式。 (2) 由城市轨道工程总公司的总工程师或主任工程师主持会议,公司技术处、生产处、安全检查处等有关处室、施工队长、队技术主管工程师及各专业工程师等参加会议。 (3) 事先充分准备好技术交底的资料,在会议上进行技术性介绍与交底,将道路工程项目的施工组织设计或施工方案作专题介绍,提出实施具体办法和要求,再由技术处对施工方案中的重点细节作详细说明,提出具体要求(包括施工进度要求),由质量安全检查处对施工质量与技术安全措施作详细交底。

续表

序号	主要项目	城市轨道工程施工技术交底概论的主要内容与图表
6 城市轨道工程施工技术交底实施法	会议交底	(4) 各施工队主管技术工程师和各专业工程师对技术交底中不明确或在实施过程中有较大困难的问题提出具体要求,包括施工场地、施工机械、施工进度安排、施工部署、施工流水段划分、劳动力安排、施工工艺等方面的问题。 (5) 城市轨道工程项目施工交底的会议,对所有该项工程技术性问题,应逐一给予解决,并逐一进行落实安排。
	书面交底	(1) 单位工程技术负责人向各作业班组长和工人进行技术交底,应强调采用书面交底的形式,这不仅仅是因为书面技术交底是城市轨道工程施工技术资料中必不可少的,施工完毕后应归档,而且是分清技术责任的重要标志,特别是出现重大质量事故与安全事故时,是作为判断技术负责者的一个最重要依据。 (2) 单位工程负责人应根据该项轨道工程施工组织设计或施工方案和上级技术领导的技术交底内容,按照《地下铁道工程施工及验收规范》和规程中的有关技术规定、质量标准和安全要求,本企业的工法和操作规程,结合本工程具体情况,按不同的分部分项工程内容,参照分部分项工程工艺标准,详细写出书面技术交底资料,一式几份,向工人班组交底。在接受交底后,班组长应在交底记录上签字。两份交工人班组贯彻执行,一份存入工地技术档案,一份技术人员自留。 (3) 班组长在接受技术交底以后,要组织全班组成员进行认真学习与讨论,明确工艺流程和施工操作要点、工序交接要求、质量标准、技术措施、成品保护方法、质量通病预防方法及安全注意事项,然后根据施工进度要求和本作业班组劳动力和技术水平高低进行组内分工,明确各自的责任和互相协作配合关系,制定保证全面完成任务的计划。在没有技术交底和施工意图不明确,只提供设计图纸和施工工艺的情况下,班组长或工人可以拒绝上岗进行作业,因为这不符合施工作业正常程序。
	施工样板交底	(1) 对新技术、新结构、新工艺、新材料首次使用时,为了谨慎起见,城市轨道工程中的一些分部分项工程,常采用样板交底的方法。 (2) 所谓样板交底,就是根据设计图纸的技术要求、具体做法,参照相近的施工工艺和参观学习的经验,在满足施工及验收规范的前提下,在城市轨道工程施工中的每项技术,如轨道路基基础施工、路基材料选用、隧道施工、轨道铺设等,由本企业技术水平较高的老工人先做出达到优良品标准的样板,作为其他工人学习的实物模型,使其他工人知道和了解整个施工过程中使用新技术、新结构、新工艺、新材料的特点、性能及其不同点,掌握操作要领,熟悉施工工艺操作步骤、质量标准。 (3) 样板做出以后可以进行全面施工,各作业班组还应经常进行质量检查评比,将超过原样板标准的路段等作为新的样板,形成一个赶超质量标准又提高工效的施工过程,从而促使工程质量不断上升。在进行样板交底时,应确切掌握施工劳动定额标准,因为做样板间过程中,其劳动所花费的时间,一般情况是较多的,这就必须与建设单位进行协商解决。
	岗位技术交底	(1) 一个分部分项工程的施工操作,是由不同的工种工序和岗位所组成的,如混凝土工程,不单单是混凝土工浇筑混凝土,事先由木工进行支模,混凝土的配料及拌制,混凝土进行水平与垂直运输之后才能在预定地区进行混凝土的灌注,这一分项工程由很多工种进行合理配合才行,只有保证这些不同岗位的操作质量,才能确保混凝土工程的质量。 (2) 有许多的施工企业制定了工人操作岗位责任制,并制定了具体施工操作工艺卡,根据施工现场的具体情况,以书面形式向工人随时进行岗位交底,并提出具体的作业要求。

续表

序号	主要项目	城市轨道工程施工技术交底概论的主要内容与图表
7	技术交底应注意的事项	(1) 城市轨道工程施工技术交底应严格执行施工及验收规范、规程,对施工及验收规范、规程中的要求,特别是质量标准,不得任意修改、删减。技术交底还应满足施工组织设计有关要求,应领会和理解上一级技术交底等技术文件中提出的技术要求,不得任意违背文件中的有关规定。公司召开的会议交底应做详细的会议记录,包括参加会议人员的姓名、日期、会议内容及会议做出技术性决定。会议记录应完整,不得任意遗失和撕毁,作为会议技术文件长期归档保存。所有书面技术交底,均应经过审核,并留有底稿,字迹工整清楚,数据引用正确,书面交底的签发人、审核人、接受人均应签名盖章。 (2) 城市轨道工程项目是由多个分部分项工程组成,每一个分项工程对整个轨道工程来说都是同等重要的,每一个分项工程的技术交底都应全面、细心、周密; (3) 在技术交底中,应特别重视本企业当前的施工质量通病、工伤事故,尽量做到"防患于未然",把工程质量事故和伤亡事故消灭在萌芽状态之中。在技术交底中应预防可能发生的质量事故与伤亡事故,使技术交底做到全面、周到、完整。 认真做好城市轨道工程施工技术的交底工作,是保证工程质量、按期完成工程任务的前提,也是每一个施工技术人员必须执行的岗位责任。

2 轨道工程测量

2.1 概 述

城市轨道工程施工测量技术交底概述见表 2-1 所示。

表 2-1 城市轨道工程施工测量技术交底概述

序号	项目	城市轨道工程施工测量技术交底概述的主要内容
1	轨道交通施工测量特点	城市轨道工程是一个结构非常复杂、设备众多,方位广泛(主要包括地下、地面及高架桥为一体)的快速轨道交通系统工程,一般情况下,都是在各个城市的中心区的地下或地上开始,向城市的近郊逐步延伸。无非都是由地铁、轻轨、重轨及单轨来完成运送旅客的任务。城市轨道工程建设对勘察测量工作有严格的要求,主要有如下几方面的特点: 　　(1) 无论是地铁还是轻轨工程均必须分多段施工,且需要保证与邻接工程的衔接和隧道贯通。 　　(2) 各条线路及构筑物设计和定线全部采用解析法,施工放样是根据设计资料采用三维坐标,不像铁路建设中,通常采用转角量边。轨道工程多采用整体道床施工法,在铺轨时,其轨道的平面和高程可调量仅是毫米级的,因此对铺轨基标测量的精度要求很高。 　　(3) 工程有严格的限界规定,设计给予建筑物结构轮廓一定的施工误差裕量,但在施工中,为了降低工程成本,预留的限界裕量却很小,所以对施工测量的精度要求较高。 　　(4) 地下及地面工程施工对工程本身及邻近范围内的地下管线、地表、建(构)筑物造成沉陷、倾斜或位移,因而必须及时开展自身结构和环境安全监测。 　　为保证地下隧道在任何贯通面上正确贯通,隧道衬砌不侵入建筑限界,各种建(构)筑物、设备、管线的竣工形体尺寸和位置准确就位,必须进行大量的严密测量工作。城市轨道工程测量的工作就是地面控制测量、联系测量和地下控制测量,三项工作质量好坏关系着地上、地下工程的整体控制和全线各段分别施工的工程首尾平顺衔接,是在实地正确复现设计方案的惟一依据。
2	贯通误差限值及误差分配	**1. 贯通误差的概念** 　　(1) 城市轨道交通工程的车站和车站之间是分别施工的,在区间中有时为了加快施工进度会在中间开挖一些竖井以增加掘进面。这样一来就会出现对向掘进在中间相通或从车站一端向相邻车站一端掘进在车站端头相通的情况。 　　(2) 不论哪种情况,我们把隧道开挖相通之处的横截面称为贯通面。相向开挖施工中线在贯通面处不能按设计位置相衔接而产生的偏差称为贯通误差。贯通误差从几何上说是一个空间线段,其长短取决于地面控制测量、联系测量和地下控制测量误差影响值的大小。 　　(3) 贯通误差在垂直于中线方向上的投影水平长度称为横向贯通误差,沿中线方向上的投影水平长度称为纵向贯通误差,在高程方向的投影垂直长度称为竖向贯通误差。纵向贯通误差 ΔL、横向贯通误差 ΔQ 在贯通面处的平面投影见图 2-1-1 所示。 　　(4) 对隧道工程而言横向贯通误差的影响最为重要,因为其数值超过一定范围,就会引起隧道中线几何形状的改变,并会产生洞内两端已衬砌部分衔接不上,甚至洞内建筑物侵入规定的限界,造成重大事故。纵向贯通误差影响隧道中线的长度,高程贯通误差影响隧道的坡度,由于距离测量与水准测量的精度较高,故这两种误差较横向贯通误差更容易控制。
审核人		交接人		接受交底人	

续表

序号	项目	城市轨道工程施工测量技术交底概述的主要内容		
2	贯通误差限值及误差分配	(5) 由此可见,为了确保地下隧道按设计的要求贯通,应首先确定出各项贯通误差的限值,尤其是横向贯通误差的限值,才能进一步设计出各项测量的精度。贯通误差的限值应从满足城市轨道交通隧道各种限界裕量以及进行隧道测量的实践经验诸方面分析确定。 2. 贯通误差限值的确定 (1) 根据城市轨道交通隧道限界裕量分析确定: 1) 科学合理地确定贯通误差的限值(极限误差)是一个至关重要的问题,原则上说应根据地下铁道限界预留的安全裕量和测量技术的发展情况来决定;地下铁道限界包括建筑限界、设备限界和车辆限界三种;	图 2-1-1 隧道纵、横向贯通误差在贯通面处的平面投影图	
		2) 设计给出的限界值及相应的安全裕量与车辆轮廓线、受电方式、施工方法、断面形状、设备位置诸因素有关,因而各城市的城市轨道交通限界也不完全相同; 例如采用交流传动车辆和链形悬挂架接触网时,设计部门给出的横向预留安全裕量分别为:建筑限界中矩形和马蹄形断面每侧 50mm,圆形断面每侧 100mm;设备限界中矩形和马蹄形断面每侧 56mm,圆形断面每侧 16mm;车辆限界至设备限界之间每侧 150mm;竖向安全裕量为向上加高 100mm,向下降低 70mm; 3) 由此可知,设计给出每侧横向安全裕量总和:矩形和马蹄形断面为 256mm(全断面为 512mm);圆形断面为 266mm(全断面为 532mm)。这是一个综合因素影响量,若能满足要求将保证行车安全; 4) 设计考虑的综合因素影响包括:施工误差、测量误差、变形误差、线路缺陷、车辆磨耗振动和偏载影响等 6 项。其中每项因素的影响值应有多少,尤其是测量误差应占横向安全裕量的多少,设计未作出明确规定。在这种情况下,采用等影响原则分配误差较为合理; 5) 综上考虑,横向贯通误差取全断面横向安全裕量总和(512mm)的 1/6～1/5 较为合适,即横向贯通误差的限差为 85.3～102.4mm,取整后为 100mm。高程误差取竖向安全裕量总和(170mm)的 1/4～1/3 较为合适,即高程贯通误差的限差为 42.5～56.7mm,取整后为 50mm。 (2) 根据铁路隧道贯通误差限值分析确定: 1) 我国铁路和公路建设发展很快,截至 2005 年底,我国已成功修建了 7500 多座、总延长 4300 多公里的铁路隧道,隧道数量和总长度均居世界前列。特别修建了长大隧道,如衡(阳)广(州)复线上的大瑶山双线隧道,长度为 14.295km,西(安)康(安康)线秦岭隧道,长达 18.5km; 2) 由于隧道施工机械和施工方法的进步,要求测量技术与之相适应,全球定位系统(GPS)、光电测距仪、全站仪、自动陀螺经纬仪、自动导向仪、自动断面仪等先进仪器和技术的应用,保证了隧道的正确贯通和建成; 3) 我国铁路隧道贯通误差的限值(极限误差)是根据隧道长度不同而变化的,即隧道越长限值越大。我国铁路隧道工程贯通误差限值的规定如表 2-1-1 所列,测量误差以中误差衡量,贯通误差限值规定为 2 倍贯通中误差;			
审核人		交接人		接受交底人

续表

序号	项目	城市轨道工程施工测量技术交底概述的主要内容						
2	贯通误差限值及误差分配	铁路隧道工程贯通误差限值　　　　　　　　表 2-1-1							

两相向挖口间的长度(km)	<4	4～8	8～10	10～13	13～17	17～20
横向贯通误差限值(mm)	100	150	200	300	400	500
高程贯通误差限值(mm)	50	50	50	50	50	50

4) 从表 2-1-1 可知,铁路隧道长度小于 4km 时横向贯通误差的限值为 100mm,而城市轨道工程暗挖隧道长度都小于 4km,因此城市轨道工程隧道横向贯通误差的限值为 100mm 是可行的。

(3) 城市轨道交通贯通测量及误差分配:

1) 由上所述可知,横向和高程贯通误差限值可以分别设定为 100mm 和 50mm。由极限误差(限值)等于 2 倍中误差,则得到横向贯通中误差为 ± 50mm,高程贯通中误差为 ± 25mm;

2) 我们知道,隧道贯通测量包括地面控制测量、联系测量和地下控制测量,因此,横向贯通误差主要受上述三项测量误差影响,假设各项测量误差对贯通的影响互相独立,则有:

$$m_Q^2 = m_{q1}^2 + m_{q2}^2 + m_{q3}^2 \qquad (2-1-1)$$

式中　m_{q1}——地面控制测量所引起的横向中误差,mm;
　　　m_{q2}——联系测量所引起的横向中误差,mm;
　　　m_{q3}——地下控制测量所引起的横向中误差,mm;
　　　m_Q——城市轨道交通隧道横向贯通中误差,mm。

由于地面测量的条件较好,在分配测量误差时可在等影响原则的基础上能作出适当的调整,也就是对地面测量的精度可以适当提高一些,而地下控制测量的精度降低一些。按照这样的原则分配如下:$m_{q1}=\pm 25$mm,$m_{q2}=\pm 25$mm,$m_{q3}=\pm 35$mm。

将数据代入式(2-1-1)得:

$$m_Q = \sqrt{25^2 + 25^2 + 35^2} = 49.7\text{mm} < 50\text{mm}$$

同理,调程测量误差的计算公式为:

$$m_H^2 = m_{h1}^2 + m_{h2}^2 + m_{h3}^2 \qquad (2-1-2)$$

式中　m_{h1}——地面高程控制测量的中误差,mm;
　　　m_{h2}——向地下传递高程测量所引起的中误差,mm;
　　　m_{h3}——地下高程控制测量的中误差,mm;
　　　m_H——城市轨道交通隧道高程贯通中误差,mm。

测量误差分配方案如下:$m_{h1}=\pm 16$mm,$m_{h2}=\pm 12$mm,$m_{h3}=\pm 15$mm

将数据代入式(2-1-2)得:$m_H=\pm 25$mm$\leqslant 25$mm

按照上述分配所得到的城市轨道工程隧道贯通中误差分配见表 2-1-2 所示。

城市轨道工程隧道贯通中误差分配值(mm)　　　表 2-1-2

误差位置＼测量位置	地面控制测量	联系测量	地下控制测量	贯通中误差
横向贯通中误差	±25	±25	±35	±50
高程贯通中误差	±16	±12	±15	±25
纵向贯通中误差	±L/5000,L 为隧道贯通距离的长度			

审核人		交接人		接受交底人	

续表

序号	项目	城市轨道工程施工测量技术交底概述的主要内容		
3	平面控制网布设与精度设计	(1) 平面控制网的布设方案 1) 城市轨道工程一般都是分期进行建设的,是属于线状工程,而且相邻点相对精度要求高,现有城市控制点无论数量和精度上都难于满足城市轨道工程建设需要,因此,必须进行独立布设平面控制网; 2) 目前,考虑到全球定位系统 GPS、电子全站仪已被广泛应用,均能有较高的精度,完全可以用于城市轨道工程控制测量; 3) 因此,可以将城市轨道工程地面控制网分为两个等级布设:一等为卫星定位控制网(以下简称 GPS 网),二等为精密导线(锁、网)。 (2) GPS 控制网和导线的精度设计 1) 城市轨道工程测量的首要任务就是确保暗挖隧道的正确贯通,因此,GPS 网与导线网的测量精度应根据表 2-1-2 中的贯通中误差进行设计。鉴于横向误差对隧道贯通起决定性的作用,因此表中分配给地面控制测量横向误差的影响值(横向贯通中误差)不大于 25mm,而且是作为精度设计的主要依据; 2) 当地面控制测量分二级布设时,则对二级网点位的中误差影响为: $$M_P^2 = M_G^2 + M_T^2 \qquad (2-1-3)$$ 式中　M_P——点位中误差(mm); 　　　M_G——GPS 网中最弱点的点位中误差(mm); 　　　M_T——导线网中最弱点的点位中误差(mm)。 3) GPS 网中及其附合导线锁中相邻点的相对中误差与其点位中误差的关系就可以用下面的公式来表示,即: $$(M_G)_{ij} = \pm (M_G/\sqrt{2}) \qquad (2-1-4)$$ $$(M_T)_{ij} = \pm \left(M_T/\sqrt{\frac{n}{2}}\right) \qquad (2-1-5)$$ 式中　$(M_G)_{ij}$——GPS 网中相邻点的相对中误差(mm); 　　　$(M_T)_{ij}$——导线中相邻点的相对中误差(mm); 　　　n——附合导线的边数。 4) 由式(2-1-3)可知,该式计算的点位中误差总是较相应的横向误差大,作为测量精度设计偏于安全,为此我们假定用横向误差 M_Q 代替式子左边的点位中误差 M_P,则通过设计获得的 M_G 和 M_T 将会留有一定的精度储备。 故式(2-1-3)又可以写成: $$M_Q^2 = M_G^2 + M_T^2 \qquad (2-1-6)$$ 5) 根据城市轨道工程线路车站间距与施工的实际情况,以及对 M_Q 在 ±25mm 限差之内的要求,设计 GPS 网与导线(锁、网)的测量方案与精度如下: ① GPS 网:平均边长 2500m, $M_Q = \pm 12$mm。 ② 导线(锁、网):总长度平均 4000m,平均边长 350m, $M_T = \pm 20$mm。现在将以上数据代入式(2-1-6)、式(2-1-5) 和式(2-1-4),得: $M_Q = \pm \sqrt{12^2 + 20^2} = \pm 23.3$(mm),该值在规定的 ±25mm 限差之内; $(M_T)_{ij} = \pm [20/\sqrt{(4000/350)/2}] = \pm 8.4$(mm),适宜取 ±8mm; $(M_G)_{ij} = \pm (12/\sqrt{2}) = 8.5$(mm),适宜取 ±10mm。 6) 至此,我们已经完成了地面控制网两个等级的测量精度设计,即: ① 只要 GPS 网相邻点的相对中误差为 ±10mm,点位中误差为 ±12mm; ② 导线相邻点的相对中误差为 ±8mm,点位中误差为 ±20mm,便能保证地面控制测量误差对城市轨道交通隧道横向贯通的影响值在 ±25mm 以内的要求。		
审核人		交接人		接受交底人

续表

序号	项目	城市轨道工程施工测量技术交底概述的主要内容
4	高程控制网布设方案与精度设计	(1) 高程控制网的布设方案 1) 表2-1-2中配赋给城市轨道工程的地面高程控制测量的中误差为±16mm,这个数字是讨论地面高程控制网方案与精度设计的依据; 2) 考虑到城市二等水准点位分布在整个城市之中,点间距较远,其点数及分布均满足不了城市轨道工程施工测量和贯通测量的需要,因此应沿城市轨道工程线路独立布设高程控制网; 3)《城市轨道交通工程测量规范》GB 50308—2008规定,城市轨道交通地面高程控制网应沿城市轨道交通线路分二级布设,一等为二等水准点网,二等为加密的水准点网。 (2) 高程控制网的精度设计 1) 按照以上所述高程控制网的分级布设方案,各等级高程中误差的关系公式应为: $$M_H = \pm \sqrt{(M)_H^2 + (M)_J^2} \quad (2-1-7)$$ 2) 为使估算结果偏于安全,在此假定一等水准测量的中误差等于城市二等水准测量附合路线或环线的闭合差($4\sqrt{L}$mm),二等水准测量的高程中误差等于其附合路线或环线的闭合差($8\sqrt{L}$mm),即: $$(M_h)_H = \pm 4\sqrt{L} \quad (2-1-8)$$ $$(M_h)_J = \pm 8\sqrt{L} \quad (2-1-9)$$ 式中 L——该等级水准点间的距离(km); $(M_h)_H$——一等水准测量的高程中误差(mm); $(M_h)_J$——二等水准测量的高程中误差(mm); M_H——城市轨道工程地面高程控制测量的中误差(mm)。 3) 根据城市轨道交通建设的实际,取一等水准点间的最大距离为3km,二等水准点间的最大距离为1.5km,将其代入上面各式得: $(M_h)_H = \pm 4\sqrt{3} = \pm 6.93$mm,$(M_h)_J = \pm 8\sqrt{1.5} = \pm 9.80$mm,代入式(2-1-7)得: $M_H = \pm \sqrt{(6.93)^2 + (9.80)^2} = \pm 12.0$mm,表明$M_H$在规定的地面高程中误差±16mm之内,设计方案可行。 4) 根据上述论证,可以得出城市轨道工程地面高程测量的等级和测量精度如表2-1-3所列。 **地面高程测量等级与精度(mm)** 表2-1-3 | 水准测量等级 | 每千米高差中数偶然中的误差 M_Δ | 每千米高差中数全中的误差 M_W | 往返测较差,附合路线或环线闭合差 | |---|---|---|---| | 一等 | ±1 | ±2 | $\pm 4\sqrt{L}$ | | 二等 | ±2 | ±4 | $\pm 8\sqrt{L}$ | 注:L——往返测量段、附合路线或环线的长度(km)。
5	横向贯通误差影响值的精度估算	(1) 通过前面论述了控制测量精度的整体优化设计方法,得出的各级控制测量精度指标可以作为城市轨道工程控制测量的技术要求。 (2) 城市轨道工程建设中有时也会有较长的隧道,在这种情况下亦可对其单独进行贯通误差的精度估算,能更好地确定观测精度,保证隧道的正确贯通。 (3) 为了计算方便,我们常采用近似估算法来计算控制测量误差所引起隧道横向贯通中的误差,即称为贯通误差影响值。
审核人		交接人　　　　　　　　　　　　接受交底人

续表

序号	项目	城市轨道工程施工测量技术交底概述的主要内容
5	横向贯通误差影响值的精度估算	1) 若地面控制网仍分为二级布设,两隧道洞口之间为附合在 GPS 点上的附合单导线,横向贯通误差影响值的精度估算见图 2-1-2 所示; 图 2-1-2 横向贯通误差影响值的精度估算示意图 2) 估算前先按实地选点结果在 1:10000 图上绘制控制点图,绘出线路中线,两端洞口控制点 J、C,贯通点 G_J、G_C 和贯通面方向 PP'。为计算方便假设 J 为起算点,JA 起算方向,JC 连线方向为 X 轴正方向(与隧道中线重合),贯通面 PP' 与隧道坐标系的 Y 轴平行; 3) 横向贯通误差影响值的估算公式为: $$m_Q = \pm \sqrt{(m_g)_q^2 + (m_t)_q^2} \quad (2-1-10)$$ 式中 $(m_g)_q$——GPS 控制测量误差引起的横向贯通中误差(mm); $(m_t)_q$——导线测量误差引起的横向贯通中误差(mm); m_Q——地面控制测量误差引起的横向贯通中误差(mm)。 4) 导线测量误差引起的横向贯通中误差估算公式为: $$(m_t)_q = \pm \sqrt{m_{y\beta}^2 + m_{yl}^2}$$ 或者 $$(m_t)_q = \pm \sqrt{\left(\frac{m_\beta}{\rho}\right)^2 \sum R_x^2 + \left(\frac{m_l}{l}\right)^2 \sum d_y^2} \quad (2-1-11)$$ 式中 $\sum R_x^2$——两洞口之间导线点至贯通面垂直距离的平方和; $\sum d_y^2$——两洞口之间导线点至贯通面上投影长度的平方和; m_β、$\frac{m_l}{l}$——分别表示导线测角中误差和测边平均相对中误差; $m_{y\beta}$、m_{yl}——分别表示导线测角、测边误差引起的横向贯通中误差。 5) 考虑到 GPS 网为非测角网且精度均匀,其点位误差或相对而言误差可视为附合导线的起始误差值,因此估算时,$(m_g)_q$ 可用 GPS 网中相邻点的相对点位中误差来代替; 6) 式(2-1-11)同样可以应用于地下导线的精度估算,当隧道为直伸形时,洞内一般布设直伸等边导线,这时测边误差对横向贯通不产生影响,则该公式可以简化为: $$(m_t)_q = \pm \sqrt{(nl)^2 \left(\frac{m_\beta}{\rho}\right)^2 \times \left(\frac{n+1.5}{3}\right)} \quad (2-1-12)$$ 式中 n——洞内导线的边数; l——平均边长。
审核人		交接人　　　　　　　接受交底人

2.2 地面平面控制测量

城市轨道工程的地面平面控制测量技术交底见表2-2所列。

表 2-2 城市轨道工程的地面平面控制测量技术交底

序号	项目	城市轨道工程地面平面控制测量技术交底的主要内容
1	概述	地面平面控制测量是城市轨道工程所有测量的基础和依据,也是城市轨道工程全线线路与结构贯通的保障。地面平面控制网具有精度高、边长较短、使用频繁等特点。 (1)地面平面控制网的基本特点 1)平面控制网的大小、形状、点位分布应满足轨道交通工程施工的需要,可以根据城市轨道工程总体规划布设全面网,也可以为某条线路布设单独的线状控制网; 2)城市轨道工程地面平面控制网在城市一、二等控制网的基础上建立,通常分两个等级布设,即一等卫星定位控制网(以下简称GPS网)和二等精密导线(锁、网)两个等级。GPS网点数较少,起到整体骨架的作用,是后续测量的基础,而导线(锁、网)则在GPS网的基础上布设成附合导线、闭合导线或多个结点的导线网。边长较短,可直接为地面施工测量服务,对地下施工起到向地下传递坐标、方向的作用; 3)地面平面控制网不但是隧道横向贯通的基础,还是安装测量控制网、变形监测网的基础。可为工程设计提供大比例尺地形图测绘、施工放样、轨道铺设、断面测量、建设期间变形监测以及运营后的结构变形监测服务; 4)由于城市轨道工程建设周期较长,工程建设期间平面控制点难免发生变化,因此需要在一定的周期内对地面平面控制网进行检测,评价原网稳定状况和可靠程度,确保地面平面控制网满足工程建设需要。 (2)地面平面控制网的测量步骤 1)收集资料:根据拟建线路的设计资料(尤其是车站位置、竖井位置和线路走向、不同线路交叉情况等),收集和了解沿线现有城市首级控制网、轨道交通控制网以及岩土工程条件等资料; 2)现场踏勘:在拟建线路附近普查现有首级平面控制点的保存情况与车站、车辆段以及沿线周围建(构)筑物情况和拟埋设控制点的位置条件情况等; 3)选点与埋石:根据控制网布设原则以及观测条件进行选点,值得注意的是GPS点和精密导线点的选点可以同时进行;埋石是根据控制点的位置条件,选择埋设不同类型的标石; 4)控制网观测:按照平面控制网等级和技术要求进行GPS测量和精密导线测量; 5)数据平差等。
2	一等卫星定位控制网的测量	**1. 全球卫星定位系统** (1)全球卫星定位系统简述 1)具有全球导航定位能力的卫星定位导航系统称为全球卫星导航系统,简称为GNSS。目前正在运行的全球定位系统有美国的全球卫星定位系统(GPS); 2)此外,正在建设中的系统有欧盟的GALILEO系统和我国的北斗卫星导航广域增强系统; 3)卫星定位系统都是利用在空间飞行的卫星不断向地面广播发送某种频率并加载了某种特殊定位信息的无线电信号来实现定位测量的定位系统; 4)卫星定位系统一般包括三个部分:空间运行的卫星星座、地面控制部分和用户部分。多个卫星组成的星座系统向地面广播发送某种时间信号、测距信号和卫星星历信号; 5)地面控制部分是指地面控制中心通过接收上述信号来精确测定卫星的轨道坐标、时钟差异,判断卫星运转是否正常,并向卫星注入新的轨道坐标,进行必要的轨道纠正;
审核人		交接人　　　　　　　　接受交底人

续表

序号	项目	城市轨道工程地面平面控制测量技术交底的主要内容
2	一等卫星定位控制网的测量	6) 用户部分是指接收机接收卫星发送上述信号并进行处理计算,确定用户位置。若用户接收机设在地面上某一目标,则实现定位目的;若用户接收机固连在运载工具上,则能实现导航功能。 (2) 卫星定位方法 卫星定位方法有伪距定位法和载波相位定位法。在 GPS 伪距定位法中所使用的测距码长度(29.3m,293m)较长,而 GPS 卫星发射的载波波长比测距码要短得多($\lambda_{L1}=19cm$,$\lambda_{L2}=24cm$),如果将载波作为测距信号,测定 GPS 载波信号在传播路程上的相位变化值,以精密确定信号传播的距离,就可以达到较高的测距精度。由于城市轨道工程地面首级控制网的精度要求高,应采用静态载波相位定位法施测。 (3) 卫星定位测量误差来源和影响 1) 与卫星有关的误差:主要包括卫星星历误差和卫星钟误差等。某一瞬间的卫星位置是由卫星星历提供的,所以卫星星历误差实际上就是由星历给出的卫星位置与卫星的实际位置之差。尽管美国采取 SA 政策,使得卫星的星历误差较大,但当利用两站的同步观测资料进行相对定位时,由于星历误差对两站的影响具有很强的相关性,即此项影响对于相距不太远的两个(多个)测站的定位影响大致相同,因此在多个测站上对同一卫星信号进行同步观测求差,就可减弱卫星轨道误差的影响,从而获得高精度的相对坐标; 2) 与信号传播有关的误差: ① 对流层折射误差:从地面向上 40km 为对流层,大气层中质量 99% 都集中在此层,电磁波在其中的传播速度与大气折射率、传播方向有关,在天顶方向延迟可达 2～3m,在高度角为 10°时可达 20m。对流层对电磁波延迟的影响可实测地区的气象数据,利用模型进行改正,当基线较短、气象较稳定时,测站间的气象条件一致,同步观测求差能更好地减弱大气折射的影响; ② 电离层折射误差:从地面向上 70km 处直到大气层顶部为电离层。由于太阳作用使大气中分子发生电离,导致电磁波传播产生延迟,天顶方向延迟可达 50m,水平方向延迟可达 150m。对电离层延迟的影响,一是利用电离层模型进行改正,可减少 75% 的影响;二是利用双频接收机减少电离层延迟,可很好地消除其影响;三是利用两个观测站同步观测求差,可削弱其影响,当两点间距离为 10km 时,求差后基线长度残差为 1/1 000 000; ③ 多路径效应影响:卫星信号从高空向地面发射,若接收机天线周围有高大建筑物或水面时,建筑物和水面对电磁波具有强反射作用。这样天线接收的信号不但有直接从卫星发射的信号,还有从反射体反射的电磁波,这两种信号叠加产生误差,这种误差称为多路径效应。因此为减少该项误差的影响,通常在控制点点位选择时尽量避开强反射物,同时最好选用抗多路径效应天线。 3) 与接收机有关的误差 ① 接收机钟的影响:由于 GPS 接收机内的时标采用石英晶体振荡器稳定度问题,使卫星钟与地面接收机钟不同步,将引起等效距离误差。解决误差影响的方法是:在单点定位时是将钟差作为未知数在方程中求解,在载波相位相对定位中采用观测值求差的方法,进行有效消除; ② 天线相位中心的位置偏差:GPS 测量值是测量卫星到接收机天线相位中心的距离,而天线对中是以天线几何中心为准的,二者不一致产生的偏差将造成定位误差。因此 GPS 观测时,天线应严格对中,整平之后还要将天线盘上方向标指向北方。 (4) GPS 测量的 PDOP 值和网的可靠性 1) 观测卫星的图形强度因子 DOP 和点位几何图形强度因子 PDOP ① GPS 定位的实质就是将高速运动的卫星作为动态已知点,采取空间距离的后方交会方法,确定待测点的空间位置,因此利用 GPS 技术进行定位,其精度除取决于观测值的精度外,还与所测卫星的空间几何分布有关。
审核人		交接人		接受交底人	

序号	项目	城市轨道工程地面平面控制测量技术交底的主要内容
2	一等卫星定位控制网的测量	②我们知道在卫星定位解算过程中,可求得未知参数的权逆阵 Q_{xx} 和协方差阵 D_{xx}: $$Q_{xx} = (A^T A)^{-1}, D_{xx} = \sigma_0^2 Q_{xx}, \sigma_x^2 = \sigma_0^2 Q_{11}, \sigma_y^2 = \sigma_0^2 Q_{22}, \sigma_z^2 = \sigma_0^2 Q_{33} \quad (2-2-1)$$ 式中 σ_0——观测值的均方差。 ③由式(2-2-1)可以看出,定位精度与观测值的精度 σ_0(它是由观测中各项误差决定的)和观测卫星的几何图形有关。由于权逆阵的各元素 Q_{11}、Q_{22}、Q_{33} 由法方程的系数 A 阵所决定,而 A 阵是由观测向量的方向余弦所决定的,因此,它取决于观测卫星的几何图形结构,所以说 Q_{11}、Q_{22}、Q_{33} 是由观测卫星几何图形结构所决定的。通常用图形强度因子 DOP(Dilution of Precision)来表示几何图形强度,它是一个直接影响定位精度、但与观测值误差不同,其值恒大于1,其大小随时间和测站位置而变化。 ④现将空间点位几何图形强度因子用符号 PDOP 表示,则 GPS 点三维定位精度为: $$\sigma_P = PDOP \cdot \delta_0$$ $$PDOP = (Q_{11} + Q_{22} + Q_{33}) \quad (2-2-2)$$ 这样表明三维位置的定位精度取决于几何精度衰减因子和观测值的精度 PDOP 值越小定位精度越高,在城市轨道交通工程测量规范中,要求点位几何图形强度因子 PDOP 值不大于6。 2) GPS 网的可靠性 ①与常规的地面控制测量相同,GPS 网也应有一定的多余观测值,确保网形可靠。GPS 网的可靠性主要根据平均重复设站数和多余观测数等因素决定,通常根据控制网的必要观测数和多余观测基线数进行计算,用式(2-2-3)表示如下: $$r = n_r/n, n_r = n - n_p, n_p = p - 1 \quad (2-2-3)$$ 式中 r——控制网总体可靠性; n_r——多余观测基线数; n——独立基线观测数; n_p——必要观测基线数; p——GPS 网中的总点数。 ②一般来说,在进行城市轨道交通 GPS 网网形设计时,若保证平均重复设站数达到或超过2.0,总体可靠性不小于0.3,则 GPS 网的可靠性便能满足要求。卫星定位控制网相邻点间基线精度用式(2-2-4)表示如下: $$\sigma = \sqrt{a^2 + (bd)^2} \quad (2-2-4)$$ 式中 σ——标准差,即基线向量的弦长中误差(mm); a——固定误差,mm; b——比例误差系数,1×10^{-6}; d——GPS 控制网中相邻点间的距离,km。 ③从式(2-2-4)看出,基线测量的误差源亦可划分成固定误差和比例误差两个独立部分。前者来自于天线相位中心的不稳定性、多路径效应、观测噪声及固定测站位置误差;后者是星历误差、时钟误差、电离层及对流层影响的残余误差。随着基线的增长,在城市轨道工程地面控制网卫星定位测量时,一定要认真选择测站位置,避开周围有反射作用的物体,从几个不同方向量取天线高并取中数,尽量采用双频接收机观测,并保证卫星星座质量。 2. 卫星定位控制测量网的布设 (1) 控制网的选点和埋石 1) GPS 控制网点位的选择:
审核人		交接人　　　　　　　　　接受交底人

续表

序号	项目	城市轨道工程地面平面控制测量技术交底的主要内容
2	一等卫星定位控制网的测量	① 首先收集城市轨道交通线路沿线附近标石。稳定、完好的城市原有控制点纳入GPS控制网中,以便于确定GPS网的基准。同时通过原有控制点在GPS网中的坐标的较差,衡量GPS控制网的精度; ② 控制点应选择在利于长久保存、施测方便的地方,离开线路中心线或车站等构筑物外缘的距离不宜小于50m。控制点上应视野开阔,避开多路径效应影响,被测卫星的地平高度角应大于15°。远离无线电发射装置和高压输电线,其间距分别不小于200m和50m。建筑物上的控制点应选在便于联测的楼顶承重墙的上面; ③ GPS控制点的位置要便于进行下一级二等精密导线点的扩层,由于城市轨道交通线路贯穿城市繁华地段,交通运输极其繁忙,地面点位不易保存,二等精密导线点大都选在楼顶上,因此GPS点应尽量与相邻二等精密导线点通视,且尽量选在车站或施工竖井附近,以便利用。每个GPS点至少要有两个通视方向,相邻GPS点间距离不低于500m。 2) GPS控制点的标志与埋设: ① 为了使点位长期保存,以便利用GPS测量成果进行二等精密导线测量以及复测,GPS点均应埋设具有中心标志的永久性标石。标石分为基本标石、岩石标石和楼顶标石3种; ② 建筑物楼顶标石可现场浇筑,标石下层钢筋插入楼顶平面混凝土中,标石应固结在楼顶板平台上,标石规格和形式见图2-2-1所示; ③ 为了减少多次观测对房屋顶部防水层的影响,同时减少每次观测的对中误差,在埋设GPS控制点时大都同时埋设具有强制对中标志的墩标。若控制点埋于地下,可以根据工程建设区域的地质状况选择埋设适宜的基本标石或岩石标石,标石规格和形式见图2-2-2所示。 图2-2-1 楼顶控制点标石埋设示意图　　图2-2-2 岩石标石埋设示意图 　　　　　　　　　　　　　　　　　　1—石块;2—保护盖 (2) GPS控制网布设方案及优化 1) GPS控制网的布设原则: ① GPS控制网内应重合3~5个原有城市二等控制点或在城市里的国家一、二等控制点。并尽量保证分布均匀。同时考虑到城市轨道交通总体规划建设,多线路分期建设情况,在城市轨道交通线路交会处和前后期衔接处应布设2个以上的重合点; ② 在隧道口、竖井、车站和车辆段附近应布设1~2个控制点,相邻控制点应有2个以上方向通视,其他位置的控制点间应至少有1个方向通视。控制网中应有一定数量的GPS与水准点重合,同时应考虑在少量相邻点间进行电磁波测距用以检查GPS测量成果;
审核人		交接人　　　　　　接受交底人

续表

序号	项目	城市轨道工程地面平面控制测量技术交底的主要内容
2	一等卫星定位控制网的测量	③ 对于所有选定的点位均以边连接方式按照静态相对定位原理布网,由于相邻点的相列点位中误差要求精度高,所以在控制网的布设时,相邻的短边控制点间保证同步观测。GPS控制网必须由非同步独立观测构成闭合环或附合路线,每个闭合环或附合路线中的边数应符合规范规定。 2) GPS控制网的优化设计:为了确保GPS控制网的精度满足规范要求,在GPS控制网布设时有必要进行优化设计。主要内容为以下几种: ① 零类设计:即控制网的基准设计,是对一个已知图形结构和观测方案的GPS向量网确定最优坐标系统的优化设计。对于城市轨道交通GPS控制网,涉及到多线路的衔接,应首先进行已知点可靠性检验,选择多控制点约束平差方案,最终确定控制网的起算点。包括网的位置基准、方向基准和尺度基准,均是由网的整体平差实现的。 ② 一类设计:即控制网图形设计,是在确定网的精度和观测方案情况下,得到最佳点位的优化设计。虽然GPS对图形设计要求不十分严格,但网形仍然影响着最后成果的精度。控制网图形设计主要考虑同步观测接收机数量、时段间的连接方式、重复上站率、独立基线向量的选择、由独立基线构成闭合图形等内容。 ③ 二类设计:即观测方案的最佳选择,主要包括时段设计、交通路线、观测时间等。 3. GPS控制网观测 (1) 制定观测计划 外业观测,又称数据采集。由于涉及多台接收机同步观测,所以在观测工作实施前,依据GPS网的布设方案、投入观测的接收机数量、可见性预报情况、观测时段长度、交通运输和通信条件,选择最佳的观测时段,进行科学调度,对顺利完成观测任务,进而提高效率是十分必要的。 1) GPS卫星的可见性预报:GPS卫星的空间几何分布对定位精度具有重要影响,所以在选择最佳观测时段,制定观测计划时,一般需根据测区的概略坐标、观测日期,查看当日的GPS卫星数以及相应的PDOP值的变化情况。尽管当前GPS工作卫星星座已经部署完毕,确保任何地区全天任何时间均能至少观测到5颗卫星,但最佳观测时段还是选择在PDOP小于6的时间范围内; 2) 作业调度表:根据最优化的原则,应综合考虑GPS网的布设方案、卫星的可见性预报、网的连接方式、各时段观测时间和交通情况,合理调配各接收机,进行科学调度。作业调度表包括观测时段号、测站名称和接收机号等内容。 (2) 接收设备的检验 1) 用于数据采集的GPS接收机要按照《全球定位系统(GPS)测量型接收机检定规程》CH 8016的规定进行检定,合格后方可使用。但在控制测量作业前,还需对GPS接收机和天线等设备进行全面的、严格的检查验收; 2) 由于埋设的标石大都没有强制对中装置,因此,为了提高对中精度,还需检验基座圆水准器和光学对中器是否准确。 (3) 接收机参数设置 同步观测的接收机,相应的参数设置要保持一致。其参数主要包括数据采样率和卫星高度角,通常在观测前,将各接收机统一进行参数设置,即数据采样率为10s,卫星高度角15°。 (4) 外业观测 1) 架设天线:在GPS点位或墩标上架设天线,保证天线严格对中与整平。并把天线定向标志指向北方,每时段观测前、后量取天线高各一次,两次互差小于3mm时,应取两次平均值作为最后结果,同时详细记录天线高的量取方式;
审核人		交接人 　　　　　　　　　　　接受交底人

续表

序号	项目	城市轨道工程地面平面控制测量技术交底的主要内容
2	一等卫星定位控制网的测量	2)开机观测:天线架设完成后,经检查接收机与电源、接收机与天线间的连接情况无误后,按作业调度表规定的时间开机作业,并逐项填写外业观测手簿。具体操作步骤和方法依接收机的类型而异,但观测期间,操作员应注意以下几方面: ① 必须在接收机有关指示灯与仪表正常时,进行测站、时段信息输入; ② 注意查看接收卫星数、卫星号、相位测量残差、实时定位结果及其变化、存储介质以及电源情况等; ③ 不得随意关机并重新启动,不准改动卫星高度角的限值,不准改变数据采样间隔和仪器高等信息。 3)GPS外业测量手簿:测量手簿应全面记录测站的相关信息,应该现场填写,并有可追溯性,以便内业计算时使用。手簿中应记录测站名称(测站号)、观测时段号、观测日期、观测者、测站类别(新选点、原等级控制点或水准点)、观测起止时间、接收机编号、对应天线号以及天线高三次量取值和量取方式等。 **4. 广州城市轨道工程地铁六号线B标段施工GPS控制网测量实例** (1) 工程概况 广州地铁六号线首期工程为浔峰岗—燕塘段,其中B标段起始文化公园站,沿途经一德路站、海珠广场站、北京路站、越秀南站、东湖站、东山口站、区庄站、黄花岗站、水荫路站、沙河站、天平架站至燕塘站。其中有6个站点设置与其他线路换乘或衔接,由于沿线多老城区、线路曲折且为广州市繁华地段,测量难度较大,工程已于2006年6月开工,2010年建成并投入运营。 (2) GPS控制网精度设计 广州市平面坐标系,西投影带坐标,投影面高程为广州高程系 $H=5\mathrm{m}$。 1) GPS点精度:① 最弱点的点位中误差 $\leqslant\pm12\mathrm{mm}$;② 相邻点的相对点位中误差 $\leqslant\pm10\mathrm{mm}$;③ 最弱边相对点位中误差 $\leqslant1/90000$; 2) 导线(控制)点精度:① 导线附(闭)合长度3~5km,② 测距中误差 $\leqslant\pm6\mathrm{mm}$,③ 测距相对中误差 $\leqslant1/60000$,④ 测角中误差 $\leqslant\pm2.5''$,⑤ 方向闭合差 $\leqslant\pm5''\sqrt{n}$,导线全长相对闭合差 $\leqslant1/35000$,⑦ 最弱点点位中误差 $\leqslant\pm15\mathrm{mm}$,⑧ 相邻点的相对点位中误差 $\leqslant\pm8\mathrm{mm}$; 3) 主要测量仪器:GPS点和施工控制网测量使用仪器见表2-2-1所列。

GPS施工控制网测量常用仪器表　　　　表2-2-1

仪器型号	生产厂家	标称精度	数量	备注
Tnmble 4700	Tnmble	$5\mathrm{mm}+1\times10^{-6}\mathrm{mm}$	4台套	
TC 1800	Leica	$1.0''$,$2\mathrm{mm}+2\times10^{-6}\mathrm{mm}$	1台	
NAK2 水准仪	Leica	$\pm0.7\mathrm{mm/km}$	1台	联测高程

4) 布网原则:
① 设在地铁线路两侧,沿线路走向尽可能布设成直伸状,并形成附(闭)合或多个结点网,导线附(闭)合长度3~4km左右;
② 首级GPS控制网点连接时,连接角应>30°,个别极困难时亦应>1°;
③ 由于首级GPS控制网点已埋设在沿线两侧的楼顶上,与首级GPS控制网点连接边的俯仰角应<20°,个别极困难地点亦应<30°;
④ 根据地铁工程的特点,在车站、竖井附近适当加密,每个车站(或竖井)布设3个以上的控制点,形成小闭合环或节点网;
⑤ 相邻点之间的视线距障碍物的距离应不受旁折光的影响,视线穿过区域应无散热体、强磁场等,以免影响距离测量;

审核人		交接人		接受交底人	

续表

序号	项目	城市轨道工程地面平面控制测量技术交底的主要内容
2	一等卫星定位控制网的测量	⑥ 相邻导线边长不宜相差过大,其边长比值应≤3倍,为满足特殊需要时,其边长比值亦≤5倍。最短边长≥100m; ⑦ 加测的GPS点除满足上述要求外,还应满足GPS布点的要求,即对天通视,视场周围障碍物高度角应<15°,远离电磁波发射及吸收源,以克服电磁波对GPS测量的影响。 5) 控制网布设: ① 首先在1/2000线路图上选点布网,然后现场踏勘,认真筛选,反复比较,逐一落实确定。全网布设控制点59个(借用和联测桩点4个),使用C级GPS起算点7个,加密GPS点6个,共72个控制点组成了广州轨道交通六号线B标段精密导线控制网。 ② 由于海珠广场、东湖、燕塘等站附近无GPS控制点和高级附合方向,个别区段导线附合长度较长约5km左右。因此用GPS测量手段将LJ044、贸易中心(二号线GPS点)、LJ058、LJ060、LJ082、LJ084等点加密,按C级GPS网观测要求施测,以增加导线网的附合方向、缩短导线附合长度提高导线网的精度,GPS网形示意图见图2-2-3所示。 图2-2-3 广州地铁六号线加测GPS示意图 (3) 控制网测量 1) 加测GPS点的技术要求:测量前对GPS接收机进行必要项目的检验测量,保证GPS接收机在良好状态下工作;制订GPS卫星星历表,确定最佳观测时间和时段;外业观测卫星高度≥15°,有效观测卫星数≥4,几何图形强度因子(PDOP)≤6或(GDOP)≤8,重复设站数≥2,同步观测接收机台数≥3等; 2) 控制网施测要求: ① 测站点只有两个方向时,采用左右角各两测回观测,左右角平均值与360°之差<4″;多于两个方向时用全圆法观测4测回,测回间方向值之差<6″。测回间应按$180°/n(J-1)$(n为测回数,J为测回序号)变换度盘; ② 与GPS控制点连接测量时,联测方向应多于1个,最好2个方向。在倾角>15°时,水平角6测回,每两测回将仪器旋转120°重新对中整平,以减小仪器竖轴不竖直对水平角测量的影响。本工程中除个别只有一个通视方向的GPS点外,均接测了两个GPS起算方向; ③ 前后视距离相差较大时,应注意调焦对测量结果的影响,采用盘左边长调焦,盘右短边不调焦,盘左短边不调焦的观测顺序进行观测; ④ 每条边均应往返测距各两测回,每测回间应重新照准目标,四次读数,读数较差<3mm,测回间平均值的较差<3mm,往返平均值的较差<5mm; ⑤ 所有测量方向均用正倒镜测量两点间高差,全线分4处与Ⅱ等水准点联测,以便计算各点高程进行投影改正;
审核人		交接人	接受交底人	

续表

序号	项目	城市轨道工程地面平面控制测量技术交底的主要内容
2	一等卫星定位控制网的测量	⑥ 距离测量时,仪器加乘常数及气象改正可根据全站仪的性能,现场给仪器输入气压(精确到10Pa)、温度(精确到0.5℃)等相关资料使仪器在测距时直接改正。 3) 控制网外业质量措施 ① 水平角观测,对于左右角平均值之和与360°之差＞3.5″的测站及3个以上方向测站测回差接近6″的站点,加测两测回水平角;前后视距离相差较大需要调焦的测站,采用后后—前前的测量方法施测并加测两测回水平角。 ② 边长测量,往返测距互差根据测距边的长短控制,200m以下的短边控制在3mm以内,200~500m以下边长控制在4mm内;500m以上的边长往返互差尽可能控制在5mm内,个别＞5mm的边长补测两测回并根据实际情况分别取中;往返测均采用正倒镜测距;大倾角边长另测两测回垂直角和斜距。适当增加多余观测,提高整个控制网的结构强度,以保证测量精度满足要求。 ③ 所有测量方向均用正倒镜测量两点间高差,全线分别在文化公园、越秀南、区庄、燕塘等4处与Ⅱ等水准点联测,以便计算各点高程进行投影改正。 (4) 数据处理 1) GPS测量数据处理及精度指标,一般数据精度为: 基线向量长度误差≤2δ; 同步环闭合差≤$\sqrt{3N}/5\delta$; 独立环闭合差≤$2\sqrt{3n}\delta$; 复测基线长度较差≤$2\sqrt{n}\delta$。 $$\delta=\sqrt{a^2+(bd)^2}$$ 式中　δ——为标准差,mm; 　　　a——为固定误差,mm; 　　　b——为比例误差,PPm或1×10^{-6}; 　　　d——为基线边长,km; 　　　N、n——为同步环或独立环基线边数或复测次数。 基线解算符合上述指标后,进行优化平差处理,各组结果中选其精度最高且相对关系最好的结果作为本工程加测GPS点的测量结果。 2) 精密导线控制点数据处理:所有测量记录均应100％复核,检查无误后方可进行下道工序。导线边长除进行仪器加乘常数及气象改正外,还进行大地水准面投影改正和高斯投影改正。平差处理使用清华山维平差软件用不同平差方法对计算机全网整体平差处理。对平差结果进行分析比较,各项指标均满足规范要求后,取其各项指标最好的平差结果作为本工程的测量结果。 (5) 测量统计及精度评定 1) 数据采集质量评定: ① 水平角测量:全网共测水平方向160多个,其中GPS起算方向10个,待定方向150余个;两个方向的单导线测站,采用左右角各两测回观测,测回差4″以下的约占80％,最大6″;左右角平均值与360°之差3″以下的约占85％,其余全部符合规范要求＜4″;多于两个方向的测站用全圆法观测4测回,有高低点的测站两次对中并加测两测回。各测回间方向值之差5″以下的约占85％,均满足规范规定的质量标准。 ② 边长测量:全网共测导线边长约160条[其中GPS起算边10条,其测量值与GPS坐标返算边长相对精度基本满足1/90 000的要求]。测回间边长互差均＜3mm;往返测距互差3mm以下的约占85％;3~4mm的约占10％,均满足规范规定的质量标准。 2) 闭合差统计与精度评定:全网共测水平方向160多个,其中GPS起算方向10个,待
审核人		交接人　　　　　　　　接受交底人

续表

序号	项目	城市轨道工程地面平面控制测量技术交底的主要内容		
2	一等卫星定位控制网的测量	定方向150余个;导线边长约160条(其中GPS起算边10条,导线边约150条,LJ052～LJ053A是最短边97.2m(北京路最困难地段),LJ068至电子大厦是最长边748.8m,导线平均边长约400)。共有多余观测约50多个,其基本方法如下: ① 加测6个GPS起算点后,方向符合条件22个(符合导线、闭合导线、固定角等),26×2个坐标符合条件(附合导线、闭合导线等); ② 方向符合条件中,闭合差最大为9.6″<14.1″(限差),大于限差1/2的有1处,占4%,其余均小于限差的一半。闭合差5″以下的18个约占82%,闭合差5″～10″的4个,约占18%; ③ 附(闭)合环导线长度,最小附合长度438m相对精度1/104 022;最长附合线路5963m,相对精度1/360 851;附(闭)合环线路平均附合长度1 864m,相对精度1/180 000; ④ 在坐标符合条件中,其导线全长相对精度在1/70 000～1/100 000之间的3×2个约占12%;导线全长相对精度在1/100 000～1/200 000之间的10×2个约38%;1/200 000以上的13×2个约占50%,各项测量指标符合规范要求。 3) 精度统计及评定:六号线B标段精密导线网全网使用清华山维软件纯迭代法和验后定权法等方法计算机整体平差处理。数据处理后,对计算结果进行了比较,各点坐标差异均<1mm。各项精度指标符合规范规定及相关技术要求,全网采用上述平差方法平差处理后,其点位精度统计见表2-2-2所列。		

点位精度表　　　　表2-2-2

测点	清华山维平差软件		备注
	纯迭代平差	验后定权平差	
加测6个GPS起点	最大点位误差 ±5.7mm	最大点位误差 ±5.9mm	
	最大间误差 ±3.8mmm	最大间误差 ±3.8mmm	
	最大边长比例误差 1/54 900	最大边长比例误差 1/49 800	
最弱点	LJ064 点位差　±5.7mm		

4) 相关点坐标比较
联测广州市地铁一、二、三、五号线控制点坐标比较可见表2-2-3所列。

六号线B标段一、二、三、五号线相关点坐标值比较表　　表2-2-3

点名	六号线坐标(m)	原测坐标(m)	差值(mm)		备注
			δ_x	δ_y	
贸易中心	X=7993.357　Y=37 531.500	X=7993.352　Y=37 531.470	50	30	二号线GPS点
东山口	X=8956.497　Y=40 814.927	X=8956.496　Y=40 814.936	1	−9	一号线GPS点
WJ059	X=30 096.454　Y=41 012.450	X=30 096.446　Y=41 012.458	8	−8	五号线精密导线点
电子大厦	X=30 240.991　Y=40 271.523	X=30 240.991　Y=40 271.524	0	−1	五号线GPS点
中国大酒店	X=30 681.993　Y=7153.744	X=30 681.993　Y=7153.747	0	−3	五号线GPS点
省农业厅	X=31 784.130　Y=41 863.898	X=31 784.130　Y=41 863.897	0	1	五号线GPS点
天虹宾馆	X=4293.919　Y=44 025.067	X=4293.910　Y=44 025.089	9	−22	三号线GPS点

从表2-2-3中坐标比较说明:六号线B标段控制网的测量精度能满足《地下铁道、轻轨交通工程测量规范》要求,可以提供地铁工程建设使用。使用六号线控制网成果时,尽可能以长方向或直径测量方向起算或定向,最好不要使用短边或间接方向(坐标返算方向)。本线路有6个站点设置与其他线路的换乘或衔接条件,在控制布置时,对已运营的一号线东山口站、二号线的海珠广场站换乘点,联测当时作起算的高级GPS点,保证换乘连接精度。

审核人		交接人		接受交底人	

续表

序号	项目	城市轨道工程地面平面控制测量技术交底的主要内容
3	二等精密导线测量	**1. 二等精密导线的精度要求和布设方案** (1) 二等精密导线的精度要求 根据本书前面介绍的精度分析及误差配赋理论,在一等卫星定位网精度满足要求条件下,点位中误差在±20mm以内,能够保证地面控制测量对横向误差的影响值在±25mm以内的要求。二等精密导线测量的主要技术要求见表2-2-4所列。 二等精密导线测量的技术要求　　表2-2-4 | 平均边长(m)	闭合环或符合导线总长度(km)	每边测距中误差(mm)	测距相对中误差	测角中误差(″)	测回数 I级全站仪	测回数 II级全站仪	方位角闭合差(″)	全长相对闭合差	相邻点的相对点位中误差(mm)
---	---	---	---	---	---	---	---	---	---
350	3~5	±6	1/60 000	±2.5	4	6	$±5\sqrt{n}$	1/3500	±8

注:1. n为导线的角度个数;
  2. 高架线路地段平均边长宜为400m;
  3. 全站仪有分级按《城市轨道交通工程测量规范》GB 50308—2008 附录中有关规定执行。

(2) 二等精密导线的布设方法
二等精密导线沿城市轨道交通线路方向布设,根据导线点与首级GPS点的空间分布,通常布设成多条符合导线、闭合导线或多个结点的导线网。

2. 导线点的选埋
(1) 二等精密导线点的选点要求
无论采用何种施工方法,在城市轨道交通施工测量时使用最多的还是二等精密导线点,所以二等精密导线点的选点一定要保证易于观测、便于施工使用、易于保存而且稳定。具体而言,选点时要注意以下几点:

1) 为施测方便,在车站、洞口附近,宜多布设导线点,且保证能够至少两个方向通视。为了减少地面导线测量的误差影响,最好确保二等精密导线点能够与洞口通视;

2) 相邻导线边长不宜相差过大,个别短边的边长不应短于100m。位置应选在因城市轨道交通工程施工产生变形区域以外的地方,距城市轨道交通路线和车站构筑物的距离应大于30m;

3) 导线点最好选在楼顶,但地面上的导线点位应避开地下构筑物如地下管线等,楼顶上的导线点宜选在靠近并能俯视城市轨道交通线路、车站、车辆段的一侧;

4) 相邻导线点之间以及导线点与其附合的GPS点之间的垂直角不应大于30°,视线离障碍物的距离应不受旁折光的影响;

5) 综合考虑城市轨道交通线路总体规划,在城市轨道交通线路交叉的地方及前后两期限工程衔接的地方应布设适量的共用导线点。

(2) 导线点的埋设:地面的二等精密导线点的规格、形式和埋设见图2-2-4所示。楼顶上的二等精密导线点可按图2-2-4所示的规格、形式埋设。

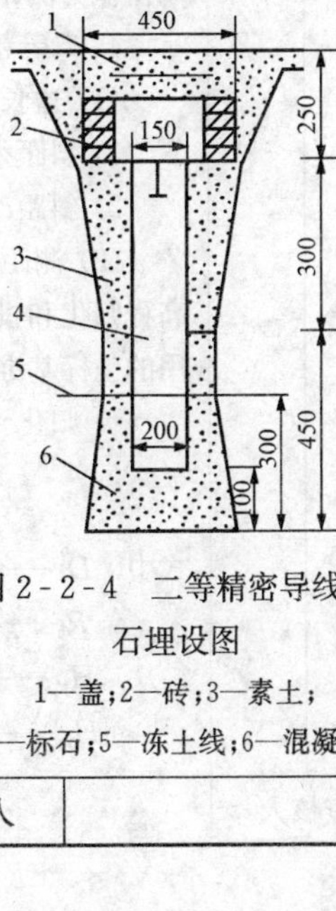

图2-2-4 二等精密导线标石埋设图
1—盖;2—砖;3—素土;
4—标石;5—冻土线;6—混凝土 |

| 审核人 | | 交接人 | | 接受交底人 | |

续表

序号	项目	城市轨道工程地面平面控制测量技术交底的主要内容
3	二等精密导线测量	**3. 精密导线观测** 导线测量通常利用全站仪观测,分为水平角测量和边长测量。全站仪本身的误差主要有以下几种:测距的加常数、乘常数误差;测距的周期误差;相幅误差;相位不均匀误差;竖轴倾斜误差;横轴倾斜误差;视准轴误差;补偿器误差;度盘偏心误差;度盘刻画误差;竖盘指标差;望远镜调焦误差等,所以最好要使用具有"电子补偿"功能的全站仪,并保证在观测时应处于检定周期之内,在观测前进行相关项目的检验。 (1) 水平角观测 1) GPS点上或导线结点上观测:由于二等精密导线附合在GPS点上,在附合导线两端的GPS点上观测时,应联测其他可通视的GPS点,采用方向观测法,方向数不多于3个时可不归零,夹角的平均观测值与GPS坐标反算夹角之差应小于6″,在导线结点上观测时采用方向观测法,测回间需要变换度盘; 2) 导线点上观测:当观测仅有两个方向时,导线点上水平角观测按左、右角观测,左右角平均值之和与360°的较差应小于4″。当水平角遇到长短边需要调焦时,应采用盘左长边(短边)调焦,盘右长边(短边)不调焦,盘左短边(长边)调焦,盘左短边(长边)不调焦的观测顺序进行观测。 (2) 边长测量 每条导线边均进行往返测量:Ⅰ级全站仪应往返观测各二个测回,Ⅱ级全站仪应往返观测各三个测回。每测回间应重新照准目标,每测回应四次读数,各项技术要求见表2-2-5所列。

测距的各项较差的限值(mm) 表2-2-5

全站仪等级	一测回中读数间较差	单程各测回间较差	往返测或不同时间段结果较差
Ⅰ	3	3	$2 \cdot (a+bd)$
Ⅱ	5	7	

注:1. 一测回指照准目标一次读数4次;
2. $a+bd$ 为测距仪器标称精度。

在测距时应读取温度和气压,以便进行边长的气象改正。测前、测后各读取一次,取平均值作为测站的气象数据。温度读至0.2℃,气压读至50Pa或0.5mmHg。

4. 二等精密导线网平差
(1) 边长改正
1) 斜距须经加常数、乘常数和气象改正;
2) 斜距改为平距须加地球曲率、大气折光改正。
(2) 测距边水平距离的高程归化和投影改化:根据城市原有控制网的基准面进行相应的高程归化和投影改化。具体进行何种归化或投影,以城市轨道交通建设的施工图设计所采用的坐标基准面而定。
1) 归化到城市轨道交通工程线路测区平均高程面上的测距边长度,按式(2-2-5)计算:

$$D = D_0' \left(1 + \frac{H_p - H_m}{R_a}\right) \qquad (2-2-5)$$

式中 D_0'——测距两端点的平均高程面的水平距离,m;
R_a——参考椭球体在测距边方向法截弧的曲率半径,m;
H_p——测区的平均高程,m;
H_m——测距边两端点的平均高程,m。

审核人		交接人		接受交底人	

续表

序号	项目	城市轨道工程地面平面控制测量技术交底的主要内容
3	二等精密导线测量	2) 归化到参考椭球面上的测距边长,可按式(2-2-6)计算: $$D = D_0'\left(1 - \frac{H_m + h_m}{R_a + H_m + h_m}\right) \quad (2-2-6)$$ 式中 D——归算到参考椭球面上的测距边长,m; 　　h_m——测区大地水准面高出参考椭球面的高差,m; 3) 测距边在高斯投影面上的长度,可按式(2-2-7)计算: $$D_z = D\left(1 + \frac{Y_m^2}{2R_m^2} + \frac{\Delta Y^2}{24R_m^2}\right) \quad (2-2-7)$$ 式中 Y_m——测距边两端点横坐标之平均值,m; 　　R_m——测距边中点的平均曲率半径,m; 　　ΔY——测距边两端点近似横坐标的增量,m。 (3) 导线网平网 1) 测角中误差先验值的计算 ① 附合二等精密导线或二等精密导线环的角度闭合差,可按式(2-2-8)计算: $$W_\beta = \pm 2m_\beta \sqrt{n} \quad (2-2-8)$$ 式中 m_β——《城市轨道交通工程测量规范》GB 50308—2008 表中的测角中误差(″); 　　N——附合导线或导线环的角度个数。 ② 用二等精密导线网方位角闭合差计算的测角中误差可按式(2-2-9)计算: $$M_0 = \pm\sqrt{\frac{1}{N}\left[\frac{f_\beta f_\beta}{n}\right]} \quad (2-2-9)$$ 式中 f_β——附合导线或闭合导线环的方位角闭合差; 　　n——计算 f_β 时的角度个数; 　　N——附合导线或闭合导线环的个数。 2) 导线网平差:按照严密平差方法进行,使用的软件必须经行业有关部门鉴定,平差后的成果包括单位权中误差、相对点位中误差、最弱边的边长中误差或最弱相邻点位中误差等内容。
4	地面平面控制网的检测与处理	**1. 概述** (1) 城市轨道交通通常在建筑物密集和地下管网繁多的城市环境中建设,不仅技术含量高、造价昂贵,而且精度要求高。 (2) 城市轨道交通修建过程工期比较长,在这么长时间中,由于城市地面沉降和建设的影响,控制点将会产生位移和沉降。 (3) 城市轨道交通地面控制网是保证隧道贯通和施工测量的基础,如不及时进行检测就不能掌握控制点变形状况,将对工程质量造成严重隐患。 (4) 因此,定期对控制网进行检查测量,对检查成果进行比较分析和评价,及时了解控制点稳定状态,并进行相应技术处理是非常必要的。 **2. 平面控制网的检测与评价** (1) GPS网测量方案的审核:GPS测量方案审核有很多方面,结合城市轨道交通工程特点,重点应从下述几个方面审核: 1) 检查两期 GPS 网是否有重合点:城市轨道交通网建设周期较长,各线路分期建设,各条线路互有交叉换乘,所以布网方案中不仅要考虑每条线路独立沿线路布点,而且线路之间的
审核人		交接人　　　　　　　接受交底人

序号	项目	城市轨道工程地面平面控制测量技术交底的主要内容
4	地面平面控制网的检测与处理	交叉地区必须有一定数量的重合点,以保证各条线路间的衔接。因此应按线路的规划检查重合点的位置是否妥当,及两期施测结果是否符合限差要求。例如广州城市轨道交通1号、2号线在公园前车站交叉换乘,两条线又是分期建设,故该站附近至少有2个GPS点均包含在两期的GPS网中。 2)检测坐标系统与城市控制网是否一致: ① 考虑到城市轨道交通工程建设与城市建设密不可分,测量资料互相利用,因此城市轨道交通控制网必须与城市控制网的现有坐标系统一致; ② 为此GPS控制网内应重合3~5个原有城市二等控制点或城市里的国家一、二等点。当包含的点太少时,对GPS网约束平差时剔除不兼容的已知点不利,即对约束平差选择优化方案不利; ③ 例如广州地铁2号线GPS网和深圳城市轨道交通一期GPS网中均含有4~5个原有二等控制点,因此至少有3~4个约束平差方案供优化选择。 3)检查GPS点相对于车站、竖井的位置是否恰当:为保障向地下传递方向的准确性和方便,最好用长边作为传递的起始方向,因此GPS点的位置选择尤为重要,既不能太靠近线路又不能离开太远,最好在隧道洞口、竖井和车站附近布点,且能与相邻的2个控制点通视。 (2) GPS检测网与原测网结果精度分析与评价 1)两期GPS网测量结果较差的限差:对GPS检测网进行三维无约束平差和二维约束平差之后,即可将两期GPS网中相应点的坐标进行比较,其中点位较差最大的为最弱点。两期GPS网最大的点位较差按下式计算: $$\Delta P = \sqrt{(X_2 - X_1) + (Y_2 - Y_1)^2} \quad (2-2-10)$$ 式中 X_1、Y_1——原测网中最弱点的坐标; X_2、Y_2——检测网中相应点的坐标。 GPS网两期测量的点位较差的允许值取2倍点位较差中误差,即: $$\Delta P_{限} = 2m_{\Delta\rho} \quad (2-2-11)$$ 而 $$m_{\Delta\rho} = \sqrt{m_{\rho_1}^2 + m_{\rho_2}^2} \quad (2-2-12)$$ 式中 m_{ρ_1}——GPS原测网最弱点的点位中误差; m_{ρ_2}——GPS检测网最弱点的点位中误差。 两期GPS网控制点的点位较差的限差为: $$\Delta P \leqslant \Delta P_{限} \quad (2-2-13)$$ 对于GPS网中与城市二等点相重合的点,取 $m_{\rho_1} = 35mm$,而其他GPS点 $m_{\rho_1} = m_{\rho_2} = 12mm$。并应考虑 $m_{\Delta x} = m_{\Delta y} = m_{\Delta\rho}/\sqrt{2}$。获得的计算结果如下:重合点两期较差限差 $\triangle P_{限} = 74mm, \Delta X_{限} = \Delta Y_{限} = 52.4mm$;非重合点两期较差限差 $\Delta P_{限} = 34mm, \Delta X_{限} = \Delta Y_{限} = 24.0mm$。因此,GPS网两期测量成果较差的处理原则为:检测点与原有城市控制点的坐标较差不大于50mm;其他非重合GPS点坐标较差不大于25mm时原测量成果才能使用。 2)检测结果的分析与评价:通过检测网与原测网相应点的坐标比较以及对布设方案的审查,可以对存在的问题进行分析并对原测网的质量作出评价。
审核人		交接人　　　　　　　　接受交底人

2.3 地面高程控制测量

城市轨道工程的地面高程控制测量技术交底见表2-3所列。

表2-3 城市轨道工程的地面高程控制测量技术交底

序号	项目	城市轨道工程的地面高程控制测量技术交底的主要内容	
1	概述	地面高程控制测量在城市轨道工程建设中与地面平面控制测量具有同等重要作用,是城市轨道工程全线线路和结构高程贯通的保障,是城市轨道工程建设中的一项及其重要的基础工作。 **1. 地面高程控制网的基本特点** (1)高程控制网的大小、形状、点位分布应满足轨道交通工程施工的需要,可以根据城市轨道交通总体规划布设全面网,也可以为某条线路布设单独的线状控制网。 (2)城市轨道工程地面高程控制网通常分两个等级布设,首级是与国家二等水准相当的城市轨道交通一等水准网,二级是用于加密的城市轨道交通二等水准网。当城市的一、二等水准网保存完好、水准点间距小于4km时,则可一次布设城市轨道交通工程二等水准网而不再分级布设。 (3)地面高程控制网不但是隧道高程贯通的基础,同时为工程设计提供大比例尺地形图服务,为施工放样服务,还要为建设期间变形监测以及运营后的结构变形监测服务。 (4)由于城市轨道工程建设周期较长,工程建设期间高程控制点难免发生变化,因此需要在一定的周期内对地面高程控制网进行检测,通过检测评价原网稳定状况和可靠程度,确保地面高程控制网满足工程建设需要。 **2. 地面高程控制网的测量步骤** (1)收集资料:收集和了解拟建线路沿线现有测绘资料、线路设计资料、岩土工程条件等。 (2)现场踏勘、选点:沿拟建线路普查现有测量高程控制点的完好情况、控制点周围建(构)筑物情况以及拟埋设控制点的位置条件情况等。 (3)埋石:根据控制点的位置条件,选择埋设不同类型的标石。 (4)高程控制网观测:按照高程控制网等级和技术要求进行几何水准测量。 (5)数据平差等。	
2	地面高程控制测量	**1. 地面高程控制网布设原则** 水准点应选在施工场地变形区外稳固的地方,有条件应埋设基岩水准点。水准点离开车站和线路的距离应不少于40m,一般水准点和深桩水准点应根据每个城市情况,桩底应埋设在稳定的持力层上。水准点应选在便于寻找、保存和引测的地方。 (1)城市轨道工程一等水准网布网原则:一等水准网是基础网,一般按照工程线路布设成附合、闭合路线或者结点网。水准网起算点一般不少于3个,且应是城市一等水准点。每个一等水准点应远离受施工影响的变形区。当工程处于地面沉降区域时,在首级水准观测前,应首先考虑保证起算点已知高程的现势性。宜每隔3km埋设1个水准点。 (2)城市轨道工程二等水准网布网原则:二等水准网是起算于一等水准网的高程控制网,主要为施工服务,其网形主要取决于城市轨道交通工程的线路形状,一般每个车站、竖井及车辆段附近应布设水准点,点数不应少于2个。二等水准网应布设为结点网或附合路线。二等导线网中的各点有条件时,都应纳入二等水准测量中。 **2. 水准标石类型与埋设** 水准标石是长期保存测量成果的固定标志,水准标石确定了点的高程,因而它的稳定是非常重要的。如果标石埋设质量不好,容易产生垂直位移或倾斜,即使水准观测质量再好,其最后成果也是不可靠的,因此务必重视水准标石的埋设质量。	
审核人		交接人	接受交底人

续表

序号	项目	城市轨道工程的地面高程控制测量技术交底的主要内容
2	地面高程控制测量	(1) 水准标石类型：城市轨道工程中的水准点标石可分为混凝土水准标石、墙脚水准标志、基岩水准标石和深桩水准标石4种。各种水准标石的类型和规格如图2-3-1～图2-3-3所示。 (2) 水准标石的埋设： 1) 混凝土水准标石要埋设在冻土线以下30cm，埋设时需特别注意埋设地点地质条件，了解地下水位的深度，地下有无空洞和流砂等。要确保标石埋在土质坚实稳定的地层； 2) 墙角水准标志应选择在永久性或半永久性坚固的建筑物或构筑物基础上埋设； 3) 埋设基岩水准标石时应注意埋在真正的基岩上，不允许埋在较大的孤石上。为了施工方便，可以尽量选在基岩露头的地方，遇有风化层时，必须将风化层凿剥除去； 图2-3-1 混凝土普通一、二等水准点标石埋设图 1—盖；2—砖；3—素土；4—标石；5—冻土线；6—混凝土 4) 埋设基岩水准标石一般应有地质人员参加或以地质资料作依据，必要时需事先进行地质钻探。基岩水准标石必须是混凝土制成，使其与基岩牢固相接； 5) 深桩水准标石埋设时应收集地质资料作依据，深桩应埋设在稳定的持力层内。各种水准标石的埋设见图2-3-1～图2-3-3所示，水准点埋设完成后，应进行外部整饰并应现场绘制水准点。 图2-3-2 墙脚水准点标志埋设图　　图2-3-3 基岩水准点标石埋设图 　　　　　　　　　　　　　　　　　　　　1、2—混凝土盖板；3—混凝土 3. 地面高程控制测量施测： (1) 地面高程控制测量的技术要求：主要技术要求应符合表2-3-1的规定。

水准测量的主要技术要求　　　　　　　表2-3-1

水准测量等级	每1000m高差中数中误差(mm)		附合水准路线平均长度(km)	水准仪等级	水准尺	观测次数		往返较差，附合或环线闭合差(mm)
	偶然中误差(M_Δ)	全中误差(M_W)				与已知点联测	附合或环线	
一等	±1	±2	35～45	DS_1	铟瓦尺或条码尺	往返测一次	往返测一次	$±4\sqrt{L}$
二等	±2	±4	2～4	DS_1	条码尺或铟瓦尺	往返测一次	往返测一次	$±8\sqrt{L}$

注：1. L为往返测段、附合或环线的路线长(km)；
　　2. 采用数字水准仪测量的技术要求与同等级的光学水准仪测量技术要求相同。

审核人		交接人		接受交底人	

续表

序号	项目	城市轨道工程的地面高程控制测量技术交底的主要内容
2	地面高程控制测量	(2)地面高程控制测量施测： 1)一般要求：水准观测应待埋设的水准标石稳定后再进行。水准测量所使用的仪器和标尺测前应送检定单位进行全面检验，检定周期为1年。水准仪视准轴与水准管轴的夹角称为i角，作业开始的第一周内应每天测定1次i角，稳定后可隔半月测定1次。城市轨道工程一、二等水准测量作业工程中水准仪的i角应小于15″。 2)观测方法：一、二等水准测量的观测方法应符合下列规定： ① 往测　　奇数站上：后—前—前—后； 　　　　　　偶数站上：前—后—后—前。 ② 返测　　奇数站上：前—后—后—前； 　　　　　　偶数站上：后—前—前—后。 ③ 若使用数字水准仪与条码尺，应将有关参数、限差预先输入，并按自动观测模式顺序操作。一、二等水准每一测段的往测和返测，宜分别在上午、下午进行，也可在夜间观测。 ④ 由往测转向返测时，两根标尺必须互换位置，并应重新整置仪器。 3)观测质量控制：水准测量观测的视线长度、视距差、视线高度和水准测量测站观测限差应符合表2-3-2和表2-3-3的规定。

水准测量观测的视线长度、视距差、视线高度的要求(m)　　表2-3-2

等级	视线长度		前后视距差	前后视距累计差	视线高度	
	仪器等级	视距			视线长度20m以上	视线长度20m以下
一等	DS$_1$	≤50	≤1.0	≤3.0	≥0.5	≥0.3
二等	DS$_1$	≤60	≤2.0	≤4.0	≥0.4	≥0.3

水准测量的测站观测限量(mm)　　表2-3-3

等级	上下丝读数平均值与中丝读数之差	基、辅分划读数之差	基、辅分划所测高差之差	检测间歇点高差之差
一等	3.0	0.4	0.6	1.0
二等	3.0	0.5	0.7	2.0

4)水准测量的记录与检验：
① 记录项目：每测站应记录上、下丝在前、后标尺读数和中丝在前、后标尺基辅分划面读数。使用数字水准仪，只记录前、后视线长度和在前、后标尺上视线高度。在每测段的始末，应记录水准点编号、观测日期、时间、大气温度、天气、云量、太阳方向、成像情况、风向和风力；
② 记录方法：水准测量数据量大，验算项目较多，一般宜采用电子记录的方法；
③ 测站检验：每测站按照规范的要求应计算前后视距差和视距差的累计值、视线长度和高度、上下丝读数和中丝读数的差、同一标尺两次读数差、两次所测前后标尺高差之差、检测间歇点高差之差；
④ 测段检验：每测段完成后，计算往返测高差不符值，检验是否满足要求。若不符值超限，应分析观测时人员操作、仪器状况和外界环境对测量成果的影响，先对可靠程度较小的往测或返测进行全测段重测；
⑤ 成果的取舍：按照规范要求，对于一等水准，当两次异向观测的高差不符值在限差内

审核人		交接人		接受交底人	

续表

序号	项目	城市轨道工程的地面高程控制测量技术交底的主要内容
2	地面高程控制测量	时,取两次异向观测的平均值作为最终值,否则应进行重测。对于二等水准,若重测高差与原测任一方向高差的不符值未超出限差,则取两次观测高差的平均值作为最终值。 5) 外业操作的注意事项: ① 仪器的检查:每天工作开始前要对水准标尺圆水准器的正确性进行检查和校正,防止因运输或其他原因致使圆水准器的正确位置发生偏离,从而使测量结果产生误差。作业开始的第一周内每天对 i 角的检查,最好在不同的气温下进行,查看变化规律; ② 保持前后视等距; ③ 严格按照奇偶站观测顺序观测,保证每个测段的测站数为偶数。为了消除两根标尺的零点高度不等差,每个测段的测站数为偶数。往测转返测时,两根标尺要互换位置,同时前后视的读数顺序也作相应改变; ④ 预先安置尺桩或尺台:用于作为转点尺承的尺桩或尺台,要求在观测前预先安置好。为防止往返测的高差中数产生偏差,每测段的往返测应使用同一类型的转点尺承和安置方法。 (3) 水准仪 i 角的检验与校正 1) 水准仪 i 角的检验:用于城市轨道工程高程控制测量的水准仪在开始施测前必须进行 i 角检校,测量开始第一周内应每天测定一次 i 角,稳定后可间隔半月测定一次。检验时 i 角大于 $15''$ 应对水准仪 i 角进行校正,直至较小时为止。其检测步骤如下: ① 测量的准备工作:如图 2-3-4 所示为平坦的场地上采用钢卷尺依次量取直线 I_1ABI_2,在线段 I_1ABI_2 上使 $S=I_1A=AB=BI_2=20.6m$。其中 I_1、I_2 为安置仪器点,A、B 为立尺点。在 A、B 处各打一个尺桩; 图 2-3-4 水准仪 i 角检验示意图 ② 观测的具体方法:在 I_1、I_2 处安置仪器,仔细整平后,分别在 A、B 标尺上各照准读数 4 次。取各尺读数之平均值; ③ i 角计算方法: $$i = 2\Delta \times \rho''/(2 \times S) = 10''\Delta \quad (2-3-1)$$ 其中 $$2\Delta = (a_2 - b_2) - (a_1 - b_1)$$ $$\rho'' = 206\,265''$$

| 审核人 | | 交接人 | | 接受交底人 | |

续表

序号	项目	城市轨道工程的地面高程控制测量技术交底的主要内容
2	地面高程控制测量	式中 a_2、b_2——在 I_2 处设站时观测 A、B 标尺上读数平均值； a_1、b_1——在 I_1 处设站时观测 A、B 标尺上读数平均值。 2) 水准仪 i 角的校正：当 i 角大于 $15''$ 时仪器必须进行校正（自动安平水准仪送仪器修定部门校正）。对于气泡式水准仪按如下方法校正。 在 I_2 处用脚螺旋将望远镜视线对准 A 标尺应有的正确读数 a_2'，a_2' 按式(2-3-1)计算：计算： $$a_2' = a_2 - 2\Delta = b_2 + a_2 - b_1 \quad (2-3-2)$$ 然后校正水准器改正螺旋使气泡居中，校正后将仪器对准 B 尺读数 b_2'，b_2' 应与式(2-3-2)计算的结果一致，即： $$b_2' = b_2 - \Delta$$ 对于此项测量的校正工作要反复进行，一直到 i 角符合要求为止。
3	水准网数据处理与水准网的检测	**1. 水准网数据处理** (1) 水准测量的内业计算：水准测量的外部观测工作结束后，须将手簿中记录的各项资料、测段距离和高差数据编制成高差和概略高程表，并计算观测高差改正数、环线闭合差、偶然中误差、全中误差等。 1) 观测高差改正数的计算：由于城市轨道交通工程的线路长度为几十公里，因此观测高差改正数只加水准标尺长度改正一项。水准标尺长度改正数的计算依据计量检定机构提供的有效期内的标尺改正系数 f 计算。一测段高差改正数 δ 按式(2-3-3)计算： $$\delta = fh \quad (2-3-3)$$ 式中 f——标尺改正系数，mm/m； h——观测高差，m。 2) 高差偶然中误差的计算：按照我国的现行规范作业，水准测量的往返测是在外界环境差异较大的条件下独立完成的，高差不符值表示误差的抵消程度，主要包含偶然误差。因此用往返不符值计算水准测量的偶然中误差是衡量作业质量的重要指标。每 1000m 水准测量的高差偶然中误差按式(2-3-4)计算： $$M_\Delta = \pm\sqrt{\frac{1}{4n}\left[\frac{\Delta\Delta}{L}\right]} \quad (2-3-4)$$ 式中 M_Δ——高差偶然中误差(mm)； L——水准测量的测段长度(km)； Δ——水准路线测段往返高差不符值(mm)； n——往返测的水准路线的测段数。 3) 高差全中误差的计算：环线闭合差是由往返测平均高差形成的闭合差，具有真误差性质。它反映着高差平均值的偶然误差，也反映着系统误差，包含这两种误差的综合影响，因此可以用环线闭合差计算水准测量的全中误差。 当用附合线路的闭合差代替环线闭合差计算水准测量的全中误差时，一定要保证附合线路起闭的两已知高程点高程的准确性和现实性。 每 1000m 水准测量的全中误差 M_W 应按照公式(2-3-5)进行计算： $$M_W = \pm\sqrt{\frac{1}{N}\left[\frac{WW}{L}\right]} \quad (2-3-5)$$ 式中 M_W——高差全中误差，mm； W——附合线路或环线闭合差，mm；
审核人		交接人 接受交底人

续表

序号	项目	城市轨道工程的地面高程控制测量技术交底的主要内容
3	水准网数据处理与水准网的检测	L——计算 W 时的相应路线长度,km; N——往返路线和闭合路线的个数。 (2) 水准网数据处理:水准网数据的平差处理必须按照分级处理的基本原则进行。城市轨道交通工程的水准网的数据处理采用严密平差的方法,在城市一、二等水准点的控制下分别进行一、二等水准网平差。 2. 水准网检测与处理 在城市轨道交通工程的施工期间为了确保高程控制的统一、连续性和稳定性,必须对所布设和使用的一、二等水准网进行周期检测。 (1) 水准网检测周期:对一、二等水准网应按各等级技术要求进行 100% 的检查测量。在地面沉降不明显的地区,一般在全线贯通后或线路调整之前必须进行全线的水准网检测。在地面沉降严重的地区,应收集有关地面沉降资料,根据当地的年沉降速率确定全线水准网的检测周期。在城市轨道交通工程的施工期间可以根据实际情况进行局部区域的高程控制检测。 (2) 水准网检测原则及数据处理:水准网检测一般采用与原测相同的精度、相同的路线和相同的测量方法。在水准网检测中,拟定的检测方案中至少应包括 3 个以上的已知高级水准点,尽量由闭合环、结点、附合路线构成水准网络、对原测水准点标石的完好性、稳定性必须进行实地考查;对位于工程变形区内不稳定的或遭到破坏的水准点应重新选点并补埋标石。 3. 水准网检测结果精度分析与评价 (1) 两期水准点间高差较差的限差:设两相邻水准点间的原测与检测高差分别为 h_I 和 h_{II},测量精度相同,即 $m_{hI}=m_{hII}=m_h$。 (2) 两期水准点高程较差的限差:由于水准网是沿城市轨道工程线路布设并附合在城市一、二等水准点上的。按照城市二等水准点平均间距 4km 推算,则水准点的最弱点位于中间 2km 处,该点一次测量的高程中误差可表示为: $$m_{Hi} = \pm \sqrt{m_{H_0}^2 + m_h^2} \qquad (2-3-6)$$ $$m_h = \pm M_W \sqrt{L} \qquad (2-3-7)$$ 式中 m_{H_0}——距检测水准点最近的已知高程点的高程中误差,mm; m_h——最近已知点至所测水准点间高差中误差,mm; M_W——水准测量每 1000m 高差中数的全中误系; L——最近已知点至所测水准点间水准路线长度,km。 当两期水准测量精度相同时,检测与原测水准点高程较差的中误差为: $$m_{\Delta H} = \pm \sqrt{2} m_i \qquad (2-3-8)$$ 这样,两期水准点高程较差的限差为: $$\Delta H_{限} \leqslant 2\sqrt{2} m_{Hi} \qquad (2-3-9)$$ 根据城市轨道工程高程控制布设的实际情况,可以取 $L=2\text{km}$,$m_{H_0}=\pm 0.5\text{mm}$,$M_W=\pm 2\text{mm}$ 代入式(2-3-7)、式(2-3-6)、式(2-3-9),得 $m_{Hi}=\pm 2.87\text{mm}$ 和 $\Delta H_{限} \leqslant 8.12\text{mm}$。 但是,我们考虑到城市轨道工程贯通的严格要求,对原测成果可按以下原则处理:即检测与原测高程较差的中误差小于 4mm 的可以使用原成果;大于 4mm 的应进行复测,如发现水准点下沉现象,要使用新成果。
审核人		交接人 接受交底人

续表

序号	项目	城市轨道工程的地面高程控制测量技术交底的主要内容
4	城市轨道工程地面高程控制测量实例	下面将简单地介绍天津地铁1号线水准网检测情况。 (1) 工程基本情况： 　　天津地铁1号线北起北辰区刘园，南至津南区双林，总长度为26.188km。其中天津西站至新全线共设22座车站，其中高架站有8座，地下站有13座，地面车站有1座。北段线路设有6座车站，其中刘园、西横堤、果酒厂、本溪路4站为高架站，勤俭道、洪湖里为地下站。中段线路设有7座车站，西站、西北角、西南角、二纬路、海光寺、鞍山道、营口道站全部为地下站。南段线路设有9座车站。其中小白楼、下瓦房、南楼、土城4站为地下站，陈塘庄、复兴门、华山里、财经学院4站为商架站，双林为地面站。全部车站中有4个是岛式站台，其余为侧式站台。站间距离最短距离为0.784km，最长距离为1.624km，平均为1.225km。线路走向可见图2-3-5天津地铁1号线线路示意图。 图2-3-5　天津地铁1号线线路示意图 (2) 天津地铁1号线水准网概况： 　　天津地铁1号线水准点沿1号线线路布设，依据现场特点，高程控制网布设成城市轨道交通一等水准附合路线。天津地铁1号线水准网于2002年1月首次施测，采用大沽高程系2000年高程。
审核人		交接人　　　　　　　　接受交底人

续表

序号	项目	城市轨道工程的地面高程控制测量技术交底主要内容
4	城市轨道工程地面高程控制测量实例	天津市是我国地面沉降严重城市之一,多年来由于过量开采地下流体资源的结果,宝坻断裂和蓟运河断裂以南均有不同程度的沉降现象。其中形成市区、塘沽、汉沽、大港和海河下游区为中心的五个沉降漏斗。多年的沉降资料显示,天津市区平均每年沉降 20mm 左右。地铁 1 号线贯穿整个天津市区,处于沉降区内,因此对 1 号线的水准网进行定期检测,以便为地铁施工提供可靠的高程控制是非常必要的。根据天津市的沉降情况,最终确定天津地铁 1 号线水准网检测频率为每半年检测一次。 (3) 天津地铁 1 号线水准网检测方法: 1) 检测原则:天津地铁 1 号线水准网的检测以采用同等精度仪器、同等方法施测为原则,采用城市轨道交通一等水准测量的观测方法及限差要求,附合路线闭合差限差采用 $4\sqrt{L}$ mm,(L 为路线长度,单位为 km)。 2) 外业观测:严格按照城市轨道工程一等水准测量的方法及测站限差执行。在开始观测前及结束观测时测定水准仪 i 角误差,同时观测严格按照城市轨道交通一等水准测量对作业时间、视线高度、视距差、视距累计差及测站限差的要求执行。 3) 内业数据处理: ① 首先对外业观测数据进行 100%复核,并统计各段线路闭合差。由于天津市地面沉降比较严重,作为起算点的国家二等水准点也在沉降,因此在计算线路闭合差时控制点的高程值应采用与观测时间最接近的年代的数值。 ② 在确认外业观测数据无误后,采用威远图公司 WELTOP 软件进行严密平差计算。平差计算时已知点的高程统一采用设计单位提供的数值,进行强制附合平差。 ③ 由于天津市地面沉降严重,所以最终高程较差可能不能满足规范要求,因此,综合考虑沉降因素比较测段高差的较差,根据高差较差的情况确定水准点的稳定情况。
审核人		交接人　　　　　　　接受交底人

2.4 高架结构施工测量

城市轨道工程的高架结构施工测量技术交底见表 2-4 所列。

表 2-4 城市轨道工程的高架结构施工测量技术交底

序号	项目	城市轨道工程的高架结构施工测量技术交底主要内容
1	一般规定	(1) 城市轨道工程中的高架结构施工测量主要包括高架桥和高架车站的柱(墩)基础、柱(墩)、及柱(墩)上的栋梁、横梁上的纵梁等施工测量。高架线路结构工程与特大型桥梁线路工程和大型高架市政道路大体相同,因此参照特大引桥线路工程的特点,编制高架线路工程测量的内容,制定相应的测量限差,作为高架线路结构施工测量的标准。 (2) 高架线路工程是城市轨道交通工程中的一部分,车辆从隧道内行驶到地面后,上高架线路,有接轨问题等。其线路测量应按城市轨道交通工程整体道床轨道线路测量标准施测。 (3) 在进行高架线路结构施工测量时,应根据高架线路结构设计图,选择地面施工定线的中线控制点或卫星定位控制点、精密导线点和二等水准点等测量控制点作为起算点。 (4) 当按上述方法不能满足放样需要时,应加密控制点,加密控制点的施测应执行精密导线测量和二等水准测量的相关技术要求。线路高架结构的测量应进行整体布局。分区、分段进行施工时,相邻区段的控制点和相邻结构应进行联测。相邻结构贯通后,应进行贯通误差测量。
审核人		交接人　　　　　　　接受交底人

续表

序号	项目	城市轨道工程的高架结构施工测量技术交底主要内容
2	柱、墩基础放样测量	(1) 柱、墩基础放样应该根据线路中线控制点或精密导线点进行，放样可采用极坐标法，放样后应进行检查核实。同一里程多柱或柱下多桩组合的基础放样应分别进行，放样后应对柱或柱间的几何关系进行必要的检查与核实。 (2) 柱、墩基础放样精度应符合如下要求：柱、墩间距的测量中误差为±5mm；横向放样中误差为±5mm；各跨的纵向累积测量中误差为±$5\sqrt{n}$mm（n为跨数）；柱下基础的高程测量中误差一般为±10mm。 (3) 高架桥的基础放样后应测设基础施工控制桩，施工控制桩中的一条连线应垂直于线路方向，每条线的两侧应多测几个控制桩，最少也不能低于2个控制桩。 (4) 在对桩柱基础施工时，应以施工控制桩为依据，测定基坑边沿线、基础结构混凝土模板位置线等，其位置中误差为±10mm。 (5) 基底高程、基础结构混凝土面或灌注桩桩顶的高程测量中误差为±10mm。 (6) 柱、墩基础施工时，应对其中心或轴线位置、模板支立位置、顶面高程进行测量。 (7) 基础承台中心或轴线位置测量中误差为±5mm、顶面高程测量中误差为±5mm、模板支立位置测量中误差为±7.5mm。
3	柱、墩施工测量	(1) 对高架桥的柱、墩施工时，应仔细对柱、墩的中心位置、横板支立位置及尺寸、垂直度以及顶部高程等进行检测。柱、墩的中心位置测量中误差为±5mm、模板支立位置及尺寸测量中误差为±5mm、垂直度测量误差为1‰、顶部高程测量中误差为±5mm。 (2) 一般情况下，柱、墩施工测量应满足如下要求：中心或轴线位置应利用施工控制桩或精度导线点进行测量设计；对施工模板位置线应以经纬仪或钢尺进行标定，并以墨线标定；模板支立铅垂度可使用经纬仪或吊锤进行测量；高程可采用水准测量方法进行测量，也可采用钢尺测定，并应在设计高度标记高程线。 (3) 当高架桥的柱、墩施工完成后，应以下要求进行测定柱、墩顶帽中心坐标和高程： 1) 首先要利用线路中线控制点及精密导线点等，将柱、墩的中心独立两次投测到顶部，两次投测较差应小于3mm。并进行点位坐标的测量其实测值与设计值较差应小于10mm； 2) 然后利用水准仪和悬吊的钢尺，将高程传递到每一个柱、墩顶部的高程点上。高程传递按城市四等水准测量精度要求独立测量两次，其较差应小于5mm。
4	横梁施工测量	(1) 随着城市轨道交通技术的发展，磁悬浮列车和梁式轨道列车以及更多其他形式的轨道列车，将广泛地应用到城市轨道交通中。 (2) 由于轨道梁直接用于机车的行驶，因此进行支撑轨道梁横梁施工时，限差应严格控制要求，同时，必须根据检验核查后的控制点，对横梁的平面位置和高程按照相关工程技术要求进行精度控制。 (3) 在横梁施工之前，应仔细对柱、墩顶部的中心位置、高程及相邻柱距进行检查核实，并进行必要的调整。 (4) 根据检查核实后的控制点进行横梁位置的标定。 (5) 横梁现浇前应检测模板支立的位置、方位和高程，其轴线测量中误差为±5mm，结构断面尺寸和高程测量中误差为±1.5mm。 (6) 对于预制梁的安装，必须检查其几何尺寸和预埋位置是否正确，确保准确无误。
5	纵梁施工测量	(1) 对于纵梁在架设之前，必须对支承横梁上线路中线点、桥墩跨距和顶帽上的高程进行检查测量。 (2) 当采用混凝土预制纵梁为轨道梁时，拼装梁的中线和高程与线路设计中线和高程的较差应少于5mm。 (3) 若采用现浇混凝土纵梁为轨道梁时，也应在模板上测设线路中线和高程控制点，其测量误差为±5mm。
审核人		交接人　　　　　　　接受交底人

2.5 铺轨基标施工测量

城市轨道工程的铺轨基标施工测量技术交底见表2-5所列。

表 2-5 城市轨道工程的铺轨施工测量技术交底

序号	项目	城市轨道工程的铺轨基标施工测量技术交底主要内容
1	一般规定	(1) 为了确保城市轨道交通行驶的安全,铺轨基标测设,必须使用隧道贯通后并对贯通测量数据进行统一严密平差的测量控制点,因为这些测量控制点,已满足结构限界要求,利用其进行铺轨基标测设能符合线路关系,并保证轨道的平滑和圆顺等。 (2) 铺轨基标的里程和高程,一般不需施测单位另行计算,业主所提供的铺轨综合设计图已表达得非常清楚,基标测设时,只需严格按照铺轨综合设计图提供的设计数据进行测量。 (3) 城市轨道线路需埋设铺轨基标数量较多,每条线路(左线或右线)一般每千米约为180个,控制基标需要长期保存,加密基标则只要满足铺轨施工期间使用即可。 (4) 铺轨基标测设应对基标和加密基标进行测设。基标测设时,应首先测设控制基标,然后利用控制基标测设加密基标。铺轨基标宜设置在线路中线上,也可设置在线路中线的一侧。圆形或马蹄形隧道可将铺轨基标设置在右侧的隧道边墙上。有碴轨道,铺轨基标放置在右侧的路肩上。 (5) 道岔基标应利用控制基标单独测设,道岔基标宜设置在道岔直股和曲股的外侧。控制基标应设置成等高等距,埋设永久标志;加密基标可设置成等距不等高,埋设临时标志。 (6) 控制基标的等高,是指控制基标顶部高程与其所在里程处轨顶面的设计高程间的差值,应保持为一个固定常数 K。常数 K 一般取整体道床排水沟底部至轨顶面的设计高差,一般情况下为 300~500mm。 (7) 控制基标的等距,是指所有控制基标的中心位置对应线路中线点在法线上的距离 D 保持相等,并根据铺设道床的形式和整体道床水沟的位置而定。当采用碎道床时,其 D=3000mm;当采用整体道床时,水沟设置在两侧,其 D=1500mm;当水沟设置在中间时,其 D=0。 (8) 铺轨基标应使用不低于Ⅱ级全站仪和DSI级水准仪测设。铺轨基标完成后,应按《城市轨道交通工程测量规范》的附录表中的有关数据执行。
2	控制基标测量	(1) 控制基标在线路直线段宜每120m设置一个,曲线段除在曲线要素点上设置控制基标外,曲线要素点间距较大时还宜每60m设置一个。控制基标设置在线路中线上时,在直线上,可采用截距法;在曲线上,曲线要素点的控制基标可直接埋设,其他控制基标用中线点采用偏角法进行测设。控制基标设置在线路中一侧时,可依据线路中线点按极坐标法测设。 (2) 车站、矩形隧道、直墙拱形隧道以及浮置板施工后的盾构隧道等的基标埋设,一般按本条规定的三个步骤进行。即:埋设基标位置的结构底板上应凿毛处理;根据基标设计值与底板间高差关系埋设基标底座;基标标志调整到设计平面和高程位置,并初步固定。 对于盾构隧道浮置板未进行施工,且基标又设置在中线的某一侧落在衬砌上时,还应在衬砌环片上埋设钢筋,进行基标的底座加固。 (3) 控制基标埋设完成后,应对其进行检测,检测内容、方法与各项限差应满足以下要求: 1) 检测控制基标间夹角时,其左、右角各测两回,左右角平均值之和与360°较差应小于6″;距离往返观测各两测回,测回较差及往返较差应小于5mm;
审核人		交接人	接受交底人	

续表

序号	项目	城市轨道工程的铺轨基标施工测量技术交底主要内容
2	控制基标测量	2) 直线段控制基标间的夹角与180°较差应小于8″,实际距离与设计距离较差应小于10mm;曲线段控制基标间夹角与设计值较差计算出的线路横向偏差应小于2mm,弦长测量值与设计值较差小于5mm; 3) 控制基标高程测量应起算于施工高程控制点,按二等水准测量技术要求施测;控制基标高程实测值与设计值较差应小于2mm,相邻控制基标间高差与设计值的高差应小于2mm; 4) 各项限差满足要求后,应进行永久固定。对未满足要求的,应进行平面位置和高程调整。
3	加密基标的测量	(1) 加密基标在线路直线段应每6m、曲线段应每5m设置一个。 (2) 直线段加密基标测设方法和限差要求: 1) 根据相仿控制基标采用量距法和水准测量方法,逐一测定加密基标的位置和高程; 2) 加密基标为等高等距时,其埋设要求应符合本表已述"控制基标测量"中第(2)中的要求; 3) 加密基标平面位置和高程测定的限差应符合下列要求:纵向:相邻基标纵向距离误差为±5mm;横向:加密基标偏离两控制基标间的方向线距离为±2mm;高程:相邻加密基标实测高差与设计高差较差不应大于1mm,每个加密基标的实测调和邢与设计高程较差不应大于2mm。 (3) 曲线段加密基标测设方法和限差要求如下: 1) 根据曲线上的控制基标,采用偏角法和水准测量法,逐一测设曲线加密基标的位置和高程; 2) 曲线加密基标为等高等距时,其埋设要求应符合前述的第(2)条要求; 3) 曲线加密基标平面位置和高程测定的限差应符合下列要求:纵向:相邻基标间纵向误差为±5mm;横向:加密基标相对于控制基标的横向偏差为±2mm;高程:相邻加密基标实测高差与设计高差较差不应大于1mm,每个加密基标的实测高程与设计高程较差不应大于2mm。 (4) 直线和曲线加密基标测定后,应按前面已述的第(2)、(3)条的相关要求进行检测。 (5) 加密基标经检测满足各项限差要求后,应认真进行固定。
4	道岔基标测量	(1) 道岔基标应根据道岔铺轨设计图,利用控制基标测设道岔控制基标,然后利用道岔控制基标测设道岔加密基标。各类道岔控制基标应按图2-5-1～图2-5-3所示,在下列位置进行埋设: 图2-5-1 单开道岔铺轨基标示意图
审核人		交接人　　　　　　　　接受交底人

续表

序号	项目	城市轨道工程的铺轨基标施工测量技术交底主要内容
4	道岔基标测量	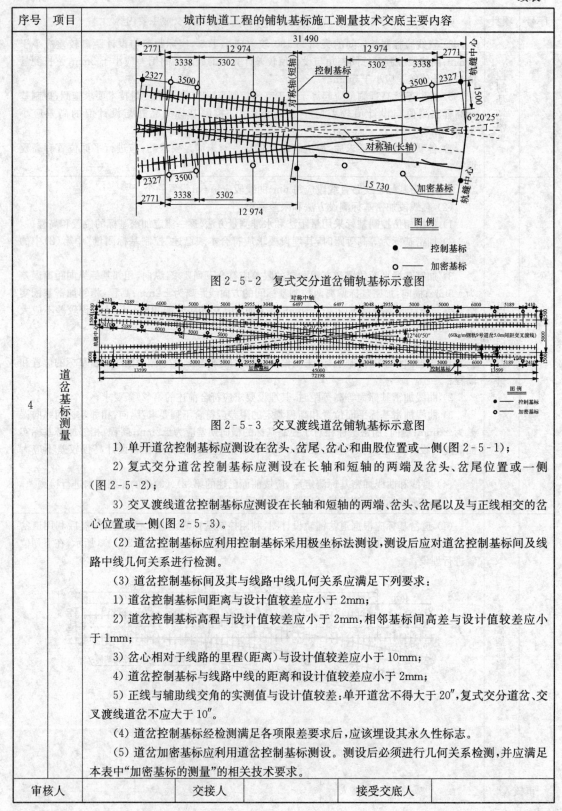 图 2-5-2 复式交分道岔铺轨基标示意图 图 2-5-3 交叉渡线道岔铺轨基标示意图 1) 单开道岔控制基标应测设在岔头、岔尾、岔心和曲股位置或一侧(图 2-5-1); 2) 复式交分道岔控制基标应测设在长轴和短轴的两端及岔头、岔尾位置或一侧(图 2-5-2); 3) 交叉渡线道岔控制基标应测设在长轴和短轴的两端、岔头、岔尾以及与正线相交的岔心位置或一侧(图 2-5-3)。 (2) 道岔控制基标应利用控制基标采用极坐标法测设,测设后应对道岔控制基标间及线路中线几何关系进行检测。 (3) 道岔控制基标间及其与线路中线几何关系应满足下列要求: 1) 道岔控制基标间距离与设计值较差应小于 2mm; 2) 道岔控制基标高程与设计值较差应小于 2mm,相邻基标间高差与设计值较差应小于 1mm; 3) 岔心相对于线路的里程(距离)与设计值较差应小于 10mm; 4) 道岔控制基标与线路中线的距离和设计值较差应小于 2mm; 5) 正线与辅助线交角的实测值与设计值较差:单开道岔不得大于 20″,复式交分道岔、交叉渡线道岔不应大于 10″。 (4) 道岔控制基标经检测满足各项限差要求后,应该埋设其永久性标志。 (5) 道岔加密基标应利用道岔控制基标测设。测设后必须进行几何关系检测,并应满足本表中"加密基标的测量"的相关技术要求。
审核人		交接人　　　　　　　　接受交底人

2.6 城市磁悬浮和跨座式轨道工程施工测量

城市磁悬浮和跨座式轨道工程施工测量技术交底见表 2-6 所列。

表 2-6 城市磁悬浮和跨座式轨道工程施工测量技术交底

序号	项目	城市磁悬浮和跨座式轨道工程施工测量技术交底主要内容
1	磁悬浮轨道工程测量	(1) 城市的磁悬浮轨道交通工程测量主要包括:高架结构施工、首级控制网、轨道梁精调控制网、轨道梁精密定位等测量作业。 (2) 高架控制测量应满足以下要求: 1) 高程控制网分两级布设,首级高程控制网布设在地面上,应按国家一等水准测量技术要求施测;二级高程控制网布设在盖梁和轨道上,应按国家二级水准测量技术要求施测; 2) 高程控制网应布设成附合路线、闭合路线或结点网。 (3) 首级平面控制网测量应按"卫星定位控制网测量"相关技术规定,且控制点应埋设强制对中标志。 (4) 高架结构施工测量应执行《城市轨道交通工程测量规范》中的有关内容和本书第 2.5 节的相关技术规定。 (5) 轨道梁铺设时应建立精调平面控制网,轨道梁精平面控制网测量应满足下列要求: 1) 轨道梁精调平面控制网应起算于首级平面控制网,分段布设时,每一段两端应至少包含两个首级控制点;相邻段轨道梁精调平面控制网应设立重合点;控制网宜采用边角网的形式进行布设,相邻控制点间应通视; 2) 控制点应埋设在盖梁和轨道梁上,并与地面上已有的高架结构施工控制点组成精调控制网;盖梁上控制点的间距宜为 100~150m,地面上的高架结构施工控制点间距为 350m; 3) 控制点应采用强制对中标志,而轨道梁精调平面控制网测角中误差为±0.7″,边长测距中误差一般为±1.0mm; 4) 水平角观测宜采用精度 DJ05 的经纬仪,测角 9 测回;距离测量采用精度不低于 $1mm+1×10^{-6}×D$ 的测距仪,光电测距往返观各两测回; 5) 轨道梁精调平面控制网应经常认真进行检测,并进行稳定性的评价,其检测的方法和精度应与初测是一致的。 (6) 轨道梁精密定位测量应满足以下要求: 1) 轨道梁定位精度:X、Y、Z 的实测值与设计值较差均应小于 1mm;轨道梁定位测量布设在轨道梁上的精调控制点,使用前应进行稳定性检测,确认稳定后方可进行轨道梁定位测量; 2) 轨道梁精密定位分为基准梁定位和中间梁定位;基准梁和中间梁应交错布置,首先进行高程定位,然后再进行平面定位; 3) 基准梁定位应采用满足定位精度要求的全站仪与水准仪,精确测定轨道梁的三维空间,通过调位千斤顶精确定位;中间梁定位应根据游标卡尺等量测出的与基准梁的相对位置数据,利用调位千斤顶精密定位,测量数据应进行温度改正。搁置在盖梁上的轨道梁,应在沉降趋于稳定后定位精调。 (7) 车辆运行之前,应充分利用限界检查专用设备,进行建筑限界和设备限界检查测量。
审核人		交接人		接受交底人	

续表

序号	项目	城市磁悬浮和跨座式轨道工程施工测量技术交底主要内容
2	跨座式轨道交通工程测量	（1）跨座工单轨交通工程测量主要包括平面控制网、高程控制网、隧道结构施工、高架结构施工、轨道梁架设等测量。 （2）对于平面和高程控制网应执行本手册第2.2节、第2.3节的相关技术规定等；对于隧道施工测量应执行《城市轨道交通工程测量规范》中的第11章和第12章的相关技术规定；对于高架结构施工测量应执行本手册第2.4节的相关技术规定等。 （3）轨道梁架设测量应满足以下要求： 1）轨道梁架设前，应对相邻桥墩的跨距、左右线间距和支座位置等进行检查测量。相邻盖梁左（右）线锚箱中心斜距和相邻盖梁左（右）线轨道梁梁端缝中心斜距精度：单跨允许偏差为±4mm； 多跨允许偏差为$±4\sqrt{n}$mm（n为跨数）；盖梁左、右线基座板中心距离及其与线路中心距离的允许偏差为±2mm； 2）轨道架设前，同时应对成品轨道梁的梁宽、梁高、梁长、走行面垂直度、端面倾斜度、两端面中心线平角、顶面线形、侧面线形、指形板与梁表面高差和支座位置等进行检测，轨道梁线形精度要求应满足表2-6-1所列的要求；

城市轨道交通中对轨道梁线形精度要求　　　　表2-6-1

序号	测量要求	允许偏差
1	宽　度	端部±2mm，中部±4mm
2	梁　高	±10mm
3	梁　长	±10mm
4	走行面垂直度	±0.5‰
5	端面倾斜度	±0.5‰
6	两端面中心线夹角	±0.5‰
7	顶面线形	±L/2500，局部±3mm/4m
8	侧面线形	±L/2500，局部±3mm/4m
9	指形板与梁表面高差	±2mm
10	支座位置	±1m

注：L表示轨道梁。

3）轨道梁架设测量应使用全站仪和水准仪进行施测，施测后应进行测量检查：
① 轨道线路中心横向允许偏差为±25mm；
② 轨道梁线间距允许偏差为0～+25mm；
③ 轨道梁高程允许偏差为−15～+30mm；
④ 轨面超高允许偏差为±7mm。
4）本条1）～3）款中各项测量工作的测量中误差，应为相应允许偏差的1/2。
（4）轨道架设完成后，应对轨道梁连接处线形和错台进行测量。轨道梁连接处水平线形曲线用20m弦长测量的矢距与设计值的允许偏差为±20mm；直线用弦长测量的横向允许偏差为±5mm；轨道梁竖向线形用4m弦长测量的矢距与设计值允许为±5mm；顶面和侧面错台允许偏差为±2mm。测量中误差应为相应允许偏差的1/2。
（5）道岔安装前，道岔底板及走行轨应满足下列要求：
1）岔前点和岔后点平面位置和高程允许偏差均为±3mm；

审核人		交接人		接受交底人	

续表

序号	项目	城市轨道工程的铺轨基标施工测量技术交底主要内容
2	跨座式轨道交通工程测量	2) 同组道岔各安装底板的基准中心与放线基准线的垂直允许偏差应为±2mm； 3) 同一走行轨的各测点间高差允许偏差为±1mm； 4) 相邻走行轨间高差允许偏差为±3mm； 5) 相邻走行轨间距允许偏差为±5mm。 (6) 道岔安装完毕后，活动端的转辙量允许偏差为±3mm，且直线状态下道岔钢梁应满足本手册本节第(3)、(4)条中的相关技术规定。 (7) 道岔安装的前、后，其各项测量中误差应为相应允许偏差的1/2。 (8) 车辆运行前，应利用限界检查专用设备，进行如下建筑限界和特殊限界检查测量： 1) 特殊限界主要包括站台建筑限界； 2) 安全栅栏建筑限界； 3) 安全门建筑限界； 4) 屏蔽门建筑限界； 5) 道岔建筑限界； 6) 信号机建筑限界； 7) 接触线限界； 8) 接底板限界； 9) 综合管线等其他设施限界。
审核人		交接人	接受交底人	

3 城市轨道工程轨道结构

3.1 概 述

城市轨道工程的轨道结构概述见表3-1所列。

表3-1 城市轨道工程的轨道结构概述

序号	项目	城市轨道工程的轨道结构概述的主要内容
1	概况	(1) 城市轨道结构作为主要的线路承载运输设备,是城市轨道交通系统中的重要组成部分。轨道结构是列车行驶的基础,而列车必须沿着轨道行驶,所以,轨道给行驶的列车提供了导向作用和承载作用。 (2) 目前城市轨道交通使用较多的轨道结构主要有传统的有砟轨道和无砟的新型轨道。各种轨道结构在使用性能、适用环境、养护维修、造价和运行费用等方面,各有不同的特点和优势。 (3) 城市轨道交通可采取地面、地下和高架等不同的线路形式,因此,轨道结构也必然采取与之相适应的形式。此外,随着列车牵引形式和轮轨形式的变化,还出现了一些特殊的、新型的轨道结构,如磁浮结构、橡胶轮轨结构和独轨结构等。 (4) 2008年10月建设部制定了《城市轨道交通技术规范》,并要求:"轨道结构应具有足够的强度、稳定性、耐久性和适当的弹性,应保证列车运行平稳、安全,并应满足减振、降噪的要求"。轨道结构设计和施工应满足以下条件: 1) 足够的强度——满足安全快速运行和足够的承载能力; 2) 稳定性——满足曲线轨道尤其是无缝线路地段的结构稳定; 3) 耐久性——在疲劳荷载的作用下保持轨道形态稳定,控制轨距\高低变化在允许范围内,减少钢轨磨耗,延长使用寿命,减少维修工作量; 4) 适当的弹性——在满足强度和稳定性要求条件下,增加轨道弹性,有利于控制振动和噪声。
2	结构组成	(1) 一般的轨道结构由钢轨、轨枕、连接零件、道床、道岔和防爬器、轨距拉杆及其他附属设备等组成。不同的轨道部件,其功能和受力条件也不一样。 (2) 轨道结构部件的受力条件差异极大,因而各种部件的材质要求也差异很大。通过科学而可靠的方式把它们制造出来,组合成为完整的结构体系,用以驱动、导向列车的运行,承受高速行驶轨道交通车辆的荷载,并把荷载传递给支撑轨道结构的基础。 (3) 为保证列车运行的安全,轨道结构应具有足够的强度和稳定性、耐久性、绝缘性和弹性,且便于养护维修,以确保列车安全运行和乘客舒适。
3	注意事项	城市轨道交通线路一般穿越城市区域,况且是在城市的地面、地下或采用高架桥方式穿越市区。城市轨道交通的轨道结构,要比设计城市间的铁路所考虑到的问题更多一些、更复杂一些。 (1) 城市轨道交通运营时不可避免地要产生振动与噪声污染,必然对城市的生活产生不良的影响。特别在稠密的居民区、机关、学校、医院、高精技术产业等城市敏感区域,对振动和噪声控制的要求更高、更严。除了车辆结构采取减振措施以外,还要修筑噪声屏障,轨道结构也要采取减振措施,以最大限度地减少振动与噪声对周边环境的不良影响。
审核人		交接人		接受交底人	

续表

序号	项目	城市轨道工程的轨道结构概述的主要内容
3	注意事项	(2) 轨道交通行车密度大,运营时间长,留给区间轨道维修作业的时间很短,因而一般采用较强的轨道结构部件。新建轨道交通系统时,一般采用无碴道床等少维修轨道结构。城市轨道交通的车辆一般采用电力牵引,以走行轨作为供电回路。为了减小因电流漏泄(或称迷流)而造成周围金属设施的腐蚀,要求钢轨与轨下基础有较高的绝缘性能,这就不同于一般的铁路基础。 (3) 受城市街道和建筑物空间位置的限制,城市轨道交通线路中,曲线区段占很大比重,曲线半径也比城市铁路小,因此,城市轨道交通线路的曲线钢轨的磨损相对较大。这就需要考虑在城市轨道交通的线路曲线部分采用耐磨性能好的钢轨。同时,再采取钢轨铺设前应进行预弯,运营时,钢轨应涂抹润滑油等措施,以减少钢轨的磨损。
审核人		交接人 　　　　　　　　接受交底人

3.2 钢轨的施工技术交底

城市轨道工程所用钢轨的施工技术交底见表 3-2 所列。

表 3-2　钢轨的施工技术交底

序号	项目	城市轨道工程所用钢轨施工技术交底的主要内容
1	钢轨的功能与类型	不管城市轨道交通采用何种类型、何种形式的轨道结构,钢轨都是铁路轨道的主要部件;钢轨与机车车辆的车轮直接接触,钢轨质量的好坏直接影响到行车的安全性和稳定性。为了使线路能按照设计速度保证列车运行,钢轨必须具备以下几方面的功能。 (1) 为车轮提供连续、平顺及阻力最小的滚动面,引导机车车辆前进。车辆要求钢轨表面光滑,以减小轮轨阻力;而机车要求轮轨之间有较大的摩擦力,以发挥机车的牵引力。 (2) 钢轨要承受来自车轮的巨大垂向压力,并以分散的形式传给轨枕;在轨面要承受极大的接触应力。即除垂向压力外,钢轨还要承受横向力和纵向力。在这些力的作用下,钢轨要产生弯曲、扭转、爬行等变形,轨头的钢材环要产生塑性流动、磨损等。因此,要求钢轨有足够的强度、韧性及耐磨性。 (3) 兼作轨道电路,为轨道电路提供导体:世界上铁路所用的钢轨类型通常按每延米质量来分。在轴重大、运量大及速度高的重要线路上采用质量大的钢轨。在一般次要线路上使用的钢轨质量相对要小一点。我国铁路所使用的钢轨类型有 50kg/m、60kg/m、75kg/m。钢轨的刚度大小直接影响到轨道总刚度的大小。轨道总刚度越小,在列车动荷载作用下钢轨挠度越大。对于低速列车来说,不影响行车的要求,但对于高速列车,就会影响到列车的舒适度和列车的速度提高。 我国生产的钢轨长度有 12.5m 和 25m 两种标准轨长,规范规定左右两股钢轨的接缝应尽量在一个断面上。为了校正曲线地带内、外轨的接头位置,在曲线轨道中,曲线内股使用一定缩短量的缩短轨,相应标准缩短量为 40mm、80mm、120mm。
2	钢轨断面的组成与性能	钢轨采用工字形断面,主要由轨头、轨腰和轨底三部分组成。 **1. 轨头** (1) 轨头宜大而厚,并具有与车轮踏面相适应的外形,以改善轮轨接触条件,提高抵抗压陷的能力,同时具有足够的支撑面积,以备磨耗。 (2) 轨头侧面形式在不增加轨面宽度又能扩大轨头下部宽度,使夹板与钢轨之间有较大的接触面,并可使轨头下颚与轨腰之间用较大半径的圆弧连接起来,有利于改善该处应力集中的前提下,宜采用向下扩大的形式。
审核人		交接人 　　　　　　　　接受交底人

续表

序号	项目	城市轨道工程所用钢轨施工技术交底的主要内容
2	钢轨断面的组成与性能	(3) 轨头顶面与侧面的连接圆弧半径为 13mm。这比机车车辆轮的轮缘内圆角的半径 16mm 和 18mm 略小一些。此值再大，轮缘就有爬上钢轨的危险，如若再小，将加速轮缘的磨耗。 (4) 轨头底面称轨头下颚，是和夹板顶面接触的部分，其斜坡一般为 1∶2.75、1∶3、1∶4。 **2. 轨腰** (1) 轨腰必须有足够的厚度、高度及较大的承载能力和抗弯能力。轨腰的两侧为直线或曲线，而以曲线最常用，有利于传递车轮对钢轨冲击力作用和减少钢轨轧制后因冷却而产生残余应力。 (2) 我国 50kg/m、60kg/m、75kg/m 标准钢轨的轨腰圆弧半径分别采用并使截面的变化不致过分突然，以免产生过大的应力集中。 (3) 轨腰与轨头之间可采用复曲线的连接方式，例如我国 60kg/m 标准钢轨采用了半径分别为 25mm、8mm 的复线。轨腰与轨底之间的连接曲线一般采用单曲线，其半径为 14~20mm。 **3. 轨底** (1) 轨底直接承在轨枕顶面上，为保持钢轨稳定，应具有足够的厚度和宽度，并具有必要的刚度和抗锈蚀能力。 (2) 轨底顶面可以做成单坡或折线坡的斜度，如若为单项坡，则要求与轨头下颚的斜坡相同；如果为折线坡，则支托夹板部分的斜坡要求与轨头下颚相同，其余部分可采用较平缓的斜坡。 (3) 轨底的上下角也应做成圆角，半径一般为 2~4mm。 我国的 60kg/m 和 75kg/m 钢轨标准断面尺寸如图 3-2-1 所示。其余部分的截面尺子及技术性能如表 3-2-1 所列。 图 3-2-1 60kg/m 和 75kg/m 钢轨标准断面形状（尺寸单位：mm）
审核人		交接人　　　　　接受交底人

续表

序号	项目	城市轨道工程所用钢轨施工技术交底的主要内容			
2	钢轨断面的组成与性能	钢轨截面尺寸及技术性能　　　　表 3-2-1			

主要技术性能	钢轨类型(kg/m)			
	75	60	50	43
每米质量 m(kg)	74.414	60.64	51.514	44.653
断面面积 F(cm²)	95.037	77.45	65.8	57
重心距轨底面的距离 y_1(mm)	88	81	71	69
对水平轴的惯性矩 J_x(cm⁴)	4490	3217	2037	1489
对竖直轴的惯性矩 J_y(cm⁴)	665	524	377	260
底部断面系数 W_1(cm³)	509	396	287	217
头部断面系数 W_2(cm³)	432	339	251	208
轨底横向挠曲断面系数 W_Y(cm³)	89	70	57	46
轨头所占面积 A_h(%)	37.42	37.47	38.68	42.83
轨腰所占面积 A_w(%)	26.54	25.29	23.77	21.31
轨底所占面积 A_b(%)	36.04	37.24	37.55	35.86
钢轨高度 H(mm)	192	176	152	140
轨底宽度 B(mm)	150	150	132	111
轨头高度 h(mm)	55.3	48.5	42	42
轨头宽度 b(mm)	75	73	70	70
轨腰厚度 t(mm)	20	16.5	15.5	14.5

2008年10月建设部制定了《城市轨道交通技术规范》,并要求:"钢轮—钢轨的断面及轨底坡应与轮缘踏面相匹配,并应保持对运行列车具有足够的支承强度、刚度和良好的导向作用"。

《城市轨道交通技术规范》规定钢轨的断面及轨底坡应与轮缘踏面相匹配,一是有利于轨轮之间有良好的配合,减少轨轮磨耗和噪声;二是对车辆有足够的支承和导向作用以达到安全行车的目的;三是提高钢轨和车轮使用寿命。

3	钢轨设计要求与铺设施工	(1) 我国铁路建设与运行已有百年的历史,经过长期实际生产经验积累和科学研究,对各种重量的钢轨断面和车辆的车轮规格已经实现标准化设计和生产,在设计中主要是选择的型号要合理,应按《地铁设计规范》的规定选择,以确保对运行列车具有足够的支承强度、刚度和良好的导向作用。值得注意的是,进口车辆的车轮踏面和国产钢轨断面、材质的吻合性十分重要;对于直线电机系统的径向转向架轮对,更应该针对具体工程研究轨底坡、曲线加宽等参数。
审核人		交接人　　　　　　　　　接受交底人

续表

序号	项目	城市轨道工程所用钢轨施工技术交底的主要内容
3	钢轨设计要求与铺设施工	(2)《城市轨道交通技术规范》要求:"跨座式单轨系统的轨道梁应具有足够的竖向、横向和抗扭刚度,应保证结构的整体性和稳定性,并应满足列车走行轮、导向轮和稳定轮的走行要求以及其他相关系统的安装要求"。跨座式单轨车辆的行走系统是由车辆的走行轮、导向轮和稳定轮组成,车体跨骑在单根轨道梁上,因此跨座式新时轨系统的轨道梁应具有足够的竖向、横向和抗扭刚度,应保证结构的整体性和稳定性,同时,由于轨道梁两侧还要安装授电轨、通信、信号等一系列电缆和相关设施,需要进行统筹安排。在这里必须强调车辆轮与轨道梁的公差匹配关系。 (3)《城市轨道交通技术规范》又规定:"轨道尽端应设置车挡,设在正线、折返线和车辆试车线的车挡应能承受到列车以 15km/h 速度撞击时的冲击荷载"。轨道尽端应设置车挡是针对列车 ATP 意外失效且人工驾驶未能及时按规定位置停车时的地面安全阻挡设施,车挡应具有足够的冲击强度和能量吸收能力。一般列车进站是按电制动和空气制动实现减速运行,列车头部进站限速为 55km/h,当制动速度达到 10~12km/h 时,电制动将完全自动转换为空气制动(各种车辆会有差异)。假定此时的空气制动系统出现故障,部分失效,制动力不足,可能直接冲击车挡,此时此刻确定车挡应承受列车最大撞击速度为 15km/h。同时还应考虑了车辆能量吸收装置的设计要求,要求车辆设置的能量吸收保护装置可以保证在 15km/h 的撞击下,车辆不会造成严重的损坏。 (4)《城市轨道交通技术规范》还规定:"轨道道岔结构应安全可靠,并应与列车运行安全相适应"。道岔是轨道的重要部件,需要进行专项设计。道岔由信号控制来扳动,从而改变线路的进路。道岔是轨道的薄弱环节,是列车安全运行的关键设备。对于城市轨道交通工程设计中,一是合理选型,满足速度要求;二是道岔结构安全可靠,强度满足要求;三是线路控制尺寸正确;四是信号转辙设备匹配。 1) 正线地段和半径为 250m 及以上的曲线地段,应铺设长轨节,即无缝线路。高架线上的无缝线路需做特殊设计。在曲线半径 $R<300m$ 地段,要铺设耐磨长钢轨,以减少磨耗和接头振动。由于车轮踏面与钢轨顶面主要接触部分是 1/20 斜坡,为了使钢轨轴心受力,钢轨亦要设置向内倾斜的轨底坡。规定地铁道轨底坡为 1/40。 2) 钢轨焊接的方法有如下三种: ① 接触焊(又称电阻焊):该法焊接质量稳定,材质均匀,其强度可以达到母材的 95% 以上。例如:上海地铁一号线的钢轨焊接就是先在工厂采用接触焊接法,即将标准轨焊接成长钢轨,然后运输到现场采用移动式气压焊机将长钢轨焊接成为轨节; ② 气压焊:一种是在工厂进行的大型气压焊,另一种是在施工现场进行的移动式小型气压焊。气压焊焊接质量与接触焊法相近,其强度为母材的 90%~95%; ③ 铝焊接:铝焊接是焊接中铁的氧化物被铝还原成铁水,同时产生巨大的热量,把高温铁水浇入预热的轨端缝隙而将两轨焊接在一起。铝焊接法设备简单、轻便、成本低,但焊接质量容易受人为因素影响,质量不稳定,一般焊接强度为材的 70%~90%。例如:北京地铁一期工程钢轨的焊接就是采用这种方法,即首先在工厂进行气压焊接后,将标准钢轨焊接成长钢轨,再将长钢轨运到地下施工现场,采用铝热焊法将长钢轨焊接成长轨节而成。通过近 30 年的运行,铝热焊法所焊接的接头还相当好。
审核人		交接人 接受交底人

3.3 轨枕的施工技术交底

城市轨道工程所用轨枕的施工技术交底见表3-3所列。

表3-3 轨枕的施工技术交底

序号	项目	城市轨道工程所用轨枕施工技术交底的主要内容
1	概述	(1) 轨枕是轨下基础的部件之一,它的功能就是保持钢轨的位置、方向及轨距,并将其承受的钢轨力均匀地分布到道床上。 (2) 城市轨道交通一般采用的为钢筋混凝土轨枕,或无轨枕的整体钢筋混凝土道床。隧道的正线及辅助线的直线和半径大于等于400m以下曲线地段和大坡道上,每公里铺设轨枕数为1760对,地面碎石道床上铺枕数同上。车场线每公里铺设轨枕数为1440根。 (3) 高架轻轨线宜采用新型轨下基础,即以混凝土道床为主的构造形式,如上海明珠轻轨高架线,采用承轨台、支撑块整体式道床。 (4) 轨枕要具有一定的坚固性、弹性及耐久性,并能便于固定钢轨、抵抗轨道框架结构的纵向和横向位移,同时还应具有价格低廉、制造简单、易于铺设养护的特点。 (5) 世界铁路有砟轨道所用轨枕主要有木枕、钢枕及混凝土枕三种: 1) 木枕:富于弹性,便于加工、运输及维修,有较好的电绝缘性能。但是木枕有易腐烂、轨道稳定性差、弹性不均匀等缺点。 2) 钢枕:钢枕使用由来已久,首先在非洲和印度,由于白蚁对木枕的蛀蚀而无法使用,当时混凝土枕没有发明,所以就寻求钢枕代替,并取得了较好的使用效果。但是到了第二次世界大战后,逐渐被混凝土枕代替。 3) 混凝土枕:混凝土枕由于原料充分、轨道结构稳定、弹性均匀,是目前高速和重载铁路的首选轨枕类型,我国铁路技术政策也规定新建线路必须采用混凝土轨枕。
2	混凝土枕	(1) 混凝土枕全称是预应力混凝土轨枕。它的结构形式主要有整体式、组合式及短枕式三种,见图3-3-1所示。 整体式　　组合式　　短枕式 图3-3-1 混凝土枕的结构形式 (2) 在设计混凝土时,从以下几方面考虑轨枕的长度:轨枕长度越长,轨下截面的下弯矩越大;轨中截面的负弯矩越小,甚至为正弯矩。所以轨枕长度要合理,使得轨枕受力最佳。轨枕太短,轨枕端部的长度不足以锚固预应力筋,轨下截面的抗弯能力达不到要求。对于标准距轨道,世界各国混凝土长度一般为2.2~2.7m。 (3) 轨枕截面尺寸与轨枕受力有关。首先轨枕顶部要有一定的宽度,在轨座压力的作用下不被压溃,一般承轨台的宽度为185~190mm。其次在轨枕长度确定的情况下,轨底宽度要考虑道床的承载能力,一般枕底宽度为250~330mm。考虑到轨枕制造时的脱模方便,也要将轨枕截面设计成梯形。 (4) 混凝土轨枕在长度方向的高度是不一致的,轨下部截面高度较高,中间截面刻度相对较低。这是因为轨枕纵向预应力筋为直线配筋,且在轨枕通长上配筋一致,轨下截面承受正弯矩,所以要求预应力筋的重心在截面形心以下;枕中截面一般承受负弯矩,所以要求预应力筋重心在截面形心上。
审核人		交接人　　　　　　接受交底人

续表

序号	项目	城市轨道工程所用轨枕施工技术交底的主要内容
2	混凝土枕	(5) 目前，我国使用的混凝土轨枕有Ⅰ、Ⅱ、Ⅲ型。其中Ⅰ型轨枕目前已经停止生产，在一级干线上也不准使用；Ⅱ型轨枕目前使用较为广泛，主要用于一般轨道，轴心重为23t，客车行车速度在160km/h以下。Ⅲ型混凝土轨枕的外形和截面尺寸如图3-3-2所示，我国三种类型轨枕的主要技术性能参数见表3-3-1所列。 图3-3-2 Ⅲ型混凝土轨枕的外形和截面尺寸(尺寸单位：mm) (a)立面；(b)平面；(c)底面；(d)端面 **国产混凝土轨枕的主要技术性能参数**　　表3-3-1

轨枕类型	Ⅰ型		Ⅱ型		Ⅲ型	
轨枕长度(mm)	2500		2500		2600	
轨枕质量(kg/根)	250		251		320,340	
轨枕套面积(mm²)	6588		6588		7720	
端头面积(mm²)	490		490		590	
截面位置	轨下	中间	轨下	中间	轨下	中间
高度(mm)	201	175	201	201	230	185
表面宽度(mm)	165	155	165	165	170	200
底面宽度(mm)	275	250	275	250	300	280
设计承载弯矩(kg·m)	11.9	−8.0	13.3	−10.5	19.05	−17.30
抗裂弯矩(kN·m)	17.7	−11.9	19.3	−14.0	27.90	22.50
扣件类型	70型扣板式，弹条Ⅰ型		弹条Ⅰ型		弹条Ⅱ型，弹条Ⅲ型	

审核人		交接人		接受交底人	

3.4 连接零件的施工技术交底

城市轨道工程所用连接零件的施工技术交底见表3-4所列。

表3-4 连接零件的施工技术交底

序号	项目	城市轨道工程所用连接零件施工技术交底的主要内容
1	钢轨接头扣件	(1) 钢轨接头的连接零件由夹板、螺栓、螺母、弹簧垫圈等组成。 (2) 接头夹板的作用是夹紧钢轨。夹板是以双头对称式最常用,接头夹板分斜坡夹板支承型和圆弧支承型,如图3-4-1所示。 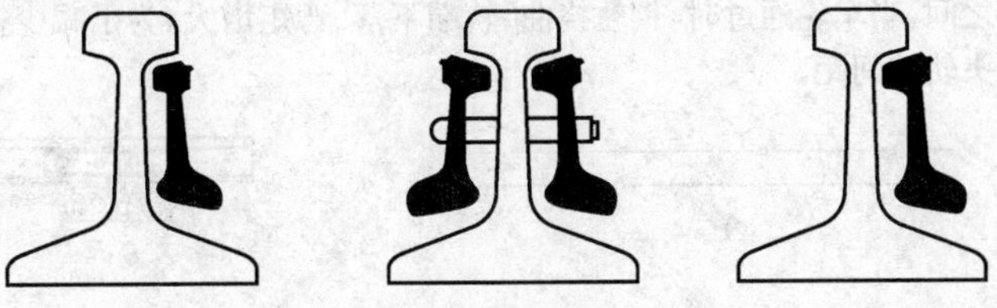 图3-4-1 接头接板的支承形式 (a)斜坡支承型;(b)双头式夹板;(c)圆弧支承型 (3) 我国目前标准钢轨接头用斜坡支承型双头对称式夹板。其优点是在竖直荷载作用下具有较大的抵抗弯曲和横向位移的能力。夹板上下两面的斜坡能楔入轨腰空间,但不贴住轨腰。这样当夹板稍有磨耗,以致连接松弛时,仍可重新旋紧螺栓,保持接头螺栓的牢固。 (4) 接头平板有4孔和6孔,在我国铁路使用的夹板有6个螺栓孔,圆形与长圆形孔相间布置。圆形螺栓孔的直径较螺栓直径略大,长圆形螺栓孔的长径较螺栓头下长圆形短柱体的长径略大,当夹板就位后螺栓头的长圆形柱体部分与夹板的长圆孔配合,拧螺母时螺栓就不会转动。 (5) 依靠钢轨圆形螺栓孔直径与螺栓直径之差,以及平板圆形螺栓孔直径与螺栓直径之差,就可以得到所需的预留轨缝。夹板的6个螺栓头部交替布置,以免列车脱轨时车轮轮缘将所有的螺栓剪断。我国使用的接头夹板和接头螺栓如图3-4-2所示。 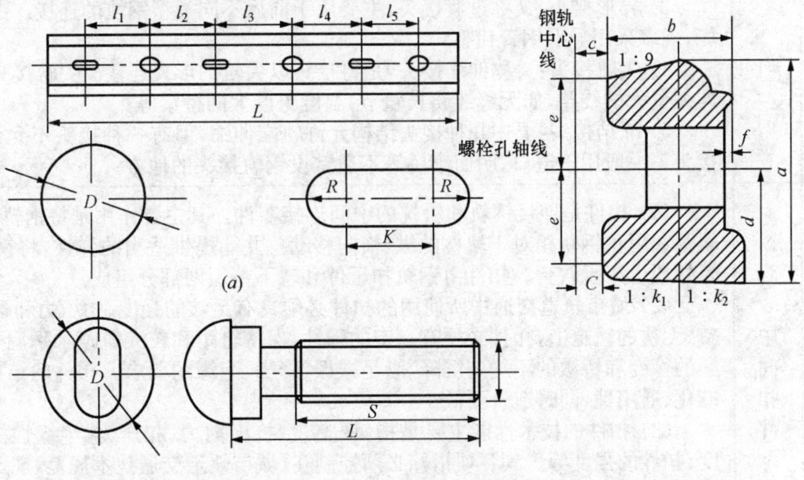 图3-4-2 钢轨夹板螺栓与夹板示意图 (a)接头夹板;(b)轨道接头螺栓
审核人		交接人 接受交底人

续表

序号	项目	城市轨道工程所用连接零件施工技术交底的主要内容
1	钢轨接头扣件	(6) 接头螺栓、螺母是钢轨接头处用以夹紧夹板和钢轨的配件,使夹板连接牢固,阻止钢轨部分伸缩。螺栓由螺栓头、径、杆组成,与夹板长孔相对应。螺杆长度、直径与钢轨型号相适应。垫圈是为了防止螺母松动,普通线路用弹簧垫圈,其断面形状有圆形、矩形两种。 (7) 钢轨接头类型按照左右股钢轨接头位置来分,有相对式和相互式两种,如图3-4-3所示。对接式可减少车轮对钢轨的冲击次数,使左右钢轨受力均匀,旅客舒适,也有利于机械化铺设,被世界各国广泛采用。 (8) 按照钢轨接头与轨枕的相对位置来分,钢轨接头的承垫方式有单枕承垫式、双枕承垫式及悬接式三种,如图3-4-4所示。我国广泛采用的悬接式,即将轨缝悬于两接头轨枕之间,当车轮通过时,钢轨挠曲、轨端下落、弯矩增大,为了减少挠曲和弯矩,可采用较小的接头轨枕间距。 图3-4-3 钢轨接头布置　　　　　图3-4-4 钢轨接头的承垫方式 (a)对接;(b)错接　　　　　　(a)双枕承垫式;(b)单枕承垫式;(c)悬接式 单枕承垫式很少采用是因为当车轮通过时轨枕左右摇动,很不稳定。双枕承垫式能确保稳定性,但是刚度大,一般为了加强木枕地段钢轨接头,只在正线绝缘接头处,才采用双枕承垫式。 (9) 按照接头连接的性能与用途来分,有普通、导电、绝缘、异型、尖轨及冻结六种接头: 1) 普通接头:主要用于前后同类型钢轨的正常连接; 2) 导电接头和绝缘接头:是用于自动闭塞区段上的两种接头。将钢轨作为导电体的自动闭塞区段,为了确保和加强导电性,要在接头处锚上或焊上一根导线,称之为导线接头。使信号电流不能从一个闭塞分区传送到另一个闭塞分区的接头,称之为绝缘接头。 3) 异形接头:又称过渡接头,主要用于前后不同类型钢轨的连接。由于异形接头较易损坏,现多采用异形钢管代替。 4) 尖轨接头:又称伸缩接头,是将接头以尖轨的形式连接。尖轨接头主要用于一些轨端伸缩量大的线路,如无缝线路长轨节、温度跨度大的桥梁等; 5) 冻结接头:上述几种接头结构允许轨端伸缩,但有一种接头不允许钢轨伸缩,称冻结接头。一般用于道口、明面小桥等不适宜设钢轨接头的地方。
2	中间扣件	(1) 扣件是连接钢轨和轨枕的中间连接零件。其主要作用是将钢轨固定在轨枕上,保持轨距和阻止钢轨相对于轨枕的纵、横向移动。并能提供适当的弹性,将钢轨承受的力传递给轨枕或道床承轨台。扣件由钢轨扣压件和轨下垫层两部分组成。 (2) 城市轨道交通中所使用的扣件必须具有足够的强度、扣压力和耐久性。在高架桥无砟、无枕的轨道上,扣件必须有一定的弹性,保持轨距和较大轨距水平调整量,以适应预应力梁的徐变和桥墩的不均匀沉降,满足减振、降噪、绝缘的要求。扣件的结构力求简单,尽量标准化、通用性,同时造价要低。 (3) 扣件的技术性能主要是指:调整量、抗横向力、扣压力、绝缘性能、垂向和横向静刚度、扣件的强度等。其各项指标必须控制在《城市轨道交通技术规范》规定的范围内。 (4) 我国地铁线路所使用的扣件为DT系列,其中有DTⅠ、DTⅡ、DTⅢ、DTⅣ、DTⅥ和DTⅦ等型号。DTⅦ型扣件为全弹性分开式,二阶减振,结构形式如图3-4-5所示。该扣件主要用于60kg/m的钢轨,适用于整体道床的减振地段。主要部件为:
审核人		交接人　　　　　　　　　　接受交底人

续表

序号	项目	城市轨道工程所用连接零件施工技术交底的主要内容
2	中间扣件	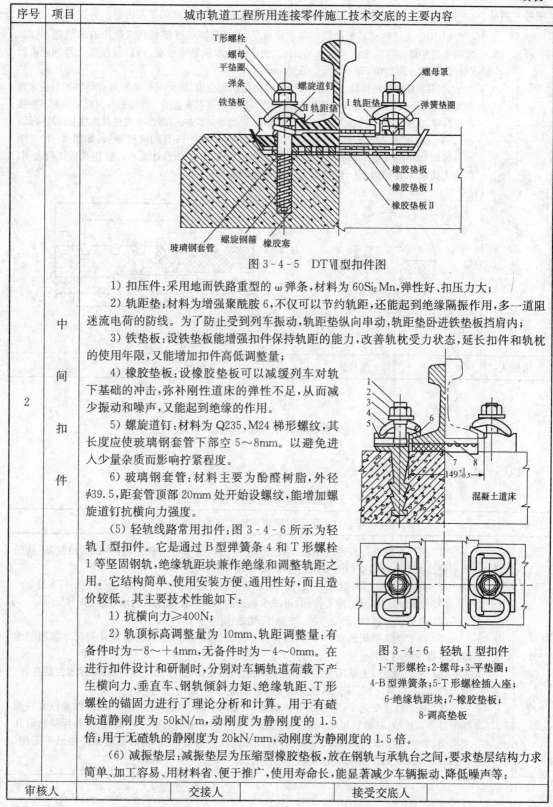

图 3-4-5 DT Ⅶ型扣件图

1) 扣压件:采用地面铁路重型的 ω 弹条,材料为 60Si₂Mn,弹性好、扣压力大;
2) 轨距垫:材料为增强聚酰胺 6,不仅可以节约轨距,还能起到绝缘隔振作用,多一道阻迷流电荷的防线。为了防止受到列车振动,轨距垫纵向串动,轨距垫卧进铁垫板挡肩内;
3) 铁垫板:设铁垫板能增强扣件保持轨距的能力,改善轨枕受力状态,延长扣件和轨枕的使用年限,又能增加扣件高低调整量;
4) 橡胶垫板:设橡胶垫板可以减缓列车对轨下基础的冲击,弥补刚性道床的弹性不足,从而减少振动和噪声,又能起到绝缘的作用。
5) 螺旋道钉:材料为 Q235、M24 梯形螺纹,其长度应使玻璃钢套管下部空 5~8mm。以避免进入少量杂质而影响拧紧程度。
6) 玻璃钢套管:材料主要为酚醛树脂,外径 φ39.5,距套管顶部 20mm 处开始设螺纹,能增加螺旋道钉抗横向力强度。

(5) 轻轨线路常用扣件:图 3-4-6 所示为轻轨Ⅰ型扣件。它是通过 B 型弹簧条 4 和 T 形螺栓 1 等坚固钢轨,绝缘轨距块兼作绝缘和调整轨距之用。它结构简单、使用安装方便、通用性好,而且造价较低。其主要技术性能如下:
1) 抗横向力≥400N;
2) 轨顶标高调整量为 10mm、轨距调整量:有备件时为 -8~+4mm,无备件时为 -4~0mm。在进行扣件设计和研制时,分别对车辆轨道荷载下产生横向力、垂直车、钢轨倾斜力矩、绝缘轨距、T 形螺栓的锚固力进行了理论分析和计算。用于有碴轨道静刚度为 50kN/m,动刚度为静刚度的 1.5 倍;用于无碴轨的静刚度为 20kN/mm,动刚度为静刚度的 1.5 倍。

图 3-4-6 轻轨Ⅰ型扣件
1-T 形螺栓;2-螺母;3-平垫圈;
4-B 型弹簧条;5-T 形螺栓插入座;
6-绝缘轨距块;7-橡胶垫板;
8-调高垫板

(6) 减振垫层:减振垫层为压缩型橡胶垫板,放在钢轨与承轨台之间,要求垫层结构力求简单、加工容易、用材料省、便于推广,使用寿命长,能显著减少车辆振动、降低噪声等; |
| 审核人 | | 交接人 |接受交底人 |

续表

序号	项目	城市轨道工程所用连接零件施工技术交底的主要内容
2	中间扣件	1) 用于无碴轨道减振垫层的基本要求是：振动衰减的性能相当或优于有碴轨道，此时，减振垫层的静刚度应为 13~50kN/mm。由于轻轨车辆轴重较轻，所以减振垫层静刚度可以取此范围的下限数值，即不大于 20kN/mm； 2) 要提高橡胶的弹性，必须使胶垫能自由地横向变形，即使减振垫层具有足够的自由表面积。胶垫脚石的硬度直接影响刚度值，因而适当降低硬度是有益的。胶垫的几何尺寸也对其刚度产生影响，在施工中，当平面尺寸扩大有困难时，适当增加胶垫的厚度，也将使其刚度合理地降低。 3) 目前国内已研发出用于轻轨交通无碴轨道结构的 16-B 型橡胶垫板，如图 3-4-7 所示。该胶垫静刚度为 18.7kN/mm，符合不大于 20kN/mm 的设计要求。胶垫疲劳试验表明，在特大荷载 75kN 作用下，胶垫不会产生早期破损。 图 3-4-7 16-B 型橡胶垫板
审核人		交接人　　　　　　　　接受交底人

3.5 道碴道床的施工技术交底

城市轨道工程道碴道床的施工技术交底见表 3-5 所列。

表 3-5 道碴道床的施工技术交底

序号	项目	城市轨道工程道碴道床施工技术交底的主要内容
1	道床的功能与特点	(1) 机车车辆的荷载通过钢轨、轨枕传递给道床，道床将荷载扩散，然后传给路基，从而减小路基面上的荷尔蒙载压强，起到保护路基顶面的作用。 (2) 提供抵抗轨道框架纵、横位移的阻力，保持轨道稳定和正确的几何形位，保证行车安全。 (3) 道床具有良好的排水作用，可减少轨道的冻害和提高路基的承载能力。 (4) 提供轨道弹性，起到缓冲、减振、降噪的作用。 (5) 调节轨道框架的水平和方向，保持良好的线路平纵断面，为轨道几何尺寸超限的维修保养提供便利条件。 (6) 为了满足以上道床功能，道碴应质地坚硬，有弹性，不易压碎和捣碎，排水性能良好，吸水性差，不易风化，不易被风吹走或被水冲走等。 (7) 城市轨道交通中，若采用有碴轨道，无论从造价、轨道弹性、阻尼、易于维修恢复轨道线形等方面比较，有碴轨道均优于无碴轨道形式。但有碴轨道存在自重大、不易保持轨道几何形态、维修工作量大、易脏污等缺陷，所以在新建的高架、地下轨道交通线路中已不采用，目前只在轨道交通的地面线、站场线中使用。
审核人		交接人　　　　　　　　接受交底人

续表

序号	项目	城市轨道工程道砟道床施工技术交底的主要内容
2	道砟材料及要求	(1) 道砟材料有碎石(主要是花岗岩、大理石、石灰岩等)、筛选级配砾石、天然级配砾石、粗砂、中砂及熔炉矿渣等。目前我国铁路的道砟分面砟和底砟。 (2) 面砟的材料一般为级配碎石,《铁路碎石道砟》TB/T 2140—90 标准中将道砟质量划分为一级和二级,并规定在特重型、重型轨道地段应优先采用一级道砟。 (3) 碎石道砟属于散粒体,其级配是指道砟中不同大小粒径颗粒的分布。道砟级配对道床的物理力学性能、养护、维修工作量有重要的影响。现有的道砟级配标准如表 3-5-1 所列。 **我国铁路道砟级配标准**　　　　　　　　　　表 3-5-1 | 方孔筛边长(mm) | 16 | 25 | 35.5 | 45 | 56 | 63 | |---|---|---|---|---|---|---| | 过筛质量百分率(%) | 0~5 | 5~15 | 25~40 | 55~75 | 92~97 | 97~100 | (4) 道砟颗粒形状对道床质量也有较大的影响,一般要求道砟颗粒棱角分明,近于立方体。针状、片状颗粒容易破碎,使道床强度和稳定性下降。颗粒长度大于平均粒径的 1.8 倍称为针状,厚度小于平均粒径 0.6 倍称为片状。我国道砟标准规定针状和片状指数不大于 50%。道砟中的黏土团或其他杂质、粉末都直接影响道砟排水、加速板结等,要求黏土团或其他杂质的含量不超过 0.5%,粒径 0.1mm 以下粉末含量的质量不超过 1%。 (5) 底砟的功能是隔离面砟层的颗粒与路基面直接接触,截断地下水的毛细管作用,并降低地面水的下渗速度,防止雨水对路基面的侵蚀。《铁路碎石道床底砟》规定:"底砟材料可取自天然砂、砾材料。也可由开山块石或天然砾石经破碎、筛选而成"。底砟材料的粒径级配合应符合表 3-5-2 的规定,且 0.5mm 以下的细骨料中通过 0.075mm 筛的颗粒含量应小于或等于 66%。 **我国铁路底砟颗粒级配标准**　　　　　　　　表 3-5-2 | 方孔筛边长(mm) | 0.075 | 0.1 | 0.5 | 1.7 | 7.1 | 16 | 25 | 45 | |---|---|---|---|---|---|---|---|---| | 过筛质量百分率(%) | 0~7 | 0~11 | 7~32 | 13~46 | 41~75 | 67~91 | 82~100 | 100 | (6) 在粒径大于 16mm 的粗颗粒中,带有破碎面的颗粒所占质量百分率不少于 30%。粒径大于 1.7mm 骨料的磨耗率不大于 50%,其硫酸钠溶液泡损失率不大于 12%;粒径小于 0.5mm 细骨料的液限不大于 25%,其塑性指数小于 6%,黏土团及其他杂质含量的质量小于或者等于 0.5%。 (7) 我国铁路的道床多采用双层道床,其断面如图 3-5-1 所示。 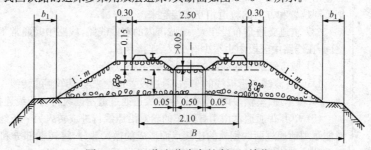 图 3-5-1　道砟道路床的断面(单位:m) (8) 道床断面包括道床厚度、顶面宽度及边坡坡度 3 个主要特征;道床的厚度是指在直线上钢轨或曲线上内股钢轨中心线与轨枕中心线相交点处的轨枕底面至路基顶面的距离。道床厚度应根据作用在道砟顶面上的轨枕压力在道床内部的传递特性及路基的承载力来决定。我国铁路的道床厚度一般为 250~350mm;道床顶面宽度取决于轨枕长度和轨道类型。其伸出轨枕端的部分称为道床肩宽,道床肩宽为 200~300mm,在无缝线路上定为 400~500mm;为提高道床的横向阻力,需要将砟肩堆高 150mm;自道床顶面引向路基顶面的斜坡称为道床边坡,其大小对道床的稳定性有十分重要的意义。道床边坡的大小与道砟材料的内摩擦角和黏聚力有关。
审核人		交接人　　　　　　　　　接受交底人

3.6 道岔的施工技术交底

城市轨道工程道岔的施工技术交底见表3-6所示。

表3-6 道岔的施工技术交底

序号	项目	城市轨道工程道岔施工技术交底的主要内容
1	概述	(1) 所谓轨道工程的道岔是列车由一条线路转向或越过另一条线路时的设备,如图3-6-1所示为在建武广高铁的道岔。道岔有线路连接、线路交叉及线路连接与交叉等三种基本形式。 图3-6-1 轨道工程的道岔外貌图 (2) 常见的线路连接设备有普通单开道岔、单式对称道岔和三开道岔;线路交叉设备则有直角交叉和菱形交叉;连接与交叉设备有交分道岔和各种交叉渡线。应用这些设备,可以把不同位置和方向的轨道相互连接起来。 (3) 轨道交通是布设在大、中城市内的双线线路,线路中间通常不设配线,两个方向线路之间,在线路中区段内也很少有交叉、连接存在。 (4) 城市轨道交通线路的道岔设备主要应用于: 1) 设有渡线和折返线的车站,通过设置道岔来实现车辆的转线; 2) 在车场、车辆段内,停放车辆的股道通过道岔逐级与走行线连接。 (5) 单开普通道岔由引导列车的轮对沿原线行进或转入另一条线路的转辙部分,为使轮对能顺利地通过两线钢轨的连接点而形成的辙叉部分,将转辙部分和辙叉连接的连接部分,以及岔枕和连接零件等组成,见图3-6-2所示。 图3-6-2 单开道岔的组成示意图
审核人		交接人　　　　　　　　　　接受交底人

续表

序号	项目	城市轨道工程道岔施工技术交底的主要内容
1	概述	(6) 单开道岔有左开与右开之分,以适应不同用途的需要。 (7) 单开普通道岔占全部道岔总数的 95% 以上,大多数的折返线路、停车场和车辆段的股道设置等均可由单开道岔与线路的组合来完成。 (8) 单开道岔结构简单,有一定的代表性,了解和掌握这种道岔的基本特征,对道岔的铺设、养护等方面,具有广泛的意义。
2	转辙部分	(1) 城市轨道交通中单开道岔的转辙器主要由两根基本轨、两根尖轨、各种连接零件和道岔转辙机构组成,如图 3-6-3 所示。 图 3-6-3 单开道岔的转辙器组成示意图 1—基本轨;2—尖轨;3—尖轨跟部;4—轨撑;5—顶铁; 6—连接杆;7—辙前垫板;8—滑板床;9—通常垫板;10—辙后顺坡垫坡 (2) 最常用的道岔转换设备的种类主要包括机械式与电动式两种。道岔转换设备必须具备如下三种功能: 1) 转换——即改变道岔开向; 2) 锁闭——即锁闭道岔,在转辙杆中心处尖轨与基本轨之间,不允许有 4mm 以上的间隙; 3) 显示——即显示道岔的正位或反位。
3	辙叉与护航	(1) 城市轨道交通中的辙叉是使车轮从一股钢轨越到另一股钢轨的设备,它设置于道岔侧线钢轨与道岔主线钢轨相交处。 (2) 辙叉主要由心轨、翼轨、护轨与连接零件组成。 (3) 按平面形式分类,辙叉可分为直线辙叉和曲线辙叉两种;按结构不同分类,辙叉可分为可移动式和固定式两种。在单开道岔上常见以直线式固定辙叉为主。 (4) 所谓整体辙叉就是以高锰钢浇铸的一种辙叉,如图 3-6-4 所示,具有较高的强度和良好的冲击韧性,经过热处理后,在冲击荷载的作用下,会很快产生硬化,使表面具有良好的耐磨性。高锰钢浇铸的整体辙叉具有使用寿命长、维修保养方便等优点。 图 3-6-4 辙叉结构示意图
审核人		交接人　　　　　　接受交底人

续表

序号	项目	城市轨道工程道岔施工技术交底的主要内容			
3	辙叉与护航	(5) 叉心两侧作用边之间的夹角为辙叉角 a,道岔号数和辙叉角的关系如下式所示: $$N = \cot a$$ (6) 城市轨道交通常用的道岔号数和辙叉角如表 3-6-1 所示。其正线以 9 号道岔为主,后方基地的次要线路以 7 号道岔为主,也有少数城市使用 6 号道岔。 道岔号数与辙叉角的关系 表 3-6-1 | 道叉号数	6	7	9 | |---|---|---|---|
辙叉角度	9°27′44″	8°07′48″	6°20′25″ | (7) 辙叉心轨两个工作边的延长线的交点称为辙叉理论中心。因为制造工艺的原因,实际上的叉心尖端有 6~10mm 的宽度,此处称为心轨的实际尖端。 (8) 翼轨与心轨形成必要的轮缘槽,使车轮轮缘能顺利通过。两翼轨工作边相距最近处称为辙叉咽喉,从辙叉咽喉至心轨实际尖端之间的轨线中断的距离称为有害空间,如图 3-6-4 所示。 (9) 道岔号越大,其辙叉角越小,这个有害空间就越大。车轮通过有害空间时,叉心容易受到撞击,为保证车轮安全通过有害空间,在辙叉两侧相对位置的基本轨内侧设置了护轨,借以引导轮的行驶方向。				
4	连接部分	(1) 连接转辙器和辙叉的轨道为道岔的连接,它主要包括直股连接线和曲股连接两部分,如图 3-6-5 所示。 图 3-6-5 道岔的连接 (2) 直股连接与区间直线线路的结构基本相同,曲股连接线又称为导曲线,目前线路上铺设的道岔导曲线均为圆曲线,当尖轨为曲线型时,尖轨本身就是导曲线的一部分。 (3) 导曲线由于长度及界限的限制,一般不设超高和轨底坡。 (4) 为防止导曲线钢轨在动荷载作用下的外倾和轨距扩张,可设置一定数量的轨撑或轨距拉杆,也可在导曲线范围内设置一定数量的防爬器、防爬木撑、及减小钢轨的爬行。 (5) 连接部分一般配置 8 根钢轨,直股连接 4 根,曲股连接 4 根。配轨时要考虑轨道电路绝缘接头的位置和满足接头相对的要求,并尽量采用 12.5m 或 25m 长的标准钢轨。				
审核人		交接人		接受交底人	

3.7 无碴轨道的施工技术交底

城市轨道工程无碴轨道的施工技术交底见表3-7所列。

表3-7 无碴轨道的施工技术交底

序号	项目	城市轨道工程无碴轨道施工技术交底的主要内容
1	我国无碴轨道的研究与应用	(1) 地下铁道已经问世100多年的历史了,它的构造形式就是目前人们常见到的有碴轨道的轨道结构,如伦敦、巴黎、东京、纽约等城市的轨道交通。 (2) 但是在实际应用中,人们慢慢地发现有碴轨道并不是很适合城市轨道交通的特点与要求。因为在新建的城市轨道交通中,无论是地下铁路、高架线路还是车站,其中有一部分均采用了无碴轨道结构的形式。 (3) 采用最普通的无碴轨道是整体道床,整体道床是无碴轨道的一种结构形式,它没有传统的道碴层,是用混凝土或钢筋混凝土浇筑于坚实的基础上形成整体的道床。英国铁路称为"连续灌注钢筋混凝土轨道",日本铁路称为"直接连接轨道",也有将无道碴的预制钢筋混凝土板式道床列为整体道床的。 (4) 我国无碴轨道的研究始于20世纪60年代,与国外的研究基本上是同时起步。正式推广应用仅有支承块式整体道床,在成昆线、京原线、京通线、南疆线等长度超过1km的隧道内铺设,总铺设长度约300km,在京九线的九江长江大桥引桥上还铺设约7km长的无碴无枕结构。 (5) 1995年开始对弹性支承块式无碴轨道的研究,并在秦岭隧道一线、二线正式推广应用,两线合计无碴轨道长度有36.8km。并先后于2001年、2003年开通运营。以后已陆续在宁西线(南京—西安)、兰武复线、湘渝线等隧道内及城市轨道中得到广泛应用。 (6) 1999年完成的秦沈客运专线二座混凝土桥作为无碴轨道的试铺设成功,狗河特大桥(长741m)直线上无碴轨道(图3-7-1)、双河特大桥(长740m)曲线上试铺板式轨道(图3-7-2),如图3-7-3所示是我国台湾高速铁路岔区无碴轨道正在铺设施工。 图3-7-1 狗河特大桥板式无碴轨道(直线上)
审核人		交接人 接受交底人

续表

序号	项目	城市轨道工程无砟轨道施工技术交底的主要内容
1	我国无砟轨道的研究与应用	图3-7-2 双河特大桥板式无砟轨道（曲线上） 图3-7-3 正在铺设的台湾高速铁路道岔区无砟轨道 （7）2008年7月，在完成了严格苛刻的综合试验后，专家评审总结指出，京津城际铁路的工程实践、联调联试及试运行表明，我国时速300~350km高速铁路技术取得了多项创新，为武广高速铁路、京沪高速铁路等客运专线建设提供了示范和极为宝贵的经验。其中最重要的是，以中国高速铁路技术标准体系作为依据，京津城际铁路首次建立了高速铁路综合评价体系，形成了高速铁路系统集成技术，建立了高速铁路联调联试及试运行模式。2008年6月24日，国产CRH3"和谐号"动车组铁路上创造了时速394.2km的世界铁路最高运营时速。
审核人		交接人　　　　　　接受交底人

续表

序号	项目	城市轨道工程无碴轨道施工技术交底的主要内容
1	我国无碴轨道的研究与应用	(8) 2009年12月9日,武广高速铁路成功试运行。从广州南站发车至武汉站用时不到3h。其间,国产CRH3"和谐号"动车组跑出394.2km时速,创造两车重联情况下的世界高速铁路最高运营速度。同年12月26日,武广高速铁路正式开通运营,标志着我国是目前世界上一次建成里程最长(989km)、运营速度最快的高速铁路,既创造了世界上高速铁路全球最高营运速度(394.2km/h),又标志着铁路客货分离新理念的正式实施。 (9) 2010年月2月6日,郑州—西安我国又一条高铁建成通车,作为具有世界一流水平的长距离(505km)干线高速铁路。郑西高铁不仅是我国中西部地区的第一条时速350km的高速铁路,还是世界上首条修建在大面积湿陷性黄土地区的高速铁路。 (10) 近年来,我国铁路坚持以政府为主导、以企业为主体、产学研相结合的技术创新体系。铁道部充分发挥组织协调作用,将全国铁路形成一个拳头,促使国外厂家进入中国铁路市场的竞争,以最低的价格引进最先进的技术。从京津城际铁路,到武广高速铁路,再到郑西高速铁路,中国高速铁路在应用无碴轨道的研究取得了举世瞩目的成就。
2	整体道床的特点	(1) 整体道床的外表整洁美观,构造简单,轨道的稳定性好,养护与维修工作极少。 (2) 整体道床一般采用C30混凝土或钢筋混凝土就地浇筑而成,每延米的混凝土用量约1m³左右、单线铁路的钢筋约40kg,不需要预制厂制造钢筋混凝土构件,其支承块可以在工地预制,更不需要起重设备和其他大型机械,在一般线路上都可进行施工,也不需要其他特殊的材料。 (3) 整体道床与其他类型的轨下基础相比较,其结构简单、施工方便、造价比较便廉,但比碎石道床约高出30%左右。一般施工进度8h可达数十米,如若采用大型连续铺筑机,每小时可铺筑整体道床40~50m。 (4) 整体道床的轨道方向和水平是在道床的施工过程中调整固定下来的,根据大量的施工和运营经验,整体道床的施工精度是能够满足铺轨要求的。 (5) 由于整体道床厚度比碎石道床厚度要小,因此隧道净空的高度可以相应减少。 (6) 整体道床均为混凝土,都是在现场浇筑,避免了厂制构件的运输。 (7) 但是,整体道床如若发生病害时,其修复较困难,因此要求设计部门必须考虑周全,施工必须保证质量,以延长其使用寿命。 (8) 整体道床施工精度要求较高。因为整体道床混凝土一经浇筑硬结后,其轨道几何尺寸的变动完全取决于钢轨连接扣件的调整能力,而扣件的可调量总是有限的,因此要求整体道床竣工后的轨道质量应符合《城市轨道交通技术规范》要求。 (9) 道床的弹性较差,扣件的形式较复杂。为了使整体道床轨道具有与碎石道床轨道相接近的轨道弹性,确保轨道各组成部件处于正常的受力状态,整体道床应该采用弹性扣件,同时,为了满足整体道床几何尺寸和曲线轨道超高变化的调整,要求扣件还应具有一定的调高能力和调轨距的能力。
3	无碴轨道的结构形式	无碴轨道与基床的连接形式主要有支承块式、轨枕式和整体灌注式三种,其中支承块式又可分为支承块中心水沟式、支承块侧沟式和支承块中心暗沟式三种,如图3-7-4所示。 (1) 支承块式:支承块式实际上是把定制的钢筋混凝土支承块或木枕与混凝土道床浇注成一体,这是世界上许多国家铁路整体道床大量采用的一种形式。俄罗斯的首都——莫斯科地铁曾使用木枕作为支承块,我国的北京与天津地铁也均采用混凝土的支承块;这种形式整体性及减振性能较差,施工较整体灌注式简单,但比轨枕式复杂,成本较低,施工精度较整体浇筑式易保证,如图3-7-4(b)~(d)所示。
审核人		交接人		接受交底人	

续表

序号	项目	城市轨道工程无碴轨道施工技术交底的主要内容
3	无碴轨道的结构形式	(2) 轨枕式:轨枕式就是把预制好的混凝土枕或短木枕与混凝土道床浇筑成一整体。早在20世纪50年代,前苏联铁路隧道整体道床就采用了这种形式,新加坡的轻轨交通和上海地铁也采用的这种形式。其最大的特点是能应用轨排施工,施工进度快,施工精度也容易得到保证,如图3-7-4(a)所示。 (3) 整体灌注式:整体灌注式是就地连续灌注混凝土基床或纵向承轨台,许多国家就是采用这种形式修建铁路隧道,我国香港的地铁和轻轨交通也是采用这种形式,简称为PACT型轨道。它具有结构简单、建筑高度较小优点,但施工时需要采用刚度较大的模架,施工较为复杂,如图3-7-4(e)所示。 图3-7-4 整体式道床轨道结构的类型(单位:mm) (a)轨枕式;(b)支承块中心水沟式;(c)支承块侧沟式; (d)支承块中心暗沟式;(e)整体灌注式 (4) 弹性支承块式整体轨道结构是一种低振动(LVT)轨道结构,可以用于有一般减振要求的Ⅰ类地区,如居民区、行政机关区、医院学校区、商业服务区域等。该轨道结构使轮轨动力在钢轨上经过分配后传到轨下胶垫得到第一次减振,再经过支承块传送到块下胶垫进行第二次减振,这样,振动的高频成分及其幅值在得到了相当的衰减后传递给路基基础。
4	板式轨道	(1) 图3-7-5所示为板式轨道的构造示意图,这种式样的轨道结构在类似混凝土高架桥、岩石隧道等坚硬的基础上,铺设工厂预制的钢筋混凝土或预应力钢筋混凝土板。板与混凝土床之间填充沥青水泥浆。板式轨道以前主要在日本、德国等铁路和城市轨道交通线路中使用,我国铁路也是近10年才引进该项技术。 (2) 板式轨道的整体性肯定优于有碴轨道,轨道的结构强度也能得到保证。由于采用工厂预制,构件的精度可以得到彻底的保证,施工的进度也能加快,但是需要采用较大型的施工机械和起重设备等。当下部结构沉降或变形过大,超出扣件可调范围时,由于轨枕板与结构或基床混凝土之间填充沥青水泥砂浆,可在此处进行调节,从这个意义上说它也优于整体道床的轨道结构。 (3) 图3-7-5(a)为普通型板式轨道,应用于高架桥的轨道结构上;图3-7-5(b)为防振型板式轨道,应用于隧道内板式轨道;图3-7-5(c)为框架型板式轨道,应用于城市轻轨的板式轨道。
审核人		交接人 接受交底人

续表

序号	项目	城市轨道工程无砟轨道施工技术交底的主要内容
4	板式轨道	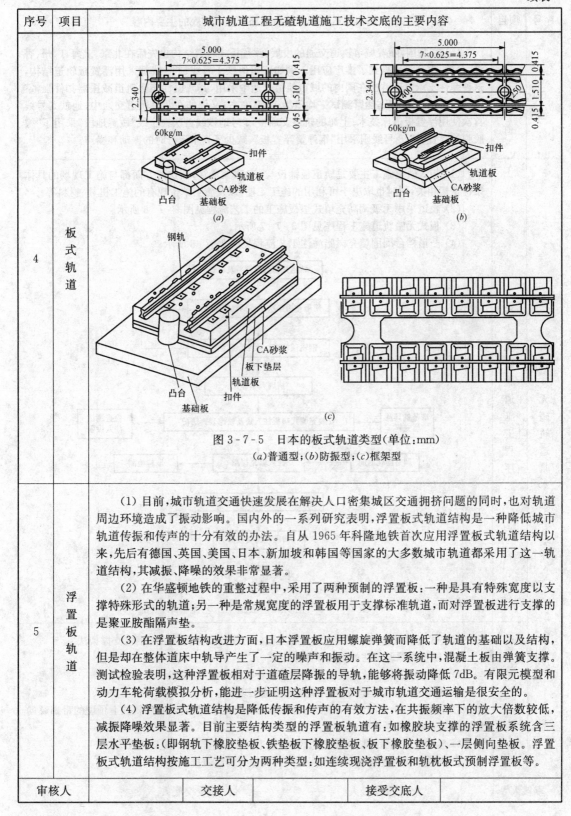 图3-7-5 日本的板式轨道类型(单位:mm) (a)普通型;(b)防振型;(c)框架型
5	浮置板轨道	(1) 目前,城市轨道交通快速发展在解决人口密集城区交通拥挤问题的同时,也对轨道周边环境造成了振动影响。国内外的一系列研究表明,浮置板式轨道结构是一种降低城市轨道传振和传声的十分有效的办法。自从1965年科隆地铁首次应用浮置板式轨道结构以来,先后有德国、英国、美国、日本、新加坡和韩国等国家的大多数城市轨道都采用了这一轨道结构,其减振、降噪的效果非常显著。 (2) 在华盛顿地铁的重整过程中,采用了两种预制的浮置板:一种是具有特殊宽度以支撑特殊形式的轨道;另一种是常规宽度的浮置板用于支撑标准轨道,而对浮置板进行支撑的是聚亚胺酯隔声垫。 (3) 在浮置板结构改进方面,日本浮置板应用螺旋弹簧而降低了轨道的基础以及结构,但是却在整体道床中轨导产生了一定的噪声和振动。在这一系统中,混凝土板由弹簧支撑。测试检验表明,这种浮置板相对于道碴层降振的导轨,能够将振动降低7dB。有限元模型和动力车轮荷载模拟分析,能进一步证明这种浮置板对于城市轨道交通运输是很安全的。 (4) 浮置板式轨道结构是降低传振和传声的有效方法,在共振频率下的放大倍数较低,减振降噪效果显著。目前主要结构类型的浮置板轨道有:如橡胶块支撑的浮置板系统含三层水平垫板:(即钢轨下橡胶垫板、铁垫板下橡胶垫板、板下橡胶垫板)、一层侧向垫板。浮置板式轨道结构按施工工艺可分为两种类型:如连续现浇浮置板和轨枕板式预制浮置板等。
审核人		交接人 接受交底人

续表

序号	项目	城市轨道工程无砟轨道施工技术交底的主要内容
5	浮置板轨道	(5) 在我国,随着城市轨道交通的发展,浮置板式轨道结构也先后在北京、上海、广州、香港、台湾、南京等地得到了推广应用。例如广州地铁1号线、2号线都采用浮置板轨道结构,这种弹性支承轨道首次在国内的城市轨道交通中采用,其减振性能比轨道减振器扣件强,室内试验可达9~14dB,运营测试平均值为10dB左右;又例如在北京轨道交通中,地铁5号线首次使用浮置板道床技术;上海的轨道交通中,9号地铁线首次在全线"敏感地段"采用了"橡胶弹簧浮置板",6号线则采用"钢弹簧浮置板",减少了列车运行时的振动和噪声。
6 无砟轨道基本施工程序	板式无砟轨道施工程序	(1) 板式轨道施工主要是轨道板铺设与CD砂浆灌注,而这两方面都与施工现场的具体条件密切相关,同时也取决于可利用的施工工期,以及施工单位现有的施工机具、材料等。 (2) 轨道采用无级调高充填式垫板施工的工艺流程见图3-7-6所示。 (3) 板式无砟轨道施工程序见图3-7-7所示。 (4) 凸形挡台周围填充树脂灌注工艺流程见图3-7-8所示。 轨道几何形位调整及检查 → 使用专用垫块调整钢轨顶面标高 → 钢轨顶标高、水平、扭曲检查 → 清理充填部位 → 准备机具及填充料 → 安装充填式垫板注入袋及轨道表面防护 ← 检查调试注入设备 → 调整固化时间 → 注入填充树脂 → 取样检测 → 填充高度检查及表面清理 → 清理轨道板表面 → 验收 图3-7-6 充填式垫板施工工艺流程示意图
	双块式无砟轨道施工程序	双块式(包括长枕埋式)无砟轨道施工方法有螺栓支撑调节法和钢轨支撑架法。 (1) 螺栓支撑调节法的施工步骤如下: 1) 首先是将钢轨、轨枕及配套扣件系统在轨排场组成轨排; 2) 采用大型平板运输车将轨排运送至施工现场; 3) 利用两台小龙门吊车吊运,与已铺或已施工的轨排相接,利用轨枕上预埋的带螺纹的套管及调节螺栓支承起轨排; 4) 然后立模,利用基标、直角道尺、万能道尺来调整轨道。其具体方法如下: ① 调整轨排两侧轨枕与模板间的侧向支撑来调整轨排平面位置;
审核人		交接人　　　　　接受交底人

续表

序号	项目	城市轨道工程无砟轨道施工技术交底的主要内容
6 无砟轨道基本施工程序	双块式无砟轨道施工程序	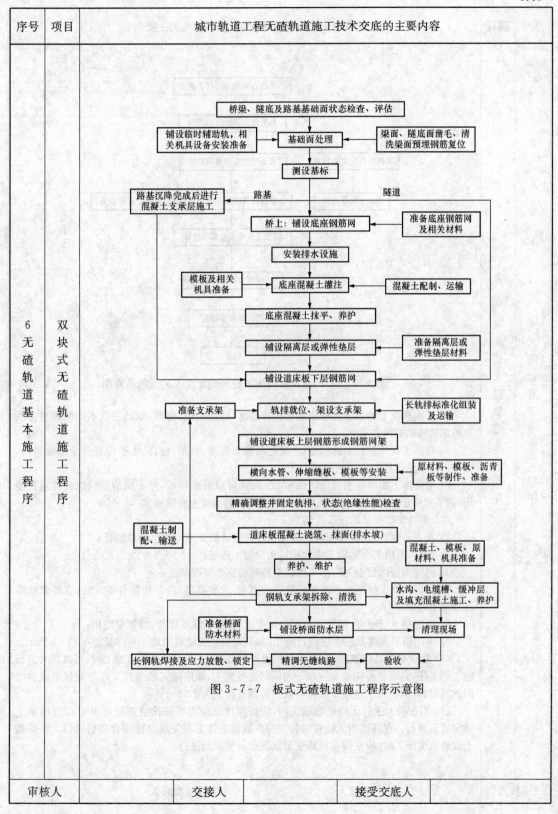 图 3-7-7 板式无砟轨道施工程序示意图
审核人		交接人　　　　　　　　接受交底人

续表

序号	项目	城市轨道工程无砟轨道施工技术交底的主要内容
6 无砟轨道基本施工程序	双块式无砟轨道施工程序	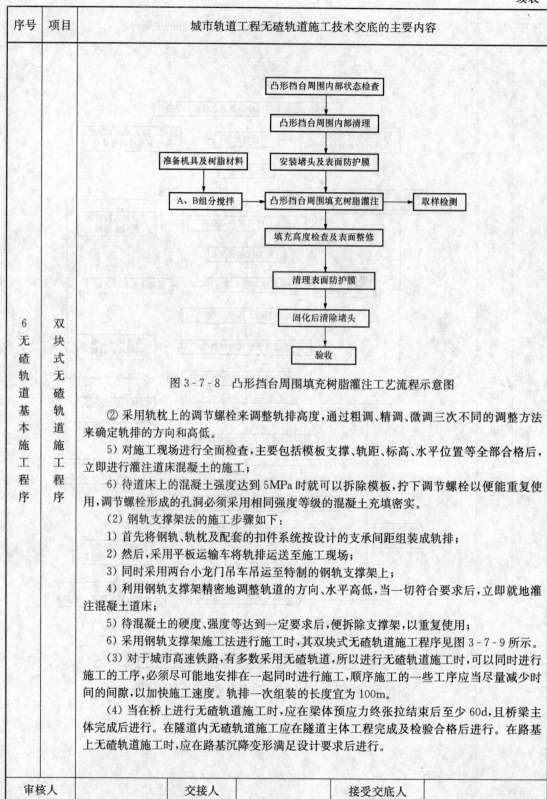 图 3-7-8 凸形挡台周围填充树脂灌注工艺流程示意图 ② 采用轨枕上的调节螺栓来调整轨排高度,通过粗调、精调、微调三次不同的调整方法来确定轨排的方向和高低。 5) 对施工现场进行全面检查,主要包括模板支撑、轨距、标高、水平位置等全部合格后,立即进行灌注道床混凝土的施工; 6) 待道床上的混凝土强度达到 5MPa 时就可以拆除模板,拧下调节螺栓以便能重复使用,调节螺栓形成的孔洞必须采用相同强度等级的混凝土充填密实。 (2) 钢轨支撑架法的施工步骤如下: 1) 首先将钢轨、轨枕及配套的扣件系统按设计的支承间距组装成轨排; 2) 然后,采用平板运输车将轨排运送至施工现场; 3) 同时采用两台小龙门吊车吊运至特制的钢轨支撑架上; 4) 利用钢轨支撑架精密地调整轨道的方向、水平高低,当一切符合要求后,立即就地灌注混凝土道床; 5) 待混凝土的硬度、强度等达到一定要求后,便拆除支撑架,以重复使用; 6) 采用钢轨支撑架施工法进行施工时,其双块式无砟轨道施工程序见图 3-7-9 所示。 (3) 对于城市高速铁路,有多数采用无砟轨道,所以进行无砟轨道施工时,可以同时进行施工的工序,必须尽可能地安排在一起同时进行施工,顺序施工的一些工序应当尽量减少时间的间隙,以加快施工速度。轨排一次组装的长度宜为 100m。 (4) 当在桥上进行无砟轨道施工时,应在梁体预应力终张拉结束后至少 60d,且桥梁主体完成后进行。在隧道内无砟轨道施工应在隧道主体工程完成及检验合格后进行。在路基上无砟轨道施工时,应在路基沉降变形满足设计要求后进行。
审核人		交接人　　　　　　　　　接受交底人

续表

序号	项目	城市轨道工程无碴轨道施工技术交底的主要内容
6 无碴轨道基本施工程序	双块式无碴轨道施工程序	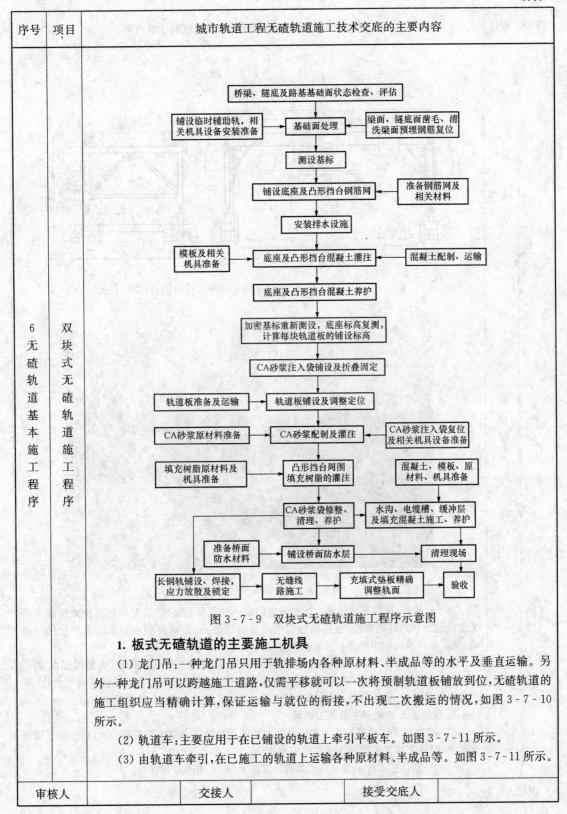

图 3-7-9 双块式无碴轨道施工程序示意图

1. 板式无碴轨道的主要施工机具

(1) 龙门吊：一种龙门吊只用于轨排场内各种原材料、半成品等的水平及垂直运输。另外一种龙门吊可以跨越施工道路，仅需平移就可以一次将预制轨道板铺放到位，无碴轨道的施工组织应当精确计算，保证运输与就位的衔接，不出现二次搬运的情况，如图3-7-10所示。

(2) 轨道车：主要应用于在已铺设的轨道上牵引平板车。如图3-7-11所示。

(3) 由轨道车牵引，在已施工的轨道上运输各种原材料、半成品等。如图3-7-11所示。 |

审核人		交接人		接受交底人	

续表

序号	项目	城市轨道工程无碴轨道施工技术交底的主要内容
7	施工机械设备	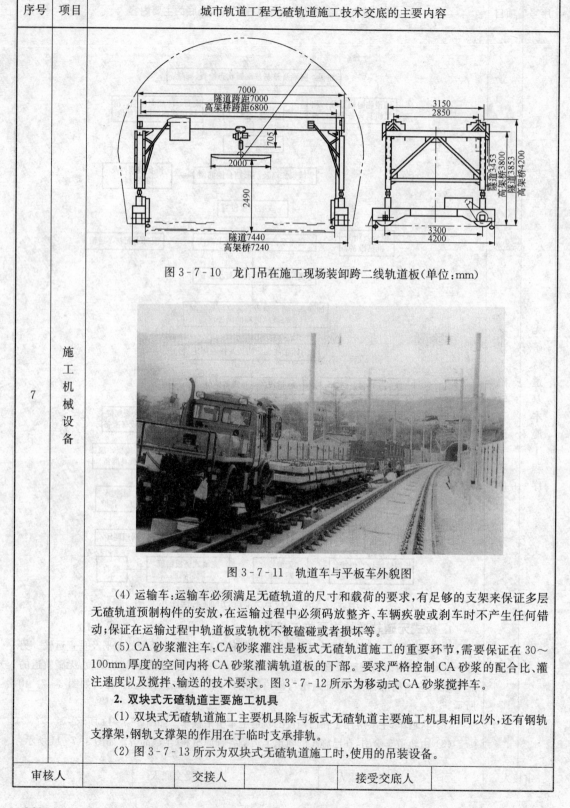 图 3-7-10 龙门吊在施工现场装卸跨二线轨道板(单位:mm) 图 3-7-11 轨道车与平板车外貌图 　(4) 运输车:运输车必须满足无碴轨道的尺寸和载荷的要求,有足够的支架来保证多层无碴轨道预制构件的安放,在运输过程中必须码放整齐、车辆疾驶或刹车时不产生任何错动;保证在运输过程中轨道板或轨枕不被磕碰或者损坏等。 　(5) CA 砂浆灌注车:CA 砂浆灌注是板式无碴轨道施工的重要环节,需要保证在 30～100mm 厚度的空间内将 CA 砂浆灌满轨道板的下部。要求严格控制 CA 砂浆的配合比、灌注速度以及搅拌、输送的技术要求。图 3-7-12 所示为移动式 CA 砂浆搅拌车。 　**2. 双块式无碴轨道主要施工机具** 　(1) 双块式无碴轨道施工主要机具除与板式无碴轨道主要施工机具相同以外,还有钢轨支撑架,钢轨支撑架的作用在于临时支承排轨。 　(2) 图 3-7-13 所示为双块式无碴轨道施工时,使用的吊装设备。
审核人		交接人　　　　　　　　　接受交底人

续表

序号	项目	城市轨道工程无砟轨道施工技术交底的主要内容
7	施工机械设备	

图 3-7-12 移动式 CA 砂浆搅拌车

图 3-7-13 无砟轨道双块式轨枕套安装就位

1. 桥梁基础

（1）桥梁徐变上拱：自无砟轨道在桥梁上铺设后，桥梁的梁体将会产生残余徐变，其上拱的残余徐变值不得大于 7mm。

（2）梁体横向水平挠曲：水平挠曲变形不大于梁体计算跨度的 1/4000，且相邻梁跨水平挠曲变形引起的钢轨相邻支点的横向相对位移不得大于 1mm。

（3）墩台应控制沉降，自无砟轨道铺设后，墩台的均匀沉降不得大于 20mm，相邻墩台的沉降差不得大于 5mm。 |
| 审核人 | | 交接人   接受交底人 |

续表

序号	项目	城市轨道工程无砟轨道施工技术交底的主要内容
8	基础施工的要求	**2. 隧道基底基础** 对于隧道基底承载力不应低于 0.2MPa，仰拱回填混凝土强度不应低于 C20。应严格控制基础顶面标高及表面平整度。隧道基础施工允许偏差应满足表 3-7-1 要求：

无砟轨道基础施工允许偏差　　　　表 3-7-1

序号	主要项目	允许偏差
1	基础顶面高程	+0～-20mm
2	基础表面平整度	凹陷深度不大于 4mm·m^{-1} 或低洼长度不得超过 50mm

3. 路基基础

(1) 无砟轨道路基基床底层与表层填筑应按表 3-7-2、表 3-7-3 中的规定进行检测。

道床漏泄电阻(阻抗)实测最低值　　　　表 3-7-2

类 型	1700Hz		2600Hz	
	$|Z_D|/(\Omega \cdot km)$	$R_d/(\Omega \cdot km)$	$|Z_D|/(\Omega \cdot km)$	$R_d/(\Omega \cdot km)$
板式无砟轨道(弹条Ⅱ型扣件)	2.241	2.259	2.205	2.235
长枕埋入式无砟轨道(WJ-2型扣件)	—	—	3.707	3.782
有砟轨道(Ⅲ型轨枕弹条Ⅲ型扣件)	≥60			

秦沈客运专线钢轨阻抗参数实测平均值　　　　表 3-7-3

轨道类型		850Hz			1700Hz			2600Hz		
		$|Z|/(\Omega \cdot km^{-1})$	$R/(\Omega \cdot km^{-1})$	$L/(nH \cdot Km^{-1})$	$|Z|/(\Omega \cdot km^{-1})$	$R/(\Omega \cdot km^{-1})$	$L/(nH \cdot km^{-1})$	$|Z|/(\Omega \cdot km^{-1})$	$R/(\Omega \cdot km^{-1})$	$L/(nH \cdot km^{-1})$
无砟轨道	板式	6.471	2.214	1.138	11.505	3.646	1.021	16.515	4.976	0.964
	埋入式	6.816	1.533	1.243	12.657	2.562	1.16	18.615	3.388	1.12
有砟轨道		7.173	0.849	1.334	13.871	1.301	1.293	20.885	1.555	1.275
标准值		7.75	1.212	1.433	14.08	1.178	1.314	21.147	1.556	1.291

(2) 路基的工程结束后其沉降量不得大于 30mm，不均匀沉降应不大于 20mm/20m。且由建设、设计、施工、监理单位共同核对路基施工基础记录和影像资料，对路基工后沉降做出评估，满足设计沉降标准后才能进行无砟轨道施工。

| 9 | 无砟轨道基标测设 | (1) 混凝土底座施工前，应采用起闭于 GPS 点(B)级的四等导线测量的精度对线路中线进行贯通测量，且在试验段范围内建立独立、完整、精准的基标控制网。采用二等水准测量精度，对试验段内高程进行系统复测。
(2) 必须按设计要求在无砟轨道施工范围内埋设基标，基标分为控制基标和加密基标两种：
1) 控制基标原则上直线段 100m 设一个，曲线段 50m 设一个。对线路特殊地段、曲线控制点、线路变坡点、竖曲线起止点均应增设控制基标；
2) 加密基标直线段每 6m 就必须设一个，曲线则每 5m 设一个，加密基标偏差应在相邻两控制基标内调整。基标桩可设置于线路中心、水沟、电缆槽、接触网电杆或挡砟墙上。
(3) 对于无砟轨道板式无砟轨道，在混凝土底座和凸形挡台施工完毕后，宜在凸形挡台上 |

审核人		交接人		接受交底人	

续表

序号	项目	城市轨道工程无砟轨道施工技术交底的主要内容
9	无砟轨道基标测设	重新沿线中线方向设置控制基标,并在每个凸形挡台上设置加密基标。方向基标和水准基标宜设置必须在同一位置。 (4) 对于无砟轨道双块式无砟轨道,在道床板混凝土施工后必须及时在道床板表面埋设控制基标。无砟轨道铺设完成后,应对控制基标进行复测,根据复测结果来调整控制基标,调整后控制基标精度应符合设计要求。无缝线路施工时,应利用调整后的控制基标精细调整轨道几何形位。 (5) 当采用极坐标法进行放线时,必须满足以下要求: 1) 放样时必须置镜于导线点且不得转点,前视边长度不得大于150m; 2) 两测回定点,一测回检查核校,测站限差要求同精密导线。检核水平角校差不大于6″,距离校差不得大于2mm; 3) 基标高程自水准基点引出,按照精密水准方法往返观测。 (6) 基标允许的具体误差不能超过以下要求: 1) 控制基标: ① 方向允许误差为6″; ② 高程允许误差为±1mm; ③ 距离允许误差为直线1/500、曲线1/10000。 2) 加密基标: ① 直线上偏离控制基标方向误差为±1mm; ② 曲线上偏角法测量,在偏角方向线上允许误差为±1mm; ③ 每相邻基标间距离允许误差为±2mm; ④ 每相邻基标高程允许误差为±1mm。 (7) 基标测设和施工测量应符合《城市轨道交通技术规范》GB 50490—2009的有关规定。
10	底座及凸形挡台混凝土施工	(1) 底座与凸形挡台钢筋网绑扎前,应对底座、凸形挡台及道床范围内的基础混凝土表面凿毛,采用高压水或高压风冲洗干净,并将水擦干。 (2) 底座施工前必须沿线路中心线做桥面、路基面或隧道底面高程检测,且高程按精密水准要求往返测量,闭合于水准基点,根据实测高程和相应轨面设计高程推算混凝土底座的实际厚度。底座实际厚度与设计值相差在桥上±10mm、路基±10mm、隧道−20~0mm以内。 (3) 底座及凸形挡台混凝土应连续浇筑。在浇筑混凝土时,必须在浇筑地点随机取样制作试件,同一配合比每50m³混凝土或者每班组制作一组试件,并与底座及凸形挡台混凝土同条件养护,试件的强度应符合《混凝土强度检验评定标准》TB 10425—94和设计文件的有关规定。 (4) 板式无砟轨道底座及凸形挡台的尺寸允许偏差应满足表3-7-4的要求。根据水准基标测量底座顶面高程,底座顶面高程允许偏差也应满足表3-7-4中的要求。

板式无砟轨道底座及凸形挡台允许偏差　　表3-7-4

序号	主要项目		允许偏差值(mm)	
			桥上	隧道内
1	底座	宽度	+5~−5	+5~−5
		顶面高程	+3~−3	+0~−10
2	凸形挡台	直径	±3	±3
		挡台中心偏离线路设计中心线	±1	±1
		挡台中心间距	±3	±3
		顶面高程与设计值	±2	±2

审核人		交接人		接受交底人	

续表

序号	项目	城市轨道工程无砟轨道施工技术交底的主要内容
10	底座及凸形挡台混凝土施工	(5) 双块式无砟轨道底座混凝土施工完成后,其尺寸允许偏差应满足表3-7-5的要求。 (6) 双块式无砟轨道底座混凝土养护期满后,在其表面铺设隔离层,在凹槽的竖直侧面粘贴弹性垫层。 **双块式无砟轨道底座及凹槽允许偏差**　　　　表3-7-5 | 序号	主要项目		允许偏差值(mm)
---	---	---	---
1	底座	宽度	±5
		顶面高程	±3
2	凹槽	中心线偏离线路设计中心线	±3
		两凹槽中心间距	±3
		横向宽度	±3
		纵向宽度	±3	
11	板式无砟轨道铺设、CA砂浆及挡台周围树脂灌注	轨道板吊运与安装	(1) 无砟轨道板的强度必须符合要求后才能进行吊运和安装,同时必须按设计吊点位置起吊。起吊应平起平落,吊运应匀速前进。 (2) 轨道板在两凸形挡台之间大致就位后,应根据凸形挡台上方向和水准基标采用专用机具精确调整对位。 (3) 轨道板安装位置的允许偏差必须满足表3-7-6的要求。 **轨道板安装位置的允许偏差**　　　　表3-7-6 | 序号	主要项目	允许偏差(mm)
1	轨道板中心线与线路设计中心线的偏差	±1
2	轨道板顶面高程	±1
3	轨道板纵向位置	±3	

注:由于原表格为嵌套结构,以下为序号11中CA砂浆灌注部分内容:

1. CA砂浆灌注施工方法类型

(1) 移动设备方式

1) 图3-7-14所示为移动设备式的灌注作业过程。在CA砂浆灌注基地往作业设备车(MO+EG车+材料A,B+搅拌机)上装入一天作业所需要的CA灌浆量(约200m线路用),运送到灌注现场,边搅拌边灌注;

2) 也可用移动式CA砂浆灌注车直接灌注,如图3-7-15所示为移动式CA砂浆灌注车注浆施工示意图。

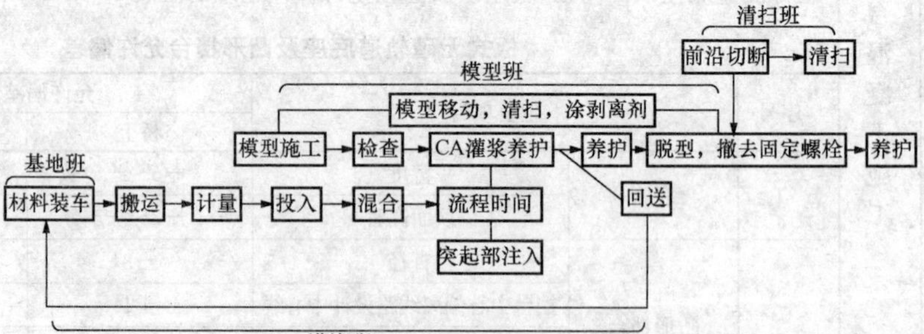

图3-7-14 移动设备式的灌注作业过程示意图

审核人		交接人		接受交底人	

续表

序号	项目	城市轨道工程无砟轨道施工技术交底的主要内容
11	板式无砟轨道铺设、CA砂浆及挡台周围树脂灌注	CA砂浆灌注	图 3-7-15 移动式 CA 砂浆灌注车注浆施工示意图 （2）固定设备方式 在 CA 砂浆灌注基地将计算好的砂浆量装入搅拌机（钢制轨道小车装载的搅拌装置），在运往现场的过程中一直搅拌，直到现场将其灌入为止。该方法一般是在搬运距离较短的场合下采用。 （3）压送方式 在侧道路式铺设轨道板时，一般采用压送式方法。其基本程序是：在卡车上装有搅拌机，从固定设备运到现场，由压送装置供给 CA 灌浆系统，注入混凝土轨道板下。路基工程迟缓的区间，或不能采用前面阐述方式施工的区间，均可采用此方式。 2. CA 砂浆灌注施工技术要求 无砟轨道铺设施工过程时，必须注意板式轨道 CA 砂浆调整层的厚度在一般区段不得小于 40mm，在板底粘贴橡胶垫层区段，厚度不得小于 30mm，高限不得超过 100mm。CA 砂浆施工时必须符合下列技术要求： （1）配制 CA 砂浆的乳化沥青、水泥、细砂、水及外加剂等原材料及配制后的 CA 砂浆的技术性能必须符合《板式无砟轨道 CA 砂浆技术条件》的规定。 （2）现场拌制 CA 砂浆前，应根据具体工点的温度、湿度原材料的性能等现场具体条件，通过现场试验修正标准配合比，当满足了设计要求以后，就可以拌制灌注。 （3）CA 砂浆所用的各种原材料必须精密称量，其误差必须控制在 1‰以内。CA 砂浆拌制应严格按照标准拌制工艺进行操作。 （4）CA 砂浆注入袋在铺设轨道板前应按要求平铺、折叠固定可靠，轨道板铺设、调整、侧向支撑固定好后，CA 砂浆注入袋打开折叠，且不得有褶皱。CA 砂浆在拌好后放置在缓冲灌注罐中，必须保持在 30/min 搅拌状态下旋转。 （5）拌制后的 CA 砂浆应在规定时间内灌注完成。 （6）在进行 CA 砂浆的施工作业过程中，CA 砂浆适宜在 5～25℃的环境温度下进行。 （7）同时规定每块轨道板下的 CA 砂浆应一次灌注完成。
审核人		交接人	接受交底人

续表

序号	项目	城市轨道工程无碴轨道施工技术交底的主要内容
11	板式无碴轨道铺设、CA砂浆及挡台周围树脂灌注	**CA砂浆灌注** (8) 在纵坡及曲线地段,应从较低一侧注入口灌注CA砂浆,并且CA砂浆注入袋必须固定牢靠,严防施工中松动移位。 (9) 注入施工作业结束时,CA砂浆注入袋的四周边缘应饱满圆顺。 (10) 当CA砂浆的强度指标达到0.1MPa(即可以承受轨道板的重量)后,必须及时进行撤除支撑螺栓的工作。同一配合比每班次制作2组强度及弹模试件,以备进行验收。 **挡台周围树脂灌注** 在板底CA砂浆固化、轨道板支撑螺栓撤除后,灌注凸形挡台周围的填充树脂。凸形挡台与轨道板之间的间隔缝不得小于30mm。凸形挡台周围填充树脂施工必须符合以下技术要求: (1) 在进行CA砂浆灌注施工前,必须将填充间隙的垃圾、尘土、浮浆等异物处理干净,认真擦去水、油类物资,保证施工面干燥、清洁。 (2) 对于树脂A、B材料及配制后的填充材料,必须符合《板式无碴轨道树脂材料技术条件》的有关要求。树脂应在混合后,必须在20min内注入。 (3) 树脂必须缓慢地、连续地进行注入施工,特别要防止在施工中带入空气及水分进去,确保灌注的密实。对于相同的材料、相同的配合比情况下,每施工作业班次必须随机取样制作2组强度及弹模试件。 (4) 在树脂材料的注入施工过程中,必须采用塑料薄膜覆盖凸形挡台周围的轨道板,对于溢出、漏泄的树脂必须立即擦除,不得残留脏污,污染施工环境。 (5) 必须特别注意:在进行树脂灌注施工过程中,必须避开明火,隔离热源。
12	长轨排组装、架设及道床混凝土施工	**长轨排组装与架设** (1) 当双块式轨枕、钢轨、扣件等轨道部件进场时,必须按相应技术条件及有关标准进行检验。应采用无损伤、顺直、合格新钢轨组装轨排,扣件锚固螺栓拧紧扭矩为700N·m,T形螺栓拧紧扭矩为300N·m,轨排组装经检查合格后才能使用。 (2) 在对轨排进行组装时,必须根据设计图纸要求正确安放扣件。轨枕应与轨排中线垂直,枕间距允许偏差应符合表3-7-7的要求,并应取必要的加固措施,保证轨排在吊装、运输过程中不会发生损坏与变形。 轨排架设的允许偏差值　　表3-7-7 | 序号	检查项目	轨排架设偏差及要求
1	轨枕间距	±5mm
2	轨距	+2～-1mm,变化率不得大于1‰
3	水平	以一股钢轨为准,与设计调高程偏差在±2mm之内,两股钢轨相对水平差不得大于1mm
4	轨向	以一股钢轨为准,与线路中线偏差在±1mm之内,最大矢度不得大于1mm/10m弦
5	高低	最大矢度不得大于2mm/10m弦
6	扭曲	测量弦长(基长6.25m)小于1mm | (3) 轨排采用专用运输车与吊装龙门机组进行吊装运输,当吊运到施工现场的准确位置后,必须对轨排状态进行复测,以基标为基准,调整轨排的方向、高低、水平和中心线位置。 (4) 在轨排架设施工时,直线上以左股钢轨、曲线上以内股钢轨为准,调整轨顶标高和方向,再调整右股或外股钢轨。轨排架设符合要求后,必须对所有支承架的竖直顶丝、水平顶丝和轨卡螺栓进行复检。轨排架设完成后的允许偏差应满足表3-7-7和表3-7-8的要求。 (5) 轨排支承架设计与加工制造时,应充分考虑浇注混凝土时轨排的上浮及变形,支承架自重不宜太轻,单台支承架重量应在250kg以上。 轨排架设曲线正矢允许偏差　　表3-7-8 | 缓和曲线的矢与计算正矢差(mm)	圆曲线正矢连续差(mm)	圆曲线正矢最大最小值差(mm)
1	2	3
20m弦量			

审核人		交接人		接受交底人	

续表

序号	项目	城市轨道工程无碴轨道施工技术交底的主要内容
12	长轨排组装、架设及道床混凝土施工	道床板混凝土施工	（1）路基与隧道内道床板底层钢筋绑扎前，必须将道床板范围内的基础面清除杂物、无积水。桥上可直接在底座的隔离层上绑扎钢筋。混凝土浇筑前，应将轨枕混凝土表面充分润湿。 （2）道路床板混凝土浇筑前，应复测轨排的几何形位、保护层厚度，且由专业人员检测长轨排绝缘性能，符合要求后（每一块道床板单元的钢筋网架绝缘指标均有检测、确认、签字记录）方可进行混凝土的浇筑。在浇筑施工过程中必须加强对轨枕底部及其周围混凝土的振捣，并要随时监测轨排几何形位的变化。 （3）在道床板混凝土浇筑振捣密实后，道路床板表面需按设计认真做好横向排水坡及标高，并且需要平顺、抹光等。道床板混凝土施工完成后，其尺寸允许偏差应满足表3-7-9的要求。 无碴道床板混凝土施工允许偏差值　　表3-7-9 | 序号 | 检查项目 | 允许偏差(mm) | |---|---|---| | 1 | 道床板顶面宽度 | ±10 | | 2 | 道床板面与轨枕顶面的相对高差 | ±3 | | 3 | 道床板间伸缩缝位置 | ±5 | （4）道床板混凝土施工完成后，必须及时覆盖养护。当道床板混凝土初凝后应及时松开所有的钢轨扣件。道床板混凝土强度达到5MPa时可拆除支承架，混凝土强度达到设计强度的75%后才可进行承重。

注：表格嵌套结构如上。

序号	项目		
13	道岔区无碴轨道施工	施工程序	道岔区无碴轨道采用轨枕埋入式，由道岔、扣件、岔枕及道床板组成，其施工程序如图3-7-16所示。

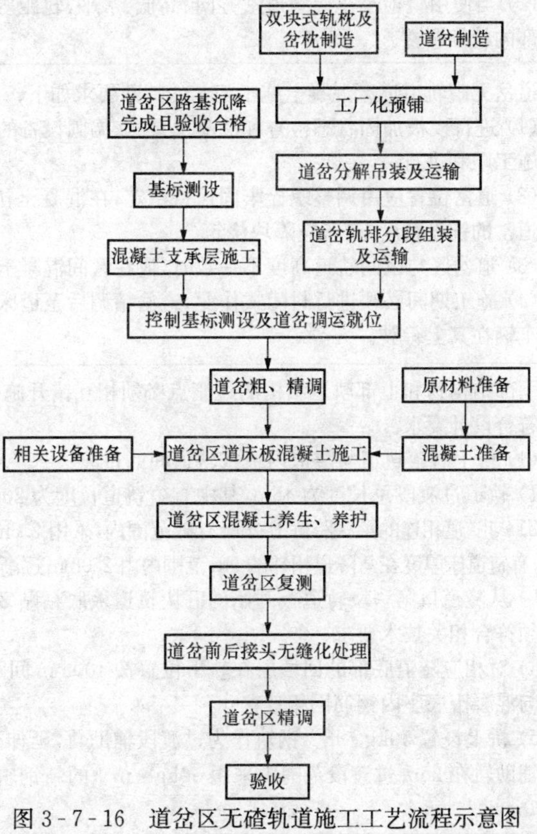

图3-7-16 道岔区无碴轨道施工工艺流程示意图 |

| 审核人 | | 交接人 | | 接受交底人 | |

续表

序号	项目	城市轨道工程无砟轨道施工技术交底的主要内容
13 道岔区无砟轨道施工	道岔预组装、调试与运输	(1) 每组道岔在出厂前，均必须进行厂内预组装，调试组装完毕后，应严格进行检测道岔各部分尺寸和几何形位，消除超限点位。 (2) 与此同时，必须安装电务转换和锁闭装置，进行道岔工务和电务系统的联合调试。 (3) 当预组装、调试合格以后，对道岔各部件做出对号标记，拆解后再进行包装发运。 (4) 如果道岔较短(例如12号道岔)时，则可在厂内进行预铺后分段直接装运，不再分解成散件，避免重复预铺。 (5) 在部件的包装过程中，要特别注意各部件要放直、放平顺、绑扎牢固等，严防道岔在运输过程中受振动的影响。 (6) 道岔在运输过程中，必须按照相关技术条件的规定进行。
	道岔现场组装、吊装与调整	(1) 在施工现场，必须建立道岔组装平台，进行道岔的预铺组装。 (2) 道岔轨排组装后，其各部分的几何形位及各部位螺栓扭矩必须满足设计要求，限位器子母块安装允许偏差±0.5mm。 (3) 道岔轨排分段运到铺设地点后，采用大型吊车和道岔专用吊具进行整体吊装。 (4) 采用平移小车、抬轨梁、起落支座，使道岔轨排轨向及高低达到粗调。 (5) 当采用方尺方正道岔始端和尖轨尖端时，调整尖轨、心轨密贴和顶铁间隙应同调整轨距、支距相结合，经反复调整，直至满足设计技术要求。 (6) 精调起平道岔，道岔高低、水平不超过设计限值。滑床台板坐实坐平，精确控制垫板与台板的间隙不超标。精确安装道尖轨、可动心轨转辙机构，进行工电联调。 (7) 当使用轨检小车检测道岔方向、高低、水平、轨距等几何形位指标时，必须对超限点做局部的精细调整。
	道床混凝土施工	道岔无砟轨道道床混凝土施工工艺的特殊要求如下： (1) 进行模板加固状态检查和混凝土泵送、捣固设备的施工前检查，这样，能确保混凝土道床浇筑施工顺利进行。 (2) 道岔位置应由调整螺栓牢固保持稳定，在混凝土初凝时，调整螺栓应及时取出。为保证道岔的铺设精度，道床应隔块浇筑。 (3) 道岔区与区间轨道高度不一致时，应在区间混凝土支承层上补偿。 (4) 施工期间必须进行封闭式作业，道岔精调后至道床浇筑后2d时间内，严禁行人和施工的车辆在其上行驶。
14	过渡段的施工	下部结构物和上部轨道结构的过渡点必须相互错开施工，过渡段施工完毕后，其沉降差必须符合设计要求。 (1) 桥上有砟轨道与隧道内板式轨道间的过渡 1) 轨道过渡段总长度为45m，其中有砟轨道长度为20m，板式轨道长度为25m； 2) 与隧道相连的第一跨桥上20m有砟范围内，采用2.6m过渡段轨枕及配套的弹性分开式扣件，有砟道床厚度在与隧道相邻的9m范围内由250mm逐渐过渡到桥上道床设计厚度350mm； 3) 从隧道口第一块轨道板开始的五块轨道板底粘贴20mm厚微孔橡胶垫板，微孔橡胶板必须符合相关技术要求； 4) 对相应轨道底部的回填层在轨下位置按400mm间距埋设"门"形连接钢筋，钢筋伸出部分与混凝土底座内钢筋网相连； 5) 桥上设置50kg·m^{-1}钢轨作为过渡段辅助轨，延伸至隧道内板式无砟轨道4.8m，且要求辅助轨在25m过渡段范围内采用50kg·m^{-1}的新钢轨，辅助轨弯折后与基本轨中心距为520mm。
审核人		交接人　　　　　　　　　　　接受交底人

续表

序号	项目	城市轨道工程无砟轨道施工技术交底的主要内容
14	过渡段的施工	(2) 路基上双块无砟轨道与有砟轨道间的过渡 1) 过渡段总长度为45m,其中双块式无砟轨道长为25m,该范围对应轨下位置在混凝土承载层基础上按400mm间距预埋"门"形钢筋,钢筋伸出部分与道床内钢筋相连; 2) 有砟轨道长20m,采用长度为2.6m过渡段轨枕,基本轨扣件采用弹条Ⅱ型扣件; 3) 路基上无砟轨道的混凝土支承层延伸至有砟轨道的长度为15m,板厚由300mm递减至210mm,对应过渡段内道砟厚度由210mm逐步渐变到300mm。 (3) 不同无砟轨道间的过渡:不同无砟轨道结构间的过渡与基础结构物的过渡段应错开设置,减振型板式轨道与普通型板式轨道,或与框架式板式轨道连接处,通过采用不同静刚度轨下弹性垫板过渡,过渡长度为每边15m。板式无砟轨道与双块式无砟轨道间直接连接,不设置过渡段。 (4) 道岔区与区间无砟轨道过渡段:按设计规定通过调整道岔区前后扣件弹性垫板的静刚度来实现刚度过渡。
15	无缝线路的施工技术 准备阶段	(1) 了解与轨道施工有关的工程进展情况,核实铺轨进度计划。 (2) 调查沿线交通运输条件、地物和地貌情况,选择铺轨基地位置。 (3) 搜集沿线气温、轨温的资料,有必要建立气温、轨温的观测点,以便于在不同季节条件下,选择无缝线路锁定的作业时间。 (4) 按照铺轨进度的计划,认真落实轨道材料和设备来源、材料供应计划及运输、储备办法。 (5) 按照有关规定,认真做好线路的复测工作。
	钢轨焊接技术	(1) 在无砟轨道生产基地焊轨厂焊接成100m长的定尺钢轨。 (2) 钢轨的各项技术条件必须符合有关具体的技术要求。 (3) 现场焊接前必须进行焊接形式的试验,施工现场焊接长钢轨,应充分利用工装,合理安排工序,正确选择与之相匹配的各种设备,确保焊接的质量、安全和环保等。 (4) 当焊接后必须对轨头的顶面、轨头的侧面和轨底进行严格的打磨,其平直度允许偏差见表3-7-10所列。 **钢轨焊接接头平直度的允许偏差** 表3-7-10 | 序号 | 主要部位 | 接触焊(mm) | 铝热焊(mm) | |---|---|---|---| | 1 | 顶面 | 0～+0.3 | 0～0.3 | | 2 | 侧面 | 0～+0.3 | -0.3～+0.3 | | 3 | 轨底 | 0～+0.5 | 0～+0.5 | (5) 钢轨焊接宜按如下工序进行:输送钢轨、配轨、轨端矫直、轨端打磨、焊接(对轨、焊接、推凸)、正火、粗磨、四向矫直、精磨、探伤。 (6) 钢轨焊接时,必须严格遵守《焊接设备安全技术操作规程》和《铁道部机械设备安全操作规程》。焊接机具设备必须专人负责管、用、养、修工作。
	无缝线路铺设	(1) 无砟轨道无缝线路的施工方法是,将标准轨焊接成长钢轨,铺设后焊成单元轨,在设计锁定轨温条件下最终进行单元轨的应力放散及锁定焊接成无缝线路。 (2) 长钢轨铺设前,应先按设计要求安装橡胶垫板、铁垫板及锚固螺栓。采用长钢轨推送列车进行长钢轨铺设。 (3) 采用接触焊列车进行单元轨焊接,焊接必须满足表3-7-10及相关技术条件要求。 (4) 无缝线路锁定之前必须采用支垫滚轮、撞轨器等专用机具进行应力放散,使其在设计锁定轨温范围之内准确地锁定成为无缝线路。 (5) 无缝线路相邻单元轨节间的锁定轨温差不得大于5℃,左右股钢轨的锁定轨温差不得大于3℃,同一区间内单元轨节的最高与最低锁定轨温差不得大于10℃。
审核人		交接人　　　　　　　　　接受交底人

续表

序号	项目	城市轨道工程无砟轨道施工技术交底的主要内容
15 无缝线路的施工技术	无缝线路铺设	(6) 对于板式无砟轨道,采用充填式垫板及配套机具进行轨道几何形位精细调整。充填式垫板施工应遵守《充填式垫板施工技术条件》中的各项技术规定。 (7) 轨道几何状态精细调整并检验合格后,必须按设计扭矩拧紧扣件螺栓,扣件螺栓扭矩不低于300N·m,扣件锚固螺栓扭矩不得低于700N·m。 (8) 长钢轨铺设、焊接完成后,应利用凸形挡台上的基标对线路进行精密测量,调整轨道几何形位,调整后轨道精度必须符合设计技术条件要求。 (9) 无缝线路施工完成后,应按设计要求在桥上、隧道边墙上或路基上的接触网电杆上设置位移观测桩。
	道岔区无缝线路施工	(1) 道岔与线路的检查:道岔在焊接及锁定前,应对道岔及线路进行检查。主要内容为: 1) 道岔几何形位应符合设计要求; 2) 可动心轨位置、尖轨端与限位器位置正确; 3) 道岔直、曲尖轨方正,偏差不得大于4mm,并使限位器的子母块居中,偏差不得超过1mm; 4) 道岔方向正确,道岔导曲线或岔后附带曲线圆顺,正矢必须符合规定。 (2) 施工准备:施工的准备工作主要有如下内容: 1) 道岔焊接及锁定当天,每隔25m拆除一根轨枕上的扣件,抽出轨下垫板,用位移测量尺在钢轨底做纵向位移观测标记; 2) 整备钢轨液压拉伸器、铝热焊或气压焊、接触焊机具、撞轨器,并测量钢轨温度; 3) 根据计算的放散量,考虑铝热焊的预留焊缝值,若是气压焊或接触焊则要留到轨端顶锻量,在钢轨接头划出锯切量。 (3) 道岔焊接与锁定 首先将道岔划分为若干单元,分别进行应力放散→焊接→锁定作业循环,最后完成岔首、岔尾与无缝线路的焊联。 (4) 施工方法:在道岔的铺设过程中,其具体的施工方法如下: 1) 相邻正线间的渡线一般采用道岔的岔尾相连布置,同时道岔与相邻无缝线路直接相连,所以铺设和锁定轨温相近,允许偏差值分别不超过10℃和5℃; 2) 当道岔铺设和锁定时,在岔尾和岔首分别测量轨温,以两处测得轨温的平均值作为铺设和锁定轨温。道岔应力放散时,道岔的中心和辙叉咽喉的位置保持不变。 3) 直、曲基本轨应力放散必须做到彻底、均匀,锁定轨温准确。辙叉前后的钢轨扣件拆除后放散应力,辙叉部分扣件不拆除,固定不动。 4) 道岔焊接及锁定开始,首先拆除开辙叉前后钢轨扣件,由道岔中部向两头安设滚轮,每隔6m在钢轨下安设滚轮,保证道岔钢轨全部由滚轮支承。 5) 与基本轨连接的钩锁器螺栓应拆除,以免影响应力放散,拆除道岔内钢轨接头处用于临时连接的断轨急救器; 6) 安装钢轨液压拉伸器,张拉钢轨,并辅助撞轨。测量轨温和各测点钢轨位移量,若位移分布不均匀,可以采取撞轨调整; 7) 当终点位移测点所测得的钢轨位移量达到规定放散量,且断口宽度与预留焊缝宽度相等时,立即停止张拉和撞击钢轨,迅速撤除滚轮,使钢轨落槽; 8) 若采用铝热焊接时,其钢轨液压拉伸器应保持压力,若尚需实施铝热焊接,并去除焊瘤,直至焊接全部完成; 9) 曲基本轨用钢轨液压拉伸器张拉后,应注意调整正矢达到规定标准。
审核人		交接人	接受交底人

续表

序号	项目	城市轨道工程无砟轨道施工技术交底的主要内容
16	无砟轨道状态的调整	(1) 对轨道线路的高低、水平通过铁垫板下预制的调高垫板、以及铁垫板上的充填式垫板进行调整等。根据我国秦沈客运专线内采用的弹性分开式扣件的设计参数,其扣件最大调高为30mm,其中轨下允许最大调高量为10mm,铁垫板下20mm。 (2) 在钢轨高低、水平状态调整好后,采用塞尺等实测每个扣件节点轨下实际所需要的调高量。尽管在前期研究过程中,该扣件在调高30mm状态、横向载荷50kN的条件下通过了200万次的疲劳试验,考虑到弹条尽可能地处于正常工作状态,充填式垫板的填充厚度以5mm左右为宜,对于超出的部分必须在铁垫板下垫入预制的调整高垫板。 (3) 轨道板准确定位、CA砂浆灌注、无缝线路铺设完成后,轨道几何形位的精细调整是保证板式轨道达到线路铺设精度的重要过程。轨道状态调整时,必须先确定一股钢轨的方向和高低,再以此股钢轨为基准,确定另一股钢轨的状态。就秦沈客运专线双河特大桥板式轨道弹性分开式扣件来说,线路的轨距、方向通过扣件不同规格的调距扣板与轨距块进行调整。 (4) 在插入充填式垫板注入袋之前,必须在钢轨扣件节点之间的轨底下按一定间距插入调整垫块。调整块由两部分组成:首先是基准垫块,基准垫块的尺寸是根据钢轨的类型、轨底与轨道板顶面的设计高度、轨底坡的大小确定;在基准垫块的基础上,再配置微调垫块,而微调垫块的厚度规格可以分为0.5mm、1mm、2mm、4mm等级。 (5) 为了确保轨道状态调整达到铺设精度,在每块轨道板范围内,每股钢轨的轨底与板顶之间插入调整垫块。必须注意调整垫块轨底坡的方向、调整垫块前后的扣件必须按照有关规定进行扭矩拧紧,其他扣件螺栓用手拧紧即可,否则充填式垫块注入树脂时,有可能将钢轨抬起。 (6) 无砟轨道铺设完成后,其铺设精度应满足表3-7-11的要求,并符合《无砟轨道铺设及养护维修》中的有关规定。 无砟轨道铺设精度标准(竣工后,处于静态) 表3-7-11 | 项目 | 高 低 | 轨 向 | 水 平 | 轨 距 | |---|---|---|---|---| | 幅值(mm) | 2 | 2 | 1 | ±1 |
17	质量检验标准	(1) 质量检验项目的划分:无砟轨道工程施工质量分为分项、分部和单位工程进行检验与评定。而分项工程则按工种与工序可分为保证项目、基本项目和允许偏差项目;分部工程按一个完整部位或主要结构与施工阶段来划分;单位工程按完整工程或一个相当规模的施工范围来划分; (2) 质量标准: 1) 分项工程质量合格标准:保证项目应符合本标准对该项目规定的质量要求,基本项目抽验的点(处、件,下同)必须符合本标准对该项目规定的合格要求,允许偏差项目抽验的点数中应有80%及以上的实测值在该项目规定的允许误差范围内; 2) 分部工程质量合格标准:所含分项工程的质量全部合格; 3) 单位工程质量合格标准:所含分部工程的质量全部合格。 (3) 质量检验评定程序: 1) 分项工程质量应在工班自检合格的基础上,由分项工程负责人组织有关人员进行检验评定,经项目班组主管质量技术员、项目经理部主管质量工程师、监理工程师等核定后,由项目班组填写分项工程质量检验评定表一式三份,自留一份,报项目经理部一份,报监理单位一份; 2) 分部工程质量应由项目经理组织有关人员进行评定,经监理工程师和总监理工程师核定后,由项目经理部填写单位工程质量评定表一式四份,项目经理部、班组各存一份,报监理单位一份,另一份作为质量评价资料在竣工验收时提出。
审核人		交接人 接受交底人

4 基坑支护桩与地下连续墙

4.1 基坑支护桩施工技术交底

城市轨道工程的基坑支护桩施工技术交底见表 4-1 所示。

表 4-1 城市轨道工程的基坑支护桩施工技术交底

序号	项目	城市轨道工程基坑支护桩施工技术交底的主要内容
1	一般规定	(1) 根据《地下铁道工程施工及验收规范》要求,这些规定适应于地铁的隧道结构基坑及竖井,采用冲击或振动沉桩、静力压桩、钻孔灌注桩等支护结构的施工及验收。 (2) 各种沉桩方法,应根据地质、环境和施工机械设备等条件,按表 4-1-1 选用。 **各类沉桩施工适用地质范围　　　　表 4-1-1** {{TABLE}} (3) 支护桩及腰梁、横撑、锚杆等,必须经过计算,并按设计要求施工。支护桩沉设前宜先试桩,试桩数量不得少于 2 根。 (4) 沉桩之前应测放桩位;沉桩时,钻(桩)头就位应正确、垂直,沉桩过程中应随时检测;沉桩以线路中线为准,允许偏差为:纵向±100mm;横向 50mm;垂直度 3‰。 (5) 沉桩施工场地应坚实、平整,并应清除地下、地面及高空障碍物,需要保留的地下管线应挖露并加以保护。 (6) 当基坑开挖后,其桩墙应垂直平顺,桩间的挡土墙及支撑系统应牢固可靠。其钢桩应无严重扭曲、倾斜和劈裂等;对于钢板桩锁口连接应严密,钢筋混凝土灌注桩应无露筋、露石、缩颈和断桩现象。在基坑的土方和结构施工期间,应对其基坑围岩和桩墙支撑系统进认真的行动态观测,并应及时地反馈信息。
2	冲击沉桩施工	(1) 对于冲击沉桩的施工,应根据沉桩的数量和施工的条件来选用沉桩机械,并按其技术规定要求进行施工。 (2) 对于钢桩上端应设置吊装孔,钢板桩锁口内应涂油,下端应用易拆物塞紧。对于工字形钢桩应进行单根沉没,而钢板桩应采用围檩法去沉设。
审核人		交接人　　　　　　　接受交底人

其中嵌入表格:

序号	沉桩方法		适用地质范围
1	冲击沉桩		黏性土、砂土、淤泥和粒径不大于 50mm 碎石类土
2	静力压桩		黏性土、砂土、淤泥
3	振动沉桩		黏性土、砂土、淤泥
4	干作业螺旋钻机钻孔		地下水位以上黏性土、砂土和粒径不大于 50mm 碎石类土
5	螺旋钻机钻孔压浆成桩		黏性土、砂土、淤泥和粒径不大于 50mm 碎石类土
6	泥浆护壁成孔	冲抓	有地下水的碎石土、黏性土、淤泥及基岩
		冲击	有地下水的碎石土、黏性土、淤泥及基岩
		回转钻	有地下水的碎石土、黏性土、淤泥及基岩

续表

序号	项目	城市轨道工程基坑支护桩施工技术交底的主要内容
2	冲击沉桩施工	(3) 钢板桩围檩支架的围檩桩必须垂直、围檩水平、位置正确、牢固可靠。对于围檩支架应高出地面1/3桩长；最下层围檩距地面不宜大于500mm；围檩间净距应比2根钢板桩组合宽度大8～15mm。 (4) 钢板桩宜以10～20根为一段，逐根插入围檩后，应先沉入两端的定位桩，再以2～4根为一组，采取阶梯跳跃式沉入。 (5) 钢板桩围堰宜在转角处两桩墙各10根桩位轴线范围内调整后合拢，如若不能闭合则需要搭接时，其背后应进行防水处理。 (6) 在沉桩的施工过程中，应随时检查、测定、校正桩的垂直度。钢桩沉设贯入度每击20次不应小于10mm。
3	振动沉桩施工	(1) 一般情况下，振动锤的振动频率应大于钢桩的自振频率。在实施振动前，其振动锤的桩夹应夹紧钢桩上端，振动作用线与钢桩重心线应在同一直线上。 (2) 振动沉设钢桩的基本方法和程序，请按本手册本章本节有关冲击沉桩中第(2)～(6)条中有关规定执行。 (3) 沉桩施工过程中，如钢桩下沉速度突然减少，应立即停止沉桩施工，并将钢桩向上拔起0.6～1.0m，然后重新快速下沉，如仍不能下沉时，应采用其他措施解决。
4	静力压桩施工	(1) 当压桩机在施工压桩时，其桩帽与桩身的中心线应重合，压同一根桩时，必须连续沉没施工，不要间断沉没施工。 (2) 在压桩的整个施工过程中，应随时随地检查桩身的垂直度，在初压的过程中，如发现其桩身位移、倾斜和压入过程中桩身突然倾斜，以及设备达到额定压力而持续20min仍不能下沉时，应马上停止压桩，并采取有效措施，恢复正常施工。
5	拔桩施工	(1) 在整个拔桩的施工过程中，首先是应具有沉桩平面布置图，在施工中应对施工全过程的记录，同时还应有地下管线恢复竣工图与桩位附近原有管线分布图。 (2) 在拔桩之前，必须拆除或改移高空障碍物，平整和夯实作业场地，修筑临时运输道路，架设动力及照明线路，清除桩头附近的堆土，检修所有机械设备，拟定施工方案，各方面就绪后方才拆卸、转移机械设备。 (3) 拔桩时，适宜采用振动拔桩机，吊车配合，并必须符合以下规定： 1) 拔桩机的卡头应卡紧桩头，吊机工作时的起拔线应与桩的中心线必须重合； 2) 拔桩开始时应略松吊钩，当振动机施工而振动后，随振幅加大必然拉紧其吊钩； 3) 当钢桩拔起到能够用吊车直接吊起时候，则应立即停止振动，并及时吊出，其吊点必须在桩长1/3以上部位； 4) 钢桩应当是逐一试拔，对容易拔的桩应先拔出，钢桩拔出后的桩孔应及时用砂填实。 (4) 在施实拔桩时，在操作方法上应正确、拔桩机振幅达到最大负荷、振动30min仍不能拔起时，应停止振动并采取有效的处理措施解决。 (5) 在地下管线附近拔桩时，必须保护好各类地下管线，所有施工机械都不能在管线的上面作业施工。
6	钻孔灌注桩施工	**1. 螺旋钻机成孔施工技术交底** (1) 螺旋钻机的钻头应根据土质选用，其成孔应符合以下规定： 1) 螺旋钻机的钻杆在就位时必须正确、垂直，允许偏差不应大于：纵向±100mm；横向 50mm；垂直度3‰；螺旋钻机开钻或穿越软硬不均匀的土层交界处时，应缓慢钻进并保持钻杆的垂直；
审核人		交接人　　　　　　　　　　接受交底人

续表

序号	项目	城市轨道工程基坑支护桩施工技术交底的主要内容
6	钻孔灌注桩施工	2) 螺旋钻机在松软杂填土或含水量较大的软塑性土层中施工钻进时,钻杆不得摇晃; 3) 在钻进中应随时清除孔口旁边的积土,当发现钻杆跳动、机架摇晃、不进尺等现象时,应停钻检查处理,钻孔达到设计高程后,应空钻清渣,提钻后及时对孔进行加盖保护。 (2) 如若采用压浆成桩时,除了按照前面第(1)条已述规定施工外,还应在提钻杆时,必须边提钻杆边压注水泥浆,至孔口后立即吊放钢筋笼,并及时投放粗骨料。 **2. 泥浆护壁成孔施工技术交底** (1) 首先是护筒设置的位置必须正确、稳固,同时孔壁之间应采用黏土填实。其埋置的深度,黏土层不应小于 1.0m,砂质或杂填土层不应小于 1.5m。 (2) 如选用冲击成孔,则可根据土层按表 4-1-2 来选用冲程和泥浆的比重。 各类不同土层冲程和泥浆比重选用值表　　表 4-1-2 | 序 号 | 土层类型 | 冲 程(m) | 泥浆比重 | |---|---|---|---| | 1 | 护筒及以下 3m 范围 | 0.9~1.1 | 1.1~1.3 | | 2 | 黏土 | 1~2 | 清水 | | 3 | 砂土 | 1~3 | 1.3~1.5 | | 4 | 砂卵石 | 1~3 | 1.3~1.5 | | 5 | 风化岩 | 1~4 | 1.2~1.4 | | 6 | 塌孔回填后重新钻孔 | 1 | 1.3~1.5 | (3) 在整个施工过程中,要注意排渣施工必须符合以下规定: 1) 黏性土中成孔,可注入清水,以原土制浆护壁最好,排渣泥浆比重应控制在 1.1~1.2; 2) 对于砂土和较厚夹砂层的中成孔,泥浆的比重应控制在 1.1~1.3。其泥浆选用塑性指数 $I_P \geqslant 17$ 的黏土配制; 3) 施工中应经常测定泥浆的比重,并定期测定泥浆的黏度、含砂率和胶体率,其指标控制的范围为:黏度 18~22s,含砂率为 4%~8%,胶体率不小于 90%。 (4) 在清孔施工中,必须符合以下规定:孔壁土质不易坍塌时,可采用空气吸泥机清孔;用原土制造泥浆时,清孔后泥浆比重应控制在 1.1 左右;当孔壁土质较差时,宜用泥浆循环清孔,清孔后泥浆比重应控制在 1.15~1.25;清孔过程中必须补足泥浆,并保持浆面稳定;清孔后立即吊放钢筋笼,并及时灌注水下混凝土。 (5) 在成孔施工过程中若发现斜孔、穿孔、缩孔或者沿护筒周围冒浆及地面沉陷等现象时,应及时采取有效措施处理后方可继续施工。 **3. 钢筋笼的加工与吊装的施工技术交底** (1) 首先是对钢筋笼绑扎必须牢固可靠,其加工除满足设计要求外,尚应符合以下规定: 1) 主筋接头可采用对焊、绑扎、搭接焊或冷挤压、气压焊等连接形式,并必须符合相应的施工技术规定; 2) 导管灌注水下混凝土桩的钢筋笼内径应大于导管连接处外径 100mm 以上; 3) 钢筋笼应按吊装条件确定分段加工长度,并设置钢筋保护层定位装置和焊接吊装耳环; 4) 钢筋笼下端 0.5~0.8m 范围内主筋应稍向内侧弯曲呈倾斜状; 5) 箍筋间距不得大于 300mm,并宜采用螺旋筋;钢筋笼刚度较差时应补强,吊运中不得变形。
审核人		交接人　　　　　　　　接受交底人

续表

序号	项目	城市轨道工程基坑支护桩施工技术交底的主要内容
6	钻孔灌注桩施工	（2）然后，当钢筋笼制作之后，其允许偏差为：主筋间距±10mm；箍筋间距±20mm；钢筋笼直径±10mm，长度±50mm。 （3）最后，钢筋笼向钻孔内吊装时应符合下列规定：钢筋笼应吊直扶稳，对准孔位缓慢下沉，不得摇晃碰撞孔壁和强行入孔；分段吊装时，将下段入孔内后，其上端应留1m左右临时固定在孔口处，上下段钢筋笼的主筋对正连接合格后继续下沉。 **4. 混凝土灌注的施工技术交底** （1）灌注桩所使用的混凝土必须具有良好的和易性，其配合比应经试验后确定。细骨料宜采用中、粗砂，粗骨料适应不大于40mm的卵石或碎石。其坍落度：干作业成孔宜为100～210mm，如若水下灌注宜为160～210mm。 （2）混凝土灌注前应仔细检查成孔和钢筋笼的质量，混凝土应连续一次灌注完毕，并保证密实度。干作业成孔应沿钢筋笼内侧连续灌注混凝土，不得满口倾倒。 （3）泥浆护壁成孔应采用水下灌注混凝土。其灌注混凝土导管宜采用直径为200～250mm的多节钢管，管节连接应严密、牢固，使用前应试拼，并进行隔水栓通过试验。 （4）对于灌注水下混凝土时，则必须符合以下规定：即：混凝土灌注前应在导管内临近泥浆面位置吊挂隔水栓；导管底端距孔底应保持300～500mm；导管埋入混凝土深度应保持2～3m，并随提升随拆除；导管吊放和提升不得碰撞钢筋笼。 （5）冬期施工时应采取保温措施。桩顶混凝土强度未达到设计强度的40%时不得受冻。 （6）混凝土试件的制作，其同一配合比每班不得少于一组，泥浆护壁成孔的灌注桩每5根不得少于一组。
7	基坑支护施工	**1. 桩间土护壁的施工技术交底** （1）对于采用工字钢桩间土壁背板安装应符合以下条件：背板的强度应根据计算来确定，每块背板伸入工字钢翼缘内不得小于50mm；每层土方开挖后应及时安装背板，背板拼接应严密，背板后的空隙应填密实；背板应根据基坑回填土的进度来决定拆除，一次拆除的高度，也应根据坑壁的土质来确定。 （2）钻孔灌注桩的桩间土壁，应采用砂浆或混凝土封闭。如挂钢筋网时，则钢筋网应与桩体钢筋连接牢固。 **2. 横撑支护的施工技术交底** （1）横撑安装前应先进行拼装，拼装后两端支点中心线偏心不得大于20mm，安装后的总偏心量不应大于50mm。 （2）横撑应在土方挖至其设计位置后及时安装，并按设计要求对坑壁施加应力，顶紧后应采取措施固定牢靠。对于设有腰梁的横撑，其腰梁应与桩体水平连接牢固后，才可安装横撑。 （3）横撑安装位置允许偏心为：高程±50mm，水平间距±10mm。横撑需要设置中间支撑柱时，其支撑柱应按设计施工，并与横撑连接牢固。对于隧道结构的工程施工时，横撑上不得堆放材料或者其他重物。如若发现有变形、钢楔松动或支撑系统出现故障时，必须及时进行处理。 （4）横撑及腰梁应随基坑回填，其方法是自下而上逐层进行拆除，并且是一边拆一边填，必要时应采取加固的措施。当地下连续墙作为主体结构墙体时，横撑必须按设计要求拆除。 **3. 土层锚杆支护的施工技术交底** （1）首先是锚杆的布置必须符合以下条件：最上层锚杆覆土厚度不应小于3m；上下两层锚杆间距宜为2～5m，水平间距宜为2～3m；倾斜度宜为15°～35°；位置正确并应避开邻近地下构筑物和各类管线，如锚杆长度超过施工范围时，应取得有关单位同意；对于锚固段必须设置于滑动土体1m以外的地层中，锚固段与非锚固段应界限分明。
审核人		交接人 接受交底人

续表

序号	项目	城市轨道工程基坑支护桩施工技术交底的主要内容
7	基坑支护施工	(2)锚杆的杆体可采用钢筋或钢绞线,钢筋应除锈,钢绞线锚固段应擦洗干净。锚杆杆体应设置定位器,其间距为:锚固段不宜大于2m,非锚固段一般为2~3m。锚杆的锚头、垫板受力后不得变形和损坏。 (3)锚杆应在基坑土方挖至其设计位置后及时安装。钻孔机具应根据地质条件选择,锚孔允许偏差为:孔位高程±50mm,水平间距±100mm,孔深$^{+100}_{0}$mm。设有腰梁的锚杆,其腰梁应与桩体水平连接牢固,才可安装锚头。 (4)锚杆注浆施工中应符合以下要求:水泥应采用325号以上的普通硅酸盐水泥,必要时可以掺外加剂;水泥浆液的水灰比为0.4~0.5,水泥砂浆灰砂比宜为1.1~1.2;锚固段注浆必须灌满,使其密实,并宜采用二次注浆,注浆压力宜为0.4~0.6MPa。接近地表或地下构筑物及管线的锚杆,应适当控制注浆的压力。 (5)对于锚杆的锚固段浆液达到设计强度后,才可进行张拉并锁定,其张拉值应为设计荷载的75%~80%,并按表4-1-3做好记录。 **土层锚杆加荷试验记录表** 表4-1-3 (表格:锚杆编号、拉杆长度(m)[总长度/锚固体长度/非锚固体长度]、设计荷载T_w(kN)、施加荷载T及位移量(mm)[$0.50T_w$、$0.75T_w$、$1.00T_w$、抗拉强度试验$1.33T_w$、抗拉强度试验$1.20T_w$、抗拉强度试验$0.75~0.8T_w$],每栏含稳压时间(min)和位移量、试验时间) 施工单位:____年__月__日 施荷人:____ 记录人:____ 技术负责人:____ 注:T_w为锚杆的设计荷载。 (6)锚杆应进行抗拉和验收试验,并应符合如下规定: 1)试件数量:抗拉试件宜为总数量的2%,且不应少于2根;验收试件宜为数量3%,且不应少于3根; 2)加荷方式:依次为设计荷尔蒙载的25%、50%、75%、100%、120%(验收试验锚杆)、133%(抗拉试验锚杆); 3)验收试用锚杆总位移量不应大于抗拉试验锚杆的总位移量。
审核人		交接人	接受交底人

4.2 地下连续墙施工技术交底

城市轨道工程的地下连续墙施工技术交底见表4-2所示。

表4-2 城市轨道工程的地下连续墙施工技术交底

序号	项目	城市轨道工程地下连续墙施工技术交底的主要内容
1	一般规定	(1) 在地下铁道施工中,对于土层或软岩地层中,如若采用机械挖槽、泥浆护壁、现浇钢筋混凝土地下连续墙等方法施工,则应遵守下面的施工技术交底要求与验收标准。 (2) 地下连续墙结构及横撑或锚杆等,必须经过认真的计算,其横撑或锚杆施工应符合本章第4.1节中"基坑支护"的有关内容。 (3) 地下连续墙施工应具有地质勘察报告和隧道结构平面图、纵断面图等,同时还应有基坑范围内的地下管线、构筑物及临近建筑物的资料。 (4) 当地下连续墙施工前,应平整好施工场地,清除成槽范围内的地面、地下障碍物,对需要保留的地下管线应挖露出来,封堵地下空间并测放出导墙的具体位置。 (5) 对于地下连续墙支护的基坑,在土方开挖和隧道结构施工期间,应对基坑围岩和墙体及其支护系统进行监控测量,并需要及时地反馈其信息。 (6) 地下连续墙作为主体结构时,在施工二次结构前,墙体应凿毛、清理干净、调直预留钢筋,经认真检查合格后,才可进行第二次结构的施工。 (7) 地下连续墙支护的基坑为软弱土层时,其基底加固措施应符合设计要求,并在加固浆体达到设计强度后才可进行土方的开挖施工。
2	导墙施工	(1) 在槽段开挖施工之前,应沿着地下连续墙墙面两侧构筑导墙,导墙的净距应大于地下连续墙设计尺寸约40～60mm,导墙可采用现浇或者预制钢筋混凝土结构。 (2) 导墙结构应建在坚实的地基上,并必须承受水土压力和施工机械设备等附加荷载。 (3) 如若采用预制导墙接头,其连接必须牢固可靠;若是采用现浇钢筋混凝土导墙时,必须注意在养护期间内,不得有重型机械设备在其附近地区作业或者停放。 (4) 导墙的高度一般宜为1.5～2m,其顶部高出地面不得小于100mm,外侧墙土必须进行夯实,此时,导墙不得有移位和变形现象。 (5) 导墙施工允许偏差应符合如下要求:内墙面与地下连续墙纵轴线平行度为±10mm、内外导墙间距为±10mm、导墙内墙面垂直度为5‰、导墙内墙面平整度为3mm、导墙顶面平整度为5mm。
3	泥浆制备与管理	(1) 对于地下连续墙所采用的泥浆,必须是由搅拌机械设备来完成泥浆的搅拌工作,并优先选用膨润土,如采用黏土,应进行物理、化学分析和矿物鉴定,其黏粒含量应大于50%,塑性指数应大于20,其含砂量必须小于5%,二氧化硅与氧化铝的含量比值宜为3～4。 (2) 泥浆应根据地质和地面沉降控制要求经试配确定,并应按照表4-2-1控制其性能指标和《地下工程施工及验收规范》规程,并按照表4-2-2做好地下连续墙泥浆护壁质量检验记录工作。 (3) 新拌制的泥浆,应该储存24h以上或加分散剂使膨润土(或黏土)必须充分水化后才可以使用。挖槽施工期间,泥浆面必须保持高于地下水位在0.5m以上。 (4) 施工中可回收利用的泥浆,但必须进行分离净化处理,符合标准后才可使用。废弃的泥浆应采取有效措施,不得污染施工周围环境。 (5) 当遇到地下水含盐或受化学污染时,应采取有效措施,但不影响泥浆的性能指标。泥浆储备量应满足槽壁开挖使用的需要。
审核人		交接人		接受交底人	

续表

序号	项目	城市轨道工程地下连续墙施工技术交底的主要内容
3	泥浆制备与管理	（见下方表格内容）

泥浆配制与管理的各项性能指标　　　　表 4-2-1

序号	泥浆性能	新配制		循环泥浆		废弃泥浆		验方法
		黏性土	砂性土	黏性土	砂性土	黏性土	砂性土	
1	比重(g/cm³)	1.04~1.05	1.06~1.08	<1.10	<1.15	>1.25	>1.35	比重计
2	黏度(s)	20~	25~30	<25	<35	>50	>60	漏斗计
3	含砂率(%)	<3	<4	<4	<7	>8	>11	洗砂瓶
4	pH 值	8~9	8~9	>8	>8	>14	>14	试纸

地下连续墙泥浆护壁质量检验记录表　　　　表 4-2-2

工程名称_____　　　泥浆搅拌机类型_____
施工单位_____　　　膨润土种类和类型_____

泥　浆　配　合　比	
每立方米	每盘
土(kg)	土(kg)
水(kg)	水(kg)
化学掺合剂(kg)	化学掺合剂(kg)

日期班次	泥浆取样位置	泥浆质量指标								说明
		比重	黏度(秒)	含砂量(%)	胶体率(%)	失水率(mm/30min)	泥皮厚度(mm)	静切力(mm/cm³)	稳定性(g/cm³)	pH

工程负责人：_____　　　记录_____

4	挖槽施工	（1）对于地下连续墙的施工，首先应根据地质、地下障碍物、施工环境、墙厚与工程质量要求来选择挖槽机械。在挖槽施工时，其抓斗中心平面应与导墙中心平面相吻合。 （2）单元槽段的长度应符合设计要求，并采用间隔式的开挖方法，一般的地质就应采用间隔一个单元槽段进行施工。 （3）在挖槽施工的过程中，应随时观测槽壁的变形、垂直度、泥浆液面高度，并应认真地控制抓斗上下运行的速度。在施工中，如发现较严重的塌方时，应及时将机械设备提出，分析原因，并进行妥善的处理。 （4）槽段挖至设计高程后，应及时检查槽位、槽深、槽宽和垂直度，并按《地下铁道工程施工及验收规范》的规定，并按表 4-2-3 做好记录，合格后才可进行清底。
审核人		交接人　　　　　接受交底人

续表

序号	项目	城市轨道工程地下连续墙施工技术交底的主要内容		
4	挖槽施工	<p align="center">地下连续墙挖槽施工记录表　　　　表 4-2-3</p>工程名称_____　　挖槽设备_____ 施工单位_____　　设计深度_____　宽度_____<table><tr><th rowspan="2">日期班次</th><th colspan="2">单元槽段里程及编号</th><th colspan="2">单元槽段深度</th><th rowspan="2">本班挖槽深度（m）</th><th rowspan="2">本班挖土数量（m³）</th><th rowspan="2">挖槽深度（m）</th><th rowspan="2">槽壁垂直度（%）</th><th rowspan="2">槽位偏差情况</th><th rowspan="2">说明</th></tr><tr><th>里程</th><th>编号</th><th>本班开始时间(m)</th><th>本班结束时间(m)</th></tr><tr><td></td><td></td><td></td><td></td><td></td><td></td><td></td><td></td><td></td><td></td><td></td></tr><tr><td></td><td></td><td></td><td></td><td></td><td></td><td></td><td></td><td></td><td></td><td></td></tr><tr><td></td><td></td><td></td><td></td><td></td><td></td><td></td><td></td><td></td><td></td><td></td></tr><tr><td></td><td></td><td></td><td></td><td></td><td></td><td></td><td></td><td></td><td></td><td></td></tr><tr><td></td><td></td><td></td><td></td><td></td><td></td><td></td><td></td><td></td><td></td><td></td></tr><tr><td></td><td></td><td></td><td></td><td></td><td></td><td></td><td></td><td></td><td></td><td></td></tr><tr><td></td><td></td><td></td><td></td><td></td><td></td><td></td><td></td><td></td><td></td><td></td></tr><tr><td></td><td></td><td></td><td></td><td></td><td></td><td></td><td></td><td></td><td></td><td></td></tr></table>工程负责人：_____　　　　　　　　　　　　记录_____ （5）清底时应当自底部抽吸并及时补浆，清底结束后的槽底泥浆比重不应大于 1.15，沉淀物淤积厚度不应大于 100mm。		
5	钢筋笼制作与安装	（1）钢筋笼应在平台上制作成型，同时，必须符合下述要求： 1）钢筋笼纵向应预留导管位置，并上下贯通；吊点焊接应牢固，并应保证钢筋笼起吊刚度； 2）钢筋笼底端应在 0.5m 范围内的厚度方向上做收口处理； 3）钢筋笼应设定位垫块，其深度方向间距为 3～5m，每层设 2～3 块；预埋件应与主筋连接牢固，外露面包扎严密； 4）分节制作钢筋笼应试拼装，其主筋接头搭接长度应符合设计要求，如若采用焊接或机械连接时，应按照相应的技术规定执行。 （2）钢筋笼制作精度应符合表 4-2-4 所列的有关要求执行。 钢筋笼制作允许偏差值(mm)　　表 4-2-4 <table><tr><th>序号</th><th>主要项目</th><th>偏差</th><th>检查方法</th></tr><tr><td>1</td><td>钢筋笼长度</td><td>±50</td><td>采用钢尺量，每片钢筋网检查上、中、下三处</td></tr><tr><td>2</td><td>钢筋笼宽度</td><td>±20</td><td>采用钢尺量，每片钢筋网检查上、中、下三处</td></tr><tr><td>3</td><td>钢筋笼厚度</td><td>10 左右</td><td>采用钢尺量，每片钢筋网检查上、中、下三处</td></tr><tr><td>4</td><td>主筋间距</td><td>±10</td><td>任取一断面连续量取间距，取平均值作为一点；每片钢筋网上测量四点</td></tr><tr><td>5</td><td>分布筋间距</td><td>±20</td><td></td></tr><tr><td>6</td><td>预埋件中心位置</td><td>±10</td><td>抽查</td></tr></table>（3）钢筋笼应在槽段接头清刷、清槽、换浆合格后及时吊放入槽，并应对准槽段中心线缓慢沉入，不得强行入槽。 （4）当钢筋笼分段沉放入槽时，下节钢筋笼平面位置应正确并临时固定于导墙上，上下节主筋对正、连接牢固，并经检验合格后，才可继续下沉施工作业。		
审核人		交接人		接受交底人

续表

序号	项目	城市轨道工程地下连续墙施工技术交底的主要内容
6	混凝土灌注	(1) 地下连续墙施工中,应采用掺外加剂的防水混凝土,水泥用量为：采用卵石时不应小于370kg/m³,采用碎石时不应小于400kg/m³,坍落度应采用200±20mm。其他使用的材料、配合比和搅拌方法均应按本手册"隧道结构防水"中的有关技术要求执行。 (2) 混凝土一般采用商品混凝土,并应采用导管法灌注。其导管应采用直径为200~250mm的多节钢管,管节连接应严密、牢固,施工前必须进行隔水栓通过试验。 (3) 导管水平布置距离不应大于3m,灌注混凝土前应在导管内临近泥浆面位置吊挂隔水栓。 (4) 混凝土灌注应符合以下要求： 1) 钢筋笼沉放就位后应及时灌注混凝土,并不应超过4h； 2) 各导管储料斗内混凝土储量应保证开始灌注混凝土时埋管深度不得小于5mm,各导管剪断隔水栓吊挂线后应同时均匀连续灌注混凝土,因故中断灌注时间不得超过30min； 3) 导管随混凝土灌注应逐步提升,其埋入混凝土深度应为1.5~3.0m,相邻两管内混凝土高差不应大于500mm； 4) 混凝土不得溢出导管落入槽内,混凝土灌注速度不应低入2m/h,置换出的泥浆应及时处理,不得溢出地面,混凝土灌注宜高出设计高程300~500mm。 (5) 每一单元槽段混凝土应制作抗压强度试件一组,每5个槽段应制作抗渗压力试件一组,并按表4-2-5所列的要求做好记录等。

地下连续墙混凝土灌注记录表   表4-2-5

工程名称_____　　　设计标号_____
施工单位_____　　　坍落度_____
导管直径_____　　　扩散度_____

日期班次	单元槽里程及编号		单元槽段混凝土计算灌注数量（m³）	单元槽段混凝土实际灌注数量（m³）	混凝土灌注平均速度（m³/h）	混凝土实测坍落度（cm）	导管埋入混凝土深度（m）	说明
	里程	编号						

(6) 地下连续墙在冬期施工应采用取保温措施,墙顶混凝土未达到设计强度的40%时不受冻。

审核人		交接人		接受交底人	

续表

序号	项目	城市轨道工程地下连续墙施工技术交底的主要内容
7	连续墙墙头处理	(1) 地下连续墙各墙幅间竖向接头应符合设计要求,使用的锁口管应能承受混凝土灌注时的侧压力,灌注混凝土时不得位移和发生混凝土绕管现象。 (2) 锁口管应紧贴槽端对准位置垂直、缓慢沉放,不得碰撞槽壁和强行入口,锁口管应沉入槽底300~500mm。 (3) 锁口管在混凝土灌注2~3h后必须进行第一次起拔,以后每30min提升一次,每次50~100mm,直至终凝后全部拔出。锁口管起拔后及时清洗干净。 (4) 后继槽段开挖后,应对前槽段竖向接头进行清刷,清除附着的土渣、泥浆等物。
8	防水施工	(1) 地下连续墙必须在墙体内侧喷涂或者铺贴卷材防水层时,其施工应按照本手册"结构外防水"中的有关具体方法、要求进行。同时还应按照本手册"隧道结构防水"中的有关具体方法、要求进行。 (2) 单元槽段接头不宜设在拐角处,当采用复合式衬砌时,其内外墙接头必须相互错开。 (3) 对于地下连续墙与内衬结构连接处,必须认真凿毛,并清理干净,必要时应做特殊的防水处理施工。
9	工程竣工验收	(1) 地下连续墙每一单元槽段施工,应对下列项目进行中间检验,并应符合本章有关规定: 1) 钢筋笼所制作的长度、宽度、高度和钢筋的间距、焊接、预埋件位置及钢筋笼吊装、入槽深度与位置; 2) 泥浆配制及循环泥浆和废弃泥浆的处理,槽段成槽后的宽度、深度、垂直度及清底、接头壁的清刷等; 3) 锁口管吊装时的插入深度、垂直度及起拔方法和时间,混凝土配合比、坍落度、导管布置及混凝土灌注。 (2) 基坑开挖后应进行地下连续墙验收,并符合下列要求: 1) 混凝土抗压强度和掺压力应符合设计要求,墙面无露筋、露石和夹泥现象; 2) 墙体结构允许偏差应符合表4-2-6中的要求。 地下连续墙各部允许偏差值(mm)　　　　表4-2-6 | 序号	允许偏差 项目	临时支护墙体	第一或复合墙体
---	---	---	---
1	平面位置	±50	
2	平整度	50	+30 0
3	垂直度(‰)	5	3
4	预留孔洞	50	30
5	预埋件	—	30
6	预埋连接钢筋		30
7	变形缝		±20	 注:平面位置以隧道线路中线为准进行测量。 (3) 工程竣工验收应提供下列资料: 1) 原材料质量合格证,图纸会审记录,变更设计或洽商记录; 2) 单元槽段中间验收记录,工程测量定位记录; 3) 各种试验报告和质量评定记录,废弃泥浆处理报告; 4) 基坑开挖后地下连续墙结构验收记录,隐蔽性工程的验收记录; 5) 开工、竣工的报告; 6) 竣工示意图。
审核人		交接人　　　　　　　接受交底人

5 隧道工程施工

5.1 隧道明挖法施工技术交底

城市轨道工程的隧道明挖法施工技术交底见表 5-1 所示。

表 5-1 隧道明挖法施工技术交底

序号	项目	城市轨道工程隧道明挖法施工技术交底的主要内容
1	一般规定	（1）隧道基坑必须保持地下水位稳定在基底 500mm 以下，需要降水时，应按照《地下铁道工程施工及验收规范》中的有关"井点降水"的要求执行。 （2）隧道基坑的土石方需要爆破时，必须事先编制爆破方案，报城市主管部门批准，经公安部门同意后才可实施爆破施工。 （3）隧道必须进行分段施工，完成一段及时回填。
2	管线拆迁、改移和悬吊施工	（1）首先是对于隧道基坑开挖范围内的各种管线，在施工前应调查清楚，需经有关单位同意后才能确定拆迁、改移或采取悬吊措施等。 （2）其次是对于基坑管线悬吊必须事先进行设计，其支撑结构强度和稳定性等应进行验算。 （3）当管道漏水（气）时，必须修理好恢复正常后才可悬吊。如跨基坑的管道较长或接口有断裂危险时，应更换钢管后悬吊或直接架设在钢梁上。 （4）悬吊或架设管道的钢梁，连接应牢固。吊杆或钢梁与管底应密贴并保持管道原有坡度。管线应在其下方的原状土开挖前吊挂牢固，经检查合格后，用人工作开挖其下部土方。 （5）对于不同的管线，宜单独悬吊或架设，如同时悬吊或架设时，应取得有关单位同意，并采取可靠措施施工。 （6）跨越基坑的便桥上不得设置管道悬挂，利用便桥墩台作悬吊支撑结构时，悬吊梁应独立设置，并不得与桥梁或桥面系统发生联系。 （7）支护桩或地下连续支护的基坑，可利用支护桩或地下连续墙做钢梁或钢丝绳悬吊的支撑结构，并必须稳固可靠。放坡开挖基坑的钢梁支撑墩柱或钢丝绳悬吊的锚桩，锚固端应置于边坡滑动土体以外并经计算来确定。基坑较宽而中间增加支撑柱时，梁、柱连接应牢固。 （8）跨越基坑的悬吊管线两端应伸出基坑边缘外距离不小于 1.5m 处，其附近基坑应加强支护，并采取防止地面水流入基坑的措施。 （9）在进行隧道土方及其他工序施工时，不得碰撞管道悬吊系统，并不得利用其做起重架、脚手架或模板支撑等。 （10）基坑悬吊两端应设防护，行人不得通行。基坑两侧正在运行的地下管线应设标志，并不得在其上堆放或放材料、机械等，也不得修建临时设施。基坑回填土前，悬吊管线下应砌支墩加固，并按设计要求恢复管线和回填土。
3	基坑便桥施工	（1）基坑施工运输便桥应采用装配式结构，其载重及通过能力必须根据施工机械、车辆荷载经计算成本确定。用做城市交通的便桥，必须满足城市交通车辆的具体要求。 （2）施工运输便桥，基坑如采用支护桩或地下连续墙支护时，宜利用其结构做桥台，并应加强支撑。对于放坡开挖的基坑，其桥台必须加固。 （3）基坑便桥的桥面系统应符合以下要求： 1）桥面应高出两端路面约 300～500mm，并必须设横向的排水坡度，桥面的桥头和原路面应该是顺坡相接；
审核人		交接人 接受交底人

续表

序号	项目	城市轨道工程隧道明挖法施工技术交底的主要内容
3	基坑便桥施工	2）便桥桥面的宽度应根据过桥和运输车辆来确定，其两侧人行道的宽度不得小于0.7m，并应高出其桥面150mm； 3）便桥的人行道外侧应该设置护栏，其高度不得小于1.2m，护栏两端顺基坑的方向延伸不得小于2m； 4）桥面可铺砌炉渣、粉煤灰混合料或沥青路面等，梁底至隧道结构净距和墩台至隧道结构边墙净距均不得小于1m。 （4）一般情况下，便桥两端应设置限载、限速和禁止超车、停车等标志。其人行便桥还应设置禁止机动车或机械通行的标志，并应设置护栏保护。 （5）便桥在使用中应经常检查主要受力杆件和基坑支护结构及边坡稳定情况，并应及时维修路面和排除积水。
4	基坑开挖与回填施工	**1. 基坑的开挖施工** （1）基坑开挖施工前必须做好以下工作： 1）制订控制地层变形和基坑支护结构支撑的施工顺序及管理指标；仔细划分分层及分步开挖的流水段，拟定好土方调配的计划，认真落实好弃土、存土场地，并勘察好运输的路线； 2）认真测放基坑开挖边坡线，清除基坑范围内的障碍物、修整好运输道路，并处理好需要悬吊的地下管线等。 （2）基坑开挖的存土点不得选择在建筑物、地下管线和架空线附近，基坑两侧10m范围内不得存土。在已回填的隧道结构顶部存土时，必须计算沉降量后确定堆土高度。 （3）基坑应根据地质、环境条件等确定开挖方法，当机械在基坑内开挖并利用通风道或车站出入口做运输车道时，不得损坏地基原状土。 （4）基坑开挖的宽度，放坡基坑的基底至隧道结构边缘距离不得小于0.5m。设排水沟、集水井或其他设施时，可根据需要适当加宽；支护桩或地下连续墙临时支护的基坑，隧道结构边缘至桩、墙边距离不得小于1m。放坡基坑的边坡坡度，应根据地质、基坑深度等情况，经稳定性分析后再确定，必要时应采取有效的加固措施。 （5）基坑必须自上而下分层、分段依次开挖，严禁掏底施工。放坡开挖基坑应随基坑开挖及时刷坡，边坡应平顺并符合设计要求；支护桩支护的基坑，应随基坑开挖及时护壁；地下连续墙或混凝土灌注桩支护的基坑，应在混凝土或锚杆浆液达到设计强度后才可进行开挖施工作业。 （6）当基坑开挖接近基底200mm时，应配合人工清底，不得超挖或扰动基底的土体。基底应平整压实，其允许偏差为：高程$^{+10}_{-20}$mm，平整度20mm，并在1m范围内不得多于1处。当基底经检查合格后，应及时施工混凝土垫层。 （7）当基底出现超挖、扰动、受冻、水浸或发现异物、杂土、淤泥、土壤松软及软硬不均等现象时，应做好记录，并会同有关单位研究处理。 （8）基坑开挖及结构施工期间应经常对支护桩、地下连续墙及支撑系统、放坡开挖基坑边坡、管线悬吊和运输便桥等进行检查，必要时尚应进行监测。 （9）对于所有土方、打桩、降水、地下连续墙等施工机械，在架空输电线路和通信线路下作业时，其施工的安全距离应符合技术安全规范的要求。 （10）在雨期施工时，应沿基坑做好挡水埂和排水沟；冬期施工时，必须及时采用保温材料覆盖基坑，不得使基底受冻。
审核人		交接人　　　　　　　　　　接受交底人

续表

序号	项目	城市轨道工程隧道明挖法施工技术交底的主要内容
4	基坑开挖与回填施工	**2. 基坑的回填施工** (1) 对于基坑回填所采用的原料,除了纯黏土、淤泥、粉砂、杂土及有机含量大于8%的腐殖土、过湿土、冻土和大于150mm粒径的石块外,其他均可作为基坑的回填土。 (2) 回填土使用前,应分别取样测定其最大干容量和最佳含水量,并做好试验,确定填料的含水量范围、铺土厚度和压实遍数等参数。 (3) 当回填土为黏性土或砂质土时,应在最佳含水量下填筑,如若含水量偏大时则应将土翻新晾干或者加干土拌匀;如果含水量偏低时,则应进行洒水湿润干土,并增加压实遍数或使用重型的压实机械碾压施工。当回填料为碎石类土时,则必须在回填或碾压前进行洒水湿润。 (4) 基坑必须在隧道和地下管线结构达到设计强度后才能进行回填。基坑在回填前,必须将基坑内的积水、杂物清理干净,符合回填的虚土则应进行压实,并经隐检查合格后才可回填。 (5) 基坑回填时应分层、水平进行压实;隧道结构两侧水平、对称同时压实;基坑回填高度不一致时,应从低处逐层填压;基坑分段回填接茬处,已填土坡应挖台阶,其宽度不得小于1m,高度不得大于500mm。 (6) 当采用施工机械回填基坑时,施工的机具不得碰撞隧道结构及防水保护层。隧道结构两侧和顶部0.50m范围内以及地下管线周围应采用人工使用小型机具夯填。 (7) 基坑回填土若采用机械碾压时,搭接宽度不得小于200mm。人工夯填时,夯与夯之间重叠不得小于1/3夯底宽度。 (8) 在基坑回填碾压过程中,应取样检查回填土的密实度。机械碾压时,每层填土按基坑长度50m或者基坑面积为1000m² 时取一组,人工夯实时,每层填土按基坑长度25m或基坑面积为500m² 时取一组,每组取样点不得少于6个,其中部和两边各取两个。遇有填料类别和特征明显变化或压实质量可疑处应增加取样点位。 (9) 基坑回填碾压密实度应满足地面工程设计要求,如设计无要求时则按表5-1-1 规定。

基坑回填碾压密实度值(%) 表5-1-1

基础底以下的高程(cm)	基坑回填土的最低压实度				
	城市道路			地下管线	农田或绿地
	快速路和主干路	次干路	支路		
0	95/98	93/95	90/92	95/98	87/90
60	93/95	90/92	90/92	87/90	87/90
>150	87/90	87/90	87/90	87/90	87/90

注:1. 表中分子为重锤击实标准,分母为轻锤击实标准,两者均以相应的击实试验法求得的最大压实度为100%;
2. 基坑压实应采用重锤击实标准,如回填土含水量大或缺少重型压实机械时,才可采用轻锤击实标准;
3. 建筑物基础以下的基坑回填土密实度,应根据设计要求确定。

(10) 基坑工字钢支护桩地段拆除背板时,应按以下要求进行:

审核人		交接人		接受交底人	

续表

序号	项目	城市轨道工程隧道明挖法施工技术交底的主要内容
4	基坑开挖与回填施工	1) 背板的强度应根据计算来确定,每块背板伸入工字钢翼缘内不得小于50mm; 2) 每层土方开挖后应及时安装背板,背板拼接应严密,背板后的空隙应填密实; 3) 背板应根据基坑回填土进度来决定拆除,一次拆除高度,也应根据坑壁土质来确定; 4) 同时应注意,拆除中如有土体塌落或有孔洞时应认真处理,保证土体实心密实。 (11) 基坑雨季回填时应集中力量、分段施工,取、运、填、平、压等各工序应连续作业。雨前应及时压完已填土层并将表面压平后,做成一定坡度,雨中不得填筑非透水性土质。 (12) 基坑不宜在温度低于−5℃的冬天回填,如若必须施工时,应有可靠的防冻措施。除按常规施工要求外,尚应符合下列要求: 1) 每层铺土厚度应比常温施工减少20%~25%,并适当增加压实密实度; 2) 冻土块填料含量不得大于15%,粒径不得大于150mm,均匀铺填、逐层压实。建筑物、地下管线、道路工程设计高程1m范围内不得回填冻土块; 3) 基坑加填前,应清除回填面上积雪和保温材料;集中力量,分段施工,取、运、填、平、压等各工序应连续作业; 4) 基坑压实后立即覆盖保温,必要时可撒盐水;加强测试,严格控制填料含水量。
5	钢筋加工与安装	**1. 钢筋的加工作业** (1) 基坑所需要的钢筋,一般是将钢筋放进工厂加工成型后运至施工现场。当每批钢筋运到加工厂后,应出示钢筋的出厂合格证和试验报告单,并按规定进行机械性能试验。如未附文件证明或对钢筋有怀疑时,尚应进行化学成分分析。钢筋运输、储存应保留标牌,并分批堆放整齐,不得锈蚀和污染。 (2) 钢筋接头在工厂加工时宜采用闪光接触对焊的方法。现场可采用搭接、绑条电弧焊或采用机械连接和其他焊接方法,其工艺和要求应按相关的规定执行。 (3) 钢筋在加工过程中,其允许的加工偏差必须符合表5-1-2所列的要求。 钢筋加工允许偏差值(mm)　　　　　表5-1-2 | 序号	主要项目		允许偏差
---	---	---	---
1	调直后局部弯曲		$d/4$
2	受力钢筋顺长度方向全长尺寸		±10
3	弯起成型钢筋	弯起点位置	±10
		弯起高度	0 −10
		弯起角度	2°
		钢筋宽度	±10
4	箍筋的宽与高		+5 −10	 注:d 为钢筋直径。 (4) 结构采用钢筋焊接片形骨架时,应按设计要求施焊,其尺寸允许偏差必须符合表5-1-3所列的要求。
审核人		交接人　　　　　接受交底人

续表

序号	项目	城市轨道工程隧道明挖法施工技术交底的主要内容
5	钢筋加工与安装	**钢筋焊接片形骨架尺寸允许偏差**　　　　表 5-1-3

序号	主 要 项 目	允许偏差
1	钢筋骨架高度	±5
2	钢筋骨架宽度	±10
3	主筋间距	±10
4	箍筋间距	±10
5	钢筋网片长和宽	±10
6	钢筋网眼尺寸	±10

2. 钢筋绑扎施工

(1) 钢筋绑扎前，必须清点钢筋的数量、类别、型号、直径，对于锈蚀严重的钢筋应除锈处理，对于弯曲变形的钢筋必须校正、校直；清理结构内的杂物，调直施工缝处的钢筋；检查结构位置、高程和模板支立情况，测放钢筋位置后才难进行绑扎施工。

(2) 结构不在同一高程或坡度较大时，必须自下而上地进行绑扎施工，必要时可增加适当的固定点或加设支撑等，增加稳定点。

(3) 钢筋绑扎施工必须用同一强度等级砂浆垫块或塑料卡支垫，支垫的间距一般为1m左右，并按行列式或交错式摆放，垫块或塑料卡与钢筋应牢固固定。

(4) 钢筋绑扎搭接长度应满足设计要求，绑扎点应符合下列规定：

1) 钢筋搭接时，中间和两端共绑扎三处，并必须单独绑扎后，再和交叉钢筋绑扎；

2) 主筋和分布筋，除变形缝处2~3列骨架全部绑扎外，其他可交叉绑扎；主筋之间或双向受力钢筋交叉点全部绑扎；

3) 对于单肢箍筋和双肢箍筋拐角处与主筋交叉点应全部绑扎，双肢箍筋平直部分与主筋交叉点可交叉绑扎；对于墙、柱立筋与底板水平主筋交叉点必须绑扎牢固，如若悬臂较长时，交叉点必须焊牢，必要时应加支撑。

4) 钢筋网片除外围两行钢筋交叉点全部绑扎外，中间部分交叉点可相隔交错绑扎牢固。

(5) 箍筋位置应正确并垂直于主筋，双肢箍筋弯钩叠合处，必须沿受力方向错开设置，单肢箍筋可按行列式或交错式排列。

(6) 钢筋绑扎必须牢固稳定，不得变形松脱与开焊。变形缝处主筋和分布筋均不得触及止水带和填缝板，混凝土保护层、钢筋级别、直径、数量、间距、位置等必须符合设计要求。预埋件固定应牢固、位置正确。钢筋绑扎位置允许偏差应符合表5-1-4所列规定。

钢筋绑扎位置允许偏差值(mm)　　　　表 5-1-4

序号	主 要 项 目		允许偏差
1	箍筋间距		±10
2	主 筋 间 距	列间距	±10
		层间距	±5
3	钢筋弯起位移		±10
4	受力钢筋保护层		±5
5	预埋件	中心线位移	±10
		水平及高程	±5

 |
| 审核人 | | 交接人　　　　　　　　接受交底人 |

续表

序号	项目	城市轨道工程隧道明挖法施工技术交底的主要内容	
6	模板支立施工	(1) 在隧道施工中,模板的设计应符合以下要求:模板和支架应能可靠地承受钢筋混凝土结构及施工的各项荷载,并保证模板的结构形状、位置和尺寸正确;模板的结构要简单,施工应方便,装拆灵活,便于搬运,能满足钢筋安装、绑扎和混凝土灌注等工艺要求;对墙、柱(钢管柱除外)模板,则需要预留吹扫孔和振捣窗等。 (2) 模板支立施工前,必须清理干净并对模板涂刷隔离剂,铺设应平整、牢固,接缝严密不漏浆,相邻两块模板接缝高低差不应大于2mm。支架系统连接必须牢固稳定。 (3) 模板应采用拉杆螺栓固定,两端应加垫板,如图5-1-1所示为模板拉杆螺栓连接图,当模板拆除后,其垫块孔应采用膨胀水泥砂浆堵塞严密。	图5-1-1 模板拉杆螺栓连接示意图 1—立带;2—模板;3—椎型垫块; 4—横带;5—拉杆;6—螺栓; 7—螺帽;8—垫板
		(4) 垫层混凝土模板支立应平顺,位置正确。其允许偏差为:高程$^{+10}_{-20}$mm;宽度以中线为准,左右各±20mm;变形缝不直顺度在全长范围内不得大于1‰;里程±20mm。 (5) 底板结构先贴防水层的保护墙,并必须支撑牢固,其结构梗斜和底梁模板支立位置应正确、牢固、平整等。 (6) 顶板结构应先支立支架后铺设模板,并预留10~30mm沉落量,顶板结构模板允许偏差为:设计高程加预留沉落量$^{+10}_{0}$mm;中线±10mm;宽度$^{+15}_{0}$mm。 (7) 钢筋混凝土柱的模板应自下而上分层支立,支撑必须牢固,允许偏差为:垂直度1‰;平面位置,顺线路方向±20mm,垂直线路方向±10mm。钢管柱垂直度、平面位置除符合以上规定外,柱顶调和邢允许偏差为$^{+10}_{0}$mm。 (8) 结构变形缝处的端头模板应钉填缝板,填缝板与嵌入式止水带中心线应和变形缝中心线重合,并用模板固定牢固。止水带不得穿孔或用铁钉固定。端头模板支立允许偏差为:平面位置±10mm,垂直度为2‰。 (9) 结构留置垂直施工缝时,端头必须安放模板,如若设置止水带,除端头模板不设填缝板外,其他应按前面第(8)条规定执行。 (10) 结构拆模时间:不承重侧墙模板,在混凝土强度达到2.5MPa时即可拆除;承重结构的顶板和梁,跨度在2m及其以下的强度达到50%、跨度在2~8m的强度达到70%、跨度在8m以上的强度达到100%时才可拆除模板。 (11) 拆除的模板必须清除灰尘、渣粒,及时进行维护修复,并妥善保管。	
7	混凝土灌注施工	(1) 隧道结构均应采用防水混凝土,其施工除满足本节要求外,尚应符合《地下铁道工程施工及验收规范》中有关"防水混凝土"的要求。 (2) 混凝土灌注地点应采用防止暴晒和雨淋措施。混凝土灌注前应对模板、钢筋、预埋件、端头止水带等进行检查,清除模内杂物,隐检合格后,才可灌注混凝土。 (3) 垫脚石层混凝土应沿线路方向均匀灌注,其允许偏差为:调程$^{+5}_{-5}$mm,表面平整度3mm。底板混凝土应沿线路方向分层留台阶灌注,混凝土灌注至高程初凝前,应用表面振捣器振一遍后抹面,其允许偏差为:高程±10mm,表面平整度±10mm。	
审核人		交接人	接受交底人

续表

序号	项目	城市轨道工程隧道明挖法施工技术交底的主要内容
7	混凝土灌注施工	(4) 墙体和顶板混凝土灌注应符合以下要求： 1) 墙体混凝土左右必须对称、水平、分层连续灌注，至顶板交界处间隙 1~1.5h，然后再进行灌注顶板混凝土； 2) 顶板混凝土连续水平、分台阶由边墙、中墙分别向结构中间方向进行灌注。混凝土灌至高程初凝前，应用表面振动器振捣一遍后抹面，其允许偏差为：高程±10mm，表面平整度 5mm。 (5) 混凝土可单独施工，并应水平、分层灌注。如和墙、顶板结构同时施工而混凝土强度等级不同时，必须采取有效措施，不得混合使用。 (6) 结构变形缝设置嵌入式止水带时，混凝土灌注时必须符合以下要求：灌注前应校正止水带位置，表面清理干净，止水带损坏处应修补；顶、底板结构止水带的下侧混凝土应振实，将止水带压紧后才可继续灌注混凝土；边墙处止水带必须固定牢固，内外侧混凝土应均匀、水平灌注，保持止水带位置正确、平直、无卷曲现象等。 (7) 混凝土灌注过程中必须随时观测模板、支架、钢筋、预埋和预留孔洞等情况，当发现问题必须及时处理。混凝土终凝后应及时养护，垫层混凝土养护期不得少于 7d，结构混凝土养护期不得少于 14d。 (8) 混凝土抗压、抗渗试件应在灌地点制作，同一配合比的留置组数应符合下列要求：1) 抗压强度试件：① 垫层混凝土每灌注一次留置一组；② 每段结构的底板、中边墙及顶板，车站主体各留置四组，区间及附属建筑物结构各留置二组；③ 混凝土柱结构，每灌注 10 根留置一组，一次灌注不足 10 根者，也应留置一组；④ 如需要与结构同条件养护的试件，其留置组数可根据需要确定。2) 抗渗压力试件：每组结构(不大于 30m)车组留置二组，其他各留置一组。
8	结构外的防水施工	(1) 结构底板先贴卷材防止层施工，应符合以下要求： 1) 保护墙砌在混凝土垫层上，永久保护墙用 1:3 水泥砂浆砌筑，临时保护墙也采用 1:3 白砂浆砌筑，并各用与砌筑相同的砂浆抹一层找平层； 2) 卷材先铺平面，后铺立面，交接处应交叉搭接； 3) 当卷材从平面折向立面铺贴时，与永久保护墙粘贴应严密，与临时保护墙必须临时贴附于该墙上，图 5-1-2 所示为先贴防水层卷材铺贴示意图。 图 5-1-2 先贴防水层卷材铺贴示意图 1—混凝土垫层；2—卷材防水层；3—卷材保护层；4—结构底板；5—保护墙；6—砂浆找平层；7—卷材加强层；8—结构施工缝；a—永久保护层；b—临时保护墙；c—底板+梗斜；n—卷材防水层层数
审核人		交接人	接受交底人	

续表

序号	项目	城市轨道工程隧道明挖法施工技术交底的主要内容
8	结构外的防水施工	(2) 结构边顶后贴卷材防水层施工应符合以下要求： 1) 铺贴前应先将接茬部位各层卷材揭开，并将其表面清理干净，如有局部损伤应及时修补； 2) 卷材应采用错茬相接，上层卷材盖过下层卷材不应小于图5-1-3所示的要求； 3) 卷材铺贴宜先边墙后顶板，先转角后大面。 (3) 在施工条件受到限制，边墙与底板防水层同时铺贴时，边墙顶部应留置临时墙，或采取防止损坏卷材留茬的措施。 (4) 卷材防水层铺贴及喷涂防水层和特殊部位的防水施工，尚应符合《地下铁道工程施工及验收规范》中第9章的有关规定。 图5-1-3 卷材错茬相接构造示意图 1—卷材防水层；2—垫层或主体结构
9	工程的竣工验收	(1) 基坑开挖时必须对以下项目进行中间检验，并符合本节的有关要求： 1) 基坑平面位置、宽度及基坑的高程、平整度、地质地貌描述等； 2) 基坑的降水； 3) 基坑放坡开挖的坡度和支护桩及连续墙支护的稳定情况； 4) 地下管线悬吊和基坑便桥稳固情况等。 (2) 基坑回填时应对下述项目进行中间检验，并符合本节的有关要求与规定： 1) 基坑回填前必须彻底清理基底； 2) 每层回填土的密实度测试； 3) 回填料的种类、取样、最大干容量和最佳含水量等的测试。 (3) 结构施工应对下列项目进行中间检验，并符合本节的有关要求与规定： 1) 原材料、配合比和混凝土的搅拌与灌注； 2) 防水层基面、每层防水层铺贴和保护层施工以及结构混凝土灌注前的模板、钢筋的施工质量和隐蔽前的检验等； 3) 各种材料和试件试验的质量等。 (4) 隧道结构竣工后，其混凝土强度和抗渗压力必须符合设计要求，无露筋、露石，裂缝应及时修补好，结构允许偏差值应符合表5-1-5的要求。

隧道结构各部位允许偏差值(mm) 表5-1-5

主要项目	允许偏差										检查方法
	垫层	先贴防水保护层	后贴防水保护层	底板	顶板		墙		柱子	变形缝	预留洞	预埋件	
					下表面	上表面	内墙	外墙					
平面位置	±30	—	—	—	—	—	±10	±15	纵向±20 横向±10	±10	±20	±20	以线路中线为准用尺检查
垂直度(‰)	—	—	—	—	—	—	2	3	1.5	3	—	—	线锤加尺检查

审核人		交接人		接受交底人	

续表

序号	项目	城市轨道工程隧道明挖法施工技术交底的主要内容

续表

主要项目	允许偏差									检查方法
	垫层	先贴防水保护层	后贴防水保护层	底板	顶板		墙		柱子	变形缝	预留洞	预埋件	
					下表面	上表面	内墙	外墙					
直顺度	—	—	—	—	—	—	—	—	—	5	—	—	拉线检查
平整度	5	5	10	15	—	—	5	10	5	—	—	—	用2m靠尺检查
高程	+5/-10	+0/-10	±20/-10	±20	—	—	—	—	—	—	—	—	用水准仪测量
厚度	±10	—	—	±15	±10	±10	±15						用尺检查

序号 9　项目：工程的竣工验收

(5) 隧道明挖法工程竣工验收时必须提供下列资料：
1) 隧道明挖法工程原材料、成品、半成品质量合格证；
2) 隧道明挖法工程各种试验报告和质量评定记录；
3) 图纸会审记录、变更设计或洽谈的会议记录；
4) 隧道明挖法工程定位测量记录；
5) 隧道明挖施工中的隐蔽工程验收记录；
6) 隧道明挖施工的基础、结构工程验收记录；
7) 隧道明挖施工的开工、竣工报告；
8) 竣工图。

审核人		交接人		接受交底人	

5.2 隧道盖挖逆法施工技术交底

城市轨道工程的隧道盖挖逆法施工技术交底见表5-2所示。

表5-2 隧道盖挖逆法施工技术交底

序号	项目	城市轨道工程隧道盖挖逆法施工技术交底的主要内容
1	一般规定	(1) 隧道盖挖逆法施工，必须保持围护墙内土层的地下水位稳定在基底0.5m以下，必要时应采取降水措施。 (2) 隧道盖挖逆法在施工围护墙、中间支承柱、顶板土方及结构的同时，还必须进行竖井及横洞的施工。 (3) 隧道结构顶板钢筋混凝土结构施工完毕后，应迅速恢复地面。对于隧道结构围护墙和支承柱，在底板未封闭前，必须验算其承载力和稳定性，必要时应采取加强措施。
2	围护墙及支承柱施工	(1) 隧道结构围护墙采用钢筋混凝土灌注桩或地下边墙时，其位置必须正确，以线路中线为准，其允许偏差为： 1) 平面位置：①支护桩：纵向±50mm、横向$^{+30}_{0}$mm；②地下连续墙$^{+30}_{0}$mm； 2) 垂直度为：3‰。

审核人		交接人		接受交底人	

续表

序号	项目	城市轨道工程隧道盖挖逆法施工技术交底的主要内容
2	围护墙及支承柱施工	(2) 隧道结构支承柱采用钢管柱或钢筋混凝土灌注柱时,其位置必须正确无误,垂直度应符合设计要求,其平面位置以线路中线为准,允许偏差为:纵向±25mm,横向±20mm。 (3) 隧道结构的地下连续墙及钢筋混凝土支承柱与楼、底板结构结合处,除设计规定外,应按施工缝进行处理。 (4) 隧道结构围护墙、支承柱所采用的地下连续墙和钢筋混凝土灌注桩(柱),其施工除符合本节各项要求与规定外,尚应按本手册第4.1节中的有关要求和第5.1节中的有关规定执行。
3	土方开挖施工	(1) 隧道结构顶板及洞内土方开挖,除符合本节的要求或规定以外,还必须按本手册的第5.1节有关规定执行。 (2) 对于隧道结构顶板土方倒段施工时,应根据顶板结构施工的先后顺序进行开挖,并减少与地面干扰。 (3) 对于钢筋混凝土顶、楼、底板和梁的土方开挖时,必须严格控制高程,并应夯填密实、平整,其允许偏差为:高程$^{+10}_{0}$mm,平整度10mm,并在1m范围内不得多于一处。如若有软弱或渣土层时,应采取换填其他土质,或采用另外的加固措施。 (4) 隧道洞内每一结构层土方,应根据地质和结构断面尺寸分层、分段进行开挖,其开挖断面坡度必须符合设计要求,绝对不能出现反坡。 (5) 对于隧道洞内土方,在未完成相应隧道结构前,不得继续开挖下层土方。在开挖隧道洞内土方开挖的施工中,如若围护墙结构需要临时支撑时,必须按设计位置及时设置,并按设计要求进行拆除。 (6) 当围护墙采用支护桩施工时,其桩土护壁应随土方开挖施工,并必须按本手册第4.1节中的有关内容要求执行。
4	隧道结构施工	(1) 当隧道结构实行现浇钢筋混凝土模板时,除应按本手册第5.1节中的有关要求施工外,同时还应符合以下规定: 1) 端头模板支立应保证顶板、楼板、底板和中墙、边墙结构变形缝在同一平面内,其结构变形缝处的端头模板应钉填缝板,填缝板与嵌入式止水带中心线应和变形缝中心线重合,并用模板固定牢靠。止水带不得穿孔或用铁钉固定,端头模板支立允许偏差为:平面位置±10mm,垂直度2‰; 2) 顶、楼板和梁结构不得直接利用地基做模板,如在地基上铺底模板时,其高程、中线、宽度等偏差应符合第5.1节"模板支立"中的有关要求外,还必须符合下述规定:墙、柱结构预埋件位置应正确,预留钢筋搭接长度符合设计要求,并应采取有效的保护措施;另外,对顶板结构钢筋预应先加工成骨架。 (2) 顶板结构混凝土灌注,除应按《地下铁道工程施工及验收规范》中的第5.1节"混凝土灌注"和第5.5节"防水混凝土"中的有关要求进行施工外,还必须符合以下要求: 1) 洞内宜采用泵送混凝土,结构顶板宜采用早强混凝土; 2) 结构边、中墙和底、楼板宜以变形缝为界单独灌注混凝土,如施工缝留置位置不符合第5.5节"防水混凝土"中的有关要求时,应经设计单位同意后才可留置; 3) 墙、柱与顶、楼板结合部位预留的施工缝,经养护、处理后才灌注新的混凝土。 (3) 隧道结构采用卷材或涂膜防水层时,除应按照《地下铁道工程施工及验收规范》中第5.5节"防水混凝土"中的有关要求施工外,还应符合以下要求:结构顶、楼、底板与边墙接茬处防水必须按设计规定进行处理;对变形缝处的止水带应封闭严密。
审核人		交接人		接受交底人	

5.3 隧道喷锚暗挖法施工技术交底

城市轨道工程的隧道喷锚暗挖法施工技术交底见表5-3所示。

表5-3 隧道喷锚暗挖法施工技术交底

序号	项目	城市轨道工程隧道喷锚暗挖法施工技术交底的主要内容
1	一般规定	(1) 喷锚暗挖法修建隧道结构的施工,必须按表5-3-1所列质量要求确定。 **工程岩体基本质量分级标准表　　　表5-3-1** | 序号	岩体稳定与分类	基本质量级别	岩体基本质量定性的主要特性	技术指标(BQ)
---	---	---	---	---
1	稳定岩体	Ⅰ	坚硬岩,岩体完整	>550
		Ⅱ	坚硬岩,岩体较完整 较坚硬岩,岩体完整	550~451
2	中等稳定岩体	Ⅲ	坚硬岩,岩体较破碎 较坚硬岩或软硬岩互层,岩体较完整 较硬岩,岩体完整	450~351
		Ⅳ	坚硬岩,岩体破碎 较坚硬岩,岩体较破碎~破碎 较软岩或软硬岩互层,且以软岩为主,岩体较完整~较破碎 软岩,岩体完整~较完整	350~251
3	不稳定岩体	Ⅴ	较软岩,岩体破碎 软岩,岩体较破碎~破碎 全部极软岩及全部极破碎岩	<250	 注:岩体基本质量定性特征和基本质量指标(BQ)的计算方法及参数选择,应按现行国家标准《工程岩体分级标准》GB 50218第4.2.1条和第三阶段.2.2条规定执行。 (2) 隧道喷锚暗挖施工应充分利用围岩自承作用,开挖后及时施工初期支护结构并适时闭合,当开挖面围岩稳定时间不能满足初期支护结构施工时,应采取预加固的有效措施。 (3) 在工程开工前,应核对地质资料,调查沿线地下管线、建筑物及地面建筑物基础等,并制订出有效的保护措施。 (4) 隧道开挖面必须保持在无条件的情况下进行施工。当采用降水施工时,应按《地下铁道施工及验收规范》中第2章的有关规定执行。 (5) 当隧道采用钻爆破法施工时,必须事先认真编制爆破方案,然后报城市主管部门批准,并经公安部门同意才可实施。 (6) 在隧道喷锚暗挖的施工过程中,应对地面、地层和支护等结构的动态进行认真监测,同时,还要及时反馈信息,为正确施工提供有力的依据。
2	竖井施工	(1) 竖井应根据施工现场的条件,宜利用通风道、车站出入口、单独或在隧道顶部设置。 (2) 竖井结构也应根据其地质与环境条件等,可采用地下连续墙、钻孔灌注桩或逆筑法等结构形式,并按其相应的标准施工。 (3) 竖井的尺寸必须根据施工准备、土石方及材料运输、施工人员出入隧道和排水的需要来确定。当竖井利用永久结构时,尺寸尚应满足设计要求。
审核人		交接人　　　　　　　　　接受交底人

续表

序号	项目	城市轨道工程隧道喷锚暗挖法施工技术交底的主要内容
2	竖井施工	（4）竖井与通道、通道与正洞连接处，应采取加固的措施；竖井应设防雨棚，井口周围应设防汛墙和栏杆。 （5）竖井提升运输系统必须符合以下规定：提升架必须经过计算，使用中应经常检查、维修和保养；提升设备不得超负荷作业，运输速度应符合设备技术要求；同时，对竖井的上下应设联络信号，确保竖井的安全施工。
3	地层超前支护与加固施工	**1. 超前导管与管棚施工** （1）超前导管或管棚应进行设计，其设计的参数要按照表5-3-2选用。 超前导管或管棚支护设计参数值　　表5-3-2 | 支护形式	适应地层	钢管直径(mm)	钢管长度(m) 每根长	钢管长度(m) 总长度	钢管钻设注浆孔的间距(mm)	钢管沿拱的环向布置间距落(mm)	钢管沿拱的环向外插角	沿隧道纵向的两排钢管搭接长度(mm)
---	---	---	---	---	---	---	---	---
导管	土层	40～50	3～5	3～5	100～150	300～500	5°～15°	1
管棚	土层或不稳定岩体	80～180	4～6	10～40	100～150	300～500	不大于3°	1.5	 注：1. 导管和管棚采用的钢管应直顺，其不钻入围岩部分可不钻孔。 　　2. 导管如锤击打入时，其尾部应补强，前端应加工成尖锥形； 　　3. 管棚一般采用的钢管纵向连接丝长度不小于150mm，管箍长200mm，并均采用厚壁钢管制作。 （2）导管和管棚安装施工前，必须将工作面封闭严密、牢固，同时应清洗干净，并测放出钻设的具体位置后才可施工。 （3）导管采用钻孔施工时，其孔眼深度应大于导管长度；采用锤击或钻机顶入时，其顶入长度不应小于管长的90%。 （4）管棚施工应符合下列要求：钻孔子的外插角允许偏差为5%；钻孔应由高孔位向低孔位进行；钻孔的孔径应比钢管直径大30～40mm；当遇到卡钻、塌孔时必须注浆进行重钻；当钻孔合格后应及时安装钢管，其接长时连接必须牢固。 （5）导管和管棚注浆施工中应符合以下要求：注浆的浆液宜采用水泥或水泥砂浆，其水泥砂浆的水灰比为0.5～1，水泥砂浆配合比为1：0.5～3；注浆的浆液必须充满钢管及周围的空隙并密实，其注浆量和压力应根据试验确定。 **2. 注浆加固施工** （1）注浆施工，若在砂卵石地层中适宜采用渗入注浆法；在砂层中宜采用劈裂注浆法；在黏土层中宜采用劈裂或电动硅化注浆法；在淤泥质软土层中，宜采用高压喷射注浆法。 （2）隧道注浆，如条件允许宜在地面进行，否则，可在洞内沿边超前预注浆，或导洞后对隧道周边进行径向注浆。 （3）在注浆施工过程中，应特别注意其注浆的材料必须符合以下要求：具有良好的可注性；若固结后，其收缩较小，并具有良好的黏结力和一定强度、抗渗、耐久性与稳定性，当地下水有侵蚀作用时，应采用耐侵蚀性的材料；同时材料必须无毒，对其环境的污染小；且注浆的施工工艺简单，操作也方便、安全等。 （4）另外，注浆的浆液必须符合以下的要求：预注浆和高压喷射注浆宜采用水泥浆、黏土水泥浆或化学浆液；壁后回填注浆宜采用水泥浆液、水泥砂浆或掺有石灰、黏土、粉煤灰等水泥浆液；注浆浆液配合比应经现场试验确定。
审核人		交接人　　　　　　　　　接受交底人

续表

序号	项目	城市轨道工程隧道喷锚暗挖法施工技术交底的主要内容
3	地层超前支护与加固施工	(5) 注浆孔距应经计算再确定，壁后回填注浆孔应在初期支护结构施工时预留(埋)，其间距为2~5m；高压喷射注浆的喷射孔距宜为0.4~2m。在注浆施工过程中，必须根据地质、注浆目的等控制注浆压力。注浆结束后必须检查效果，若不合格者应进行重新补浆。注浆的浆液达到设计强度后才能进行开挖施工。 (6) 在注浆施工期间，必须对地下水取样进行化验检查，如若污染则应采取有效的措施，确保水质干净；同时，注浆过程中不许浆液溢出地面及超出有效注浆范围。地面注浆结束后，注浆孔应封填密实。
4	光面与预裂爆破施工	(1) 对于隧道钻爆开挖施工中，若碰上在硬岩中宜采用光面爆破，而在软岩中宜采用预裂爆破。在分布开挖施工时，则采用预光面层的光面爆破施工方法。 (2) 爆破施工前必须进行爆破设计，并根据爆破效果及时修正有关参数。爆破参数应根据孔的深浅、孔布置的密度、弱爆、循序渐进及岩石的性质等原则，再按照表5-3-3所列进行选用。并必须经现场试爆后才能确定。

爆破技术参数表　　　　　表5-3-3

爆破类型	岩石种类	岩石单轴和抗压强度(MPa)	周边眼间距 E(mm)	周边眼抵抗线 W(mm)	周边眼密集系数(E/W)	周边眼至内排崩落眼间距(mm)	装药集中度 Q(g/m)
光面爆破	硬岩	>60	550~700	600~800	0.7~1.0	—	300~350
	中硬岩	30~60	450~650	600~800	0.7~1.0	—	200~300
	软岩	<30	350~500	450~600	0.5~0.8	—	70~120
预裂爆破	硬岩	>60	400~500	—	—	400	300~400
	中硬岩	30~60	400~450	—	—	400	200~250
	软岩	<30	350~400	—	—	350	70~120
预留光面层的爆破	硬岩	>60	600~700	700~800	0.7~1.0	—	200~300
	中硬岩	30~60	400~500	500~600	0.8~1.0	—	100~150
	软岩	<30	400~500	500~600	0.7~0.9	—	70~120

注：上表所列参数适用于炮眼深度在1~1.5m，炮眼直径约40~50mm，药卷直径20~25mm。

(3) 对于炮孔的布置必须符合下述要求：炮孔的深度应该控制在1~1.5m；掏槽炮眼应采用直眼，当在特殊情况采用斜眼时，如若岩层层理或节理明显，则斜眼与其应成一定角度并宜垂直；周边炮眼应沿设计开挖轮廓线布置；辅助炮眼应均匀交错布置在周边与掏槽炮眼之间；周边炮眼应与辅助炮眼的眼底在同一垂直面上，掏槽炮眼加深100mm。

(4) 炮眼钻设必须符合下述要求：掏槽炮眼的眼口、眼底间距允许偏差均为50mm；而辅助炮眼口排距、行距允许偏差为100mm；其周边炮眼间距允许偏差为50mm，对于外斜率不能大于孔深3%~5%，眼底不能超过开挖轮廓线100mm；而周边炮眼至内圈炮眼的排距允许偏差为50mm；另外，除掏槽炮孔外，其他炮眼必须在同一垂直面上；当钻孔完毕检查验收合格后，必须做好记录才能进行装药。

(5) 当炮孔检验合格进入装药阶段，在装药过程中，必须符合以下要求：
1) 首先是对炮孔进行彻底的清理干净；一般情况下，炸药宜采用低密度、低炸速、低猛度或高爆发力的炸药；

审核人		交接人		接受交底人	

续表

序号	项目	城市轨道工程隧道喷锚暗挖法施工技术交底的主要内容
4	光面与预裂爆破施工	2)药卷适宜采用小直径连续或间接装药结构,在软岩中爆破,可采用空气柱反向装药结构。硬岩的眼底可装一节加强药卷。 3)在起炮方式一般采用毫秒雷管、导爆索或导爆管,如果雷管分段毫秒差小,则周边眼应与内圈眼的雷管跳段使用。周边眼必须根据地质条件的实际情况分段起爆; 4)当装药完毕后,炮眼堵塞长度不宜小于200mm,如果采用预裂爆破时,必须从药包顶端起塞,不得只堵眼口。 (6)爆破后必须对开挖断面进行认真检查,并必须符合下述要求:首先是开挖断面不得欠挖,允许超挖值应符合《地下铁道工程施工及验收规范》中第7.5.14条的有关规定;然后是爆破眼的眼痕率必须:硬岩应大于80%、中硬岩大于70%、软岩应大于50%,并在轮廓面上均匀分布;最后是两炮眼衔接台阶的最大尺寸不应大于150mm,爆破岩面最大块度不应大于300mm。
5	隧道开挖施工	**1. 主要施工方法** (1)对于隧道的施工方法主要是根据工程的地质、覆盖层的厚度、结构断面及地面环境条件等,经过经济与技术方面的比较后,按表5-3-4选择。 隧道喷锚暗挖法施工方法示意图　　表5-3-4 | 序号	开挖方法	施工方法示意图	适用范围	施工方法
---	---	---	---	---
1	全断面法	(图示)	稳定岩体中的单拱单线区间隧道	(1)采用光面或预裂爆破开挖; (2)施工仰拱后根据设计做初期支护结构或直接进行二次衬砌施工
2	台阶法	(图示)	稳定岩体、土层及不稳定岩体	(1)稳定岩体:上台阶采用光面爆破,下台阶采用预裂爆破,开挖后并分别施工初期支护结构,台阶留置长度不宜大于5B(B为隧道开挖跨度)或50m,下台阶开挖后适时施工仰拱; (2)土层及不稳定岩体:拱部开挖后及时施工初期支护结构,台阶根据地质和隧道跨度采用短台阶(1~1.5B)或超短台阶(3~5m)开挖,下台阶开挖后,适时施工仰拱
3	中隔壁法	(图示)	土层及不稳定岩体单拱隧道	(1)以台阶法为基础,将上下阶各分成左右两个单元体; (2)分别开挖上台阶两个洞体,并施工初期支护结构; (3)拱部初期支护结构稳定后,再分别进行下台阶左右两个洞若观火体及仰拱施工	 注:1. 本表图中所注的阿拉伯数字为隧道工程施工开挖的先后顺序,罗马数字为初期支护结构或仰拱结构施工的先后顺序; 2. 土层及不稳定岩体开挖,必要时应采取预加固的措施。
审核人		交接人		接受交底人	

续表

序号	项目	城市轨道工程隧道喷锚暗挖法施工技术交底的主要内容			
					续表
		序号	开挖方法	施工方法示意图	适用范围	施工方法

序号	项目	序号	开挖方法	施工方法示意图	适用范围	施工方法
5	隧道开挖施工	4	单侧壁导洞法		土层及不稳定岩体单拱隧道	(1) 以台阶法为基础,先开挖侧壁导洞并施工初期支护结构; (2) 开挖拱部并施工初期支护结构; (3) 开挖下台阶后并施工仰拱
		5	双侧壁导洞法		土层及不稳定岩体单拱隧道	(1) 以台阶法为基础,先开挖双侧壁导洞并施工初期支护结构; (2) 开挖拱部并施工初期支护结构; (3) 开挖下台阶,施工墙体初期支护结构后并做仰拱
		6	双侧壁边桩导洞法		土层及不稳定岩体单拱隧道	(1) 以台阶法为基础,先开挖双侧壁导洞并施工初期支护结构; (2) 在双侧壁导洞内施工边墙支护桩; (3) 开挖拱部并施工初期支护结构; (4) 采用逆筑法开挖下台阶并施工楼、底板结构
		7	环形留核心土法		土层及不稳定岩体单拱隧道	(1) 以台阶法为基础,先分别开挖上台阶的环形拱部,并施工完初期支护结构后开挖核心土; (2) 开挖下台阶,施工墙体初期支护结构后并做仰拱
		8	双侧壁及梁柱号洞法		土层及不稳定岩体中多拱隧道	(1) 以台阶为基础,施工双侧及梁柱导洞,然后在梁柱导洞内施工梁柱结构; (2) 开挖拱部并在施工初期支护结构; (3) 在开挖下台阶时,施工墙体初期结构后并做楼板和仰拱
		9	双侧壁桩及梁柱导洞法		土层及不稳定岩体中多拱隧道	(1) 以台阶法为基础,施工双侧及梁柱导洞,然后在双侧壁及梁柱导洞内分别施工边墙支护桩和梁柱结构施工; (2) 开挖拱部并进行施工初期的支护结构; (3) 采用逆筑法开挖下台阶,并进行施工楼、底板结构施工
审核人			交接人		接受交底人	

续表

序号	项目	城市轨道工程隧道喷锚暗挖法施工技术交底的主要内容
5	隧道开挖施工	(2) 当采用全断面法施工时,在稳定岩体中应采用光面或预裂爆破成型后施工仰拱,并按设计做初期支护结构或直接进行二次衬砌施工。 (3) 当采用台阶法施工时,应根据地质和开挖断面跨度等可以采用长、短和超短台阶施工,下台阶应在拱部初期限支护结构基本稳定后开挖,在土层和不稳定岩体中的下台阶,应先施工边墙初期支护结构后才可以开挖中间的土体,并适时施工仰拱。 (4) 若采用中隔壁法施工时,应首先采用台阶法先分部施工拱部初期支护结构后再分部施工下台阶及仰拱。上下台阶的左右洞均观火体施工时,前后错开距离不得少于15m。 (5) 对于采用单侧壁导洞法施工时,其导洞应结合边墙设置,跨度不宜大于0.5倍隧道宽度,洞顶宜至起拱线。施工时应先完成导洞后再施工上下台阶及仰拱。 (6) 如若采用双侧壁导洞法施工时,其导洞跨度不宜大于0.3倍隧道宽度,施工过程中,其左右导洞前后错开距离不应小于15m。并在导洞施工完后才可按台阶法施工上下台阶及仰拱。对于双侧壁边桩导洞法施工,其导洞断面尺寸应满足边桩施工要求。施工过程中,先应完成边桩再开挖上台阶,并做好拱部初期支护结构后,才可按逆筑法施工下台阶至封底。 (7) 如果是采用环形留核心土法施工时,应先开挖上台阶的环形拱部,并及时施工初期支护结构后再开挖核心土。核心土应注意留坡度,并不得出现反坡现象。上台阶施工完毕后,应按台阶法施工其下台阶及仰拱。 (8) 如若是采用双侧壁及梁柱导洞法施工时,其侧壁导洞设置应符合前面所述的第(6)条要求,梁柱导洞断面尺寸应满足梁柱施工要求。在施工过程中,注意相邻洞前后必须错开,其距离不应小于15m,并先开挖侧壁导洞和柱洞,当施工完梁、柱做好拱部初期支护结构后,方可按台阶法施工下台阶及仰拱。 (9) 当采用双侧壁桩、梁、柱导洞法施工时,其导洞断面尺寸应满足柱、桩、梁的施工要求,如隧道设置底梁时,则上、下导洞中心线应在同一垂直面内。施工应先开挖导洞,做好桩、梁柱结构,上台阶拱部初期支护结构完成后,方可按逆筑法施工下台阶至封底。 **2. 开挖施工的注意事项** (1) 隧道开挖前必须制定防塌的具体方案,备好抢险物资,并在现场堆放整齐。 (2) 隧道在稳定岩体中可先开挖后支护,支护结构距开挖面适宜在5～10m;在土层和不稳定岩体中,初期支护的挖、支、喷三环节必须紧跟,当开挖面稳定时间满足不了初期支护施工时,应采用超前支护或注浆加固措施。 (3) 当隧道开挖循环进尺施工时,在土层和不稳定的岩体中为0.5～1.2m,而在稳定岩体中为1～1.5m。隧道施工必须严格按照设计尺寸开挖断面,不得欠挖,其允许超挖值必须符合表5-3-5的规定。

隧道施工允许超挖值(mm)　　　　表5-3-5

隧道开挖主要部位	岩层的类型							
	所爆破的岩层						土质和不需爆破岩层	
	硬岩		中硬岩		软岩		平均	最大
	平均	最大	平均	最大	平均	最大		
拱部	100	200	150	250	150	250	100	150
边墙及仰拱	100	150	100	150	100	150	100	150

注:当超挖或者小规模塌方处理时,必须采用耐腐蚀材料回填,并做好回填注浆工作。

审核人		交接人		接受交底人	

续表

序号	项目	城市轨道工程隧道喷锚暗挖法施工技术交底的主要内容
5	隧道开挖施工	(4) 如若两条平行隧道（包括导洞），其相距如小于1倍隧道开挖跨度时，其前后开挖面错开距离不应小于15m。如同一条隧道相对开挖施工，当两工作面相距在20m时应停挖一端，另一端继续开挖，并做好测量工作，及时纠偏。其中线贯通允许偏差为：平面位置±30mm，高程±20mm。 (5) 当采用隧道台阶法施工时，必须在拱部初期支护结构基本稳定且喷射混凝土达到设计强度的70%以上时，才可进行下部台阶开挖，并应符合以下条件： 1) 边墙必须采用单侧或双侧交错开挖，不得使上部结构同时悬空； 2) 一次循环开挖长度，稳定岩体不得大于4m，土层和不稳定岩体不得大于2m； 3) 当边墙挖至设计的高程后，必须立即支立钢筋格栅拱架并喷射混凝土；对于仰拱的施工，必须根据监控量测的结果及时施工。 (6) 对于隧道的各种通风道、出入口及横洞与正洞相连或变断面、交叉点等开挖施工时，均应采取加强的有效措施。 (7) 当隧道采用分布开挖时，必须保持各开挖阶段围岩及支护结构的稳定；隧道在开挖的过程中，应进行地质描述并做好各项记录，必要时尚应进行超前地质勘探工作。
6	隧道的初期支护施工	**1. 钢筋格栅、钢筋网加工及架设施工** (1) 钢筋格栅和钢筋网一般在工厂加工，钢筋格栅第一榀制做好后应进行试拼，经检验合格后才可进行批量生产。 (2) 钢筋格栅、钢筋网采用的钢筋种类、型号、规格必须符合设计要求，其施焊也应符合设计与钢筋焊接标准的有关规定。 (3) 钢筋格栅加工应符合以下要求：拱架应圆顺，直墙架应直顺，允许偏差为：基面必须坚实并清理干净，必要时应进行预加固处理，钢筋格栅应垂直线路的中线，允许偏差为：横向±30mm、纵向±50mm，高程±30mm，垂直度5‰；钢筋格栅与壁面应楔紧，每片钢筋格栅节点及相邻格栅纵向必须分别连接牢固。 (4) 钢筋网铺设应符合以下要求：铺设应平整，并与格栅或锚杆连接牢固；当钢筋格栅采用双层钢筋网时，必须在第一层铺设好后再铺第二层；每层钢筋网之间必须搭接牢固，且搭接长度不应小于200mm。 **2. 喷射混凝土施工** (1) 在隧道内喷射混凝土时应掺速凝剂，其原料必须符合下述要求： 1) 水泥：必须优先选择普通硅酸盐水泥，其强度等级不得低于32.5级，性能应符合现行水泥标准； 2) 水：一般要求采用普通食用水； 3) 速凝剂：质量必须合格，使用前应做隔壁水泥相容性试验及水泥净浆凝结效果试验，初凝时间不应超过5min，终凝时间不应超过10min； 4) 粗骨料：采用碎石或者卵石，粒径不应大于15mm； 5) 细骨料：一般都采用中砂或粗砂，细度模数应大于2.5，含水率必须控制在5%～7%； 6) 骨料级配通过各筛径累计重量百分数必须控制在表5-3-6的范围内：
审核人		交接人		接受交底人	

续表

序号	项目	城市轨道工程隧道喷锚暗挖法施工技术交底的主要内容
6	隧道的初期支护施工	隧道使用混凝土中的骨料级别筛分率(%)　　　　表 5-3-6 | 骨料粒径(mm) 主要项目	0.15	0.30	0.60	1.20	2.50	5	10	15
---	---	---	---	---	---	---	---	---
优　秀	5～7	10～15	17～22	23～31	35～43	50～60	73～82	100
良　好	4～8	5～22	13～31	18～41	26～54	40～70	62～90	100	 注：使用碱性速凝剂时，不得使用活性二氧化硅石料。 　　(2) 喷射混凝土的喷射机械应具有良好的密封性能，输送料时必须连续均匀，输料能力应能满足混凝土施工的需要。 　　(3) 混合料必须搅拌均匀，同时应能满足如下要求： 　　1) 配合比：水泥与砂石重量比应取 1：4～4.5；砂率应取 45%～55%，水灰比应取 0.4～0.45；速凝剂的掺量多少，则应通过试验来确定； 　　2) 原材料称量允许偏差为：水泥与速凝剂±2%，砂石±3%； 　　3) 运输和存放中严防受潮，大块石等杂物不得混入，装入喷射机前应过筛，混合料应随拌随用，存放时间不得超过 20min。 　　(4) 喷射混凝土前应清理场地，清扫受喷面，检查开挖尺寸，清除浮渣及堆积物；埋设控制喷射混凝土厚度的标志，对机具设备进行试运转。一切就绪后才能进行混凝土的喷射作业施工。 　　(5) 喷射混凝土的施工作业必须紧跟开挖工作面，并符合下列要求： 　　1) 混凝土喷射应分片依次自下而上进行，首先喷钢筋格栅与壁面间混凝土，然后再喷两钢筋格栅之间的混凝土； 　　2) 每次喷射混凝土的厚度为：拱顶为 50～60mm；边墙 70～100mm； 　　3) 分层喷射时，应在前一层混凝土终凝后进行，如若终凝在 1h 后再进行喷射时，则应清洗喷层的表面，确保混凝土能牢固地凝聚； 　　4) 喷层混凝土回弹量的控制，对边墙不得大于 15%，拱部不得大于 25%； 　　5) 爆破施工作业时，喷射混凝土终凝到下一循环放炮间隔时间不应小于 3h。 　　(6) 在喷射混凝土施工现场的气候温度和混合料进入喷射机温度均不得低于＋5℃。如若喷射的混凝土低于设计强度的 40% 时，其混凝土不得受冻。 　　(7) 喷射混凝土结构试件的制作及工程质量应符合下列要求： 　　1) 首先是抗压强度和抗渗压力试件制作组数：同一配合比，区间或小于其断面的结构，每 20m 拱和墙各取一组抗压强度试件，如果是车站则各取二组；抗渗压力试件区间结构每 40m 取一组；车站则每 20m 取一组； 　　2) 其次是混凝土的喷层与围岩以及喷层之间粘结必须采用锤击法来检查。对喷层厚度，其区间或小于区间断面的结构每 20m 检查一个断面，车站每 10m 检查一个断面。每个断面从拱顶中线起，每 2m 凿孔检查一个点。断面检查点 60% 以上喷射的厚度不小于设计厚度，最小值不小于设计厚度的 1/3，厚度总平均值不小于设计厚度，才算合格； 　　3) 最后的要求是喷射混凝土必须是密实、平整、无裂缝、脱落、漏喷、漏筋、空鼓、渗漏水等现象。平整度允许偏差为 30mm，且矢弦比不应大于 1/6。 　　**3. 岩体锚杆的施工** 　　(1) 锚杆必须在初期支护结构喷射混凝土后及时进行安装作业。
审核人		交接人　　　　　　　　接受交底人

续表

序号	项目	城市轨道工程隧道喷锚暗挖法施工技术交底的主要内容
6	隧道的初期支护施工	(2) 对于锚杆钻孔孔位、深度和孔径等必须符合设计要求,其允许偏差为:孔位偏差±150mm;孔深偏差:水泥砂浆锚杆±50mm、楔缝式锚杆$^{30}_{0}$mm,胀壳式锚杆$^{50}_{0}$mm,水泥砂浆锚杆必须大于杆体直径15mm,楔缝式锚杆必须符合设计要求,胀壳式锚杆必须小于杆体直径1～3mm。 (3) 在进行锚杆的安装施工过程中,必须按照下述要求进行:首先是安装前必须将孔内清洗干净,对水泥砂浆锚杆杆体安装前应除锈、除油,安装时孔内砂浆应灌注满,锚杆外露长度不得大于100mm;然后是对楔缝式和胀壳式锚杆均应将杆体与部件事先组装好,安装时应先楔紧锚杆后再安托板并拧紧螺栓;最后是对所有的检查合格后必须填写记录。 (4) 锚杆应进行抗拔试验。同一批锚杆每100根应取一组试件,每组3根(不足100根也取3根),设计或材料变更时应另取试件。同一批试件抗拔力的平均值不得小于设计锚固力,且同一批试件抗拔力最低值不得小于设计锚固力的90%。
7	隧道的防水层铺贴及二次衬砌施工	**1. 防水层铺贴施工** (1) 对于防水层必须在初期限支护结构趋于基本稳定,并经隐检合格后才能进行铺贴施工作业。铺贴防水层的基面必须坚实、平整、圆顺、无漏水现象,基面不平整度为50mm。阴阳角处理的平整度允许偏差为3mm,且每平方米范围内不得多于一处。 (2) 防水层的衬层必须沿着隧道环向由拱顶向两侧依次铺贴平顺,并与基面固定牢固,其长、短边搭接长度均不得小于50mm。 (3) 防水层塑料卷材铺贴应符合以下要求: 1) 卷材应沿隧道环向由拱顶向两侧依次铺贴,其搭接长度为:长、短均不得小于100mm; 2) 相邻两幅卷材接缝必须错开,错开位置距结构转角处不得小于600mm; 3) 卷材搭接处必须采用双焊缝焊接,其焊缝的宽度不得小于10mm,同时必须保证连续,不得有假焊、漏焊、焊焦、焊穿等现象; 4) 卷材应附于衬层上,并牢固固定,不得渗漏水。 (4) 隧道结构采用其他卷材和涂膜防水层施工时,应按《地下铁道工程施工及验收规范》中第9.4节有关规定执行。 **2. 二次衬砌施工** (1) 对于隧道二次衬砌模板施工应符合如下要求: 1) 隧道拱部模板应预留沉落量10～30mm,高程允许偏差为设计高程加预留沉浇量0～10mm; 2) 变形缝端头模板的填缝板中心应与初期支护结构变形缝重合; 3) 变形缝及垂直施工缝端头模板应与磴护结构间的缝隙嵌堵严密,支立必须垂直、牢固;边墙与拱部模板必须预留混凝土灌注及振捣孔口。 (2) 隧道的二次衬砌混凝土灌注必须按下述要求进行:首先是混凝土必须采用输送泵来输送,其坍落度应为:墙体100～150mm,拱部160～210mm;振捣施工过程中不得触及防水层、钢筋、预埋件和模板等。混凝土灌注至墙拱的交界处时,应间隙1～1.5h后才可继续灌注;混凝土强度必须达到2.5MPa时才能拆模。 (3) 隧道二次衬砌模板、钢筋和混凝土施工,尚应符合本节前面"隧道开挖"、"初期支护"、"防水层铺贴及二次衬砌"等所介绍的有关要求。
审核人		交接人	接受交底人

续表

序号	项目	城市轨道工程隧道喷锚暗挖法施工技术交底的主要内容
8	隧道施工中的监控量测	(1)隧道在施工前，必须根据埋深、地质、地面环境、开挖的断面和施工的方法等必须按照表5-3-7的测量项目，拟定监控量测方案。 **隧道施工监控量测项目和量测频率表**　　表5-3-7

类型	量测项目	量测仪器和工具	测点布置	量测频率
应测项目	围岩及支护状态	地质描述与拱架支护状态观察	每一开挖环	开挖后立即进行
	地表、地面建筑、地下管线及构筑物变化	水准仪和水平尺	每10~50m一个断面，每断面7~11个测点	开挖面距量测断面前后<2B时1~2次/d 开挖面距量测断面前后<5B时1次/2d 开挖面距量测断面前后>5B时间1次/周
	拱顶下沉	水准仪、钢尺等	每5~30m一个断面，每断面1~3个测点	开挖面距量测断面前后<2B时1~2次/d 开挖面距量测断面前后<5B时1次/2d 开挖面距量测断面前后>5B时间1次/周
	周边净空收敛位移	收敛计	每5~100m一个断面，每断面2~3个测点	开挖面距量测断面前后<2B时1~2次/d 开挖面距量测断面前后<5B时1次/2d 开挖面距量测断面前后>5B时间1次/周
	岩体爆破地面质点振动速度和噪声	声波仪及测振仪等	质点振速根据结构要求设点，噪声根据规定的测距设计	随爆破及时进行
选测项目	围岩内部位移	地面钻孔安放位移计、测斜仪等	取代表性地段设一断面，每断面2~3孔	开挖面距量测断面前后<2B时1~2次/d 开挖面距量测断面前后<5B时1次/2d 开挖面距量测断面前后>5B时间1次/周
	围岩压力及支护间应力	压力传感器	每代表性地段设一断面，每断面15~20个测点	开挖面距量测断面前后<2B时1~2次/d 开挖面距量测断面前后<5B时1次/2d 开挖面距量测断面前后>5B时间1次/周
	钢筋格栅拱架内力及外力	支柱压力计或其他测力计	每10~30榀钢拱架设一对测力计	开挖面距量测断面前后<2B时1~2次/d 开挖面距量测断面前后<5B时1次/2d 开挖面距量测断面前后>5B时间1次/周
	初期支护、二次衬砌内应力及表面应力	混凝土内的应变计及应力计	每代表性地段设一断面，每断面11个测点	开挖面距量测断面前后<2B时1~2次/d 开挖面距量测断面前后<5B时1次/2d 开挖面距量测断面前后>5B时间1次/周
	锚杆内力、抗拔力及表面应力	锚杆测力计及拉拔器	必要时进行	开挖面距量测断面前后<2B时1~2次/d 开挖面距量测断面前后<5B时1次/2d 开挖面距量测断面前后>5B时间1次/周

注：1. B 为隧道开挖跨度；
　　2. 地质描述主要包括工程地质和水文地质；
　　3. 当围岩和初期支护结构符合《地下铁道工程施工及验收规范》第7.8.3条规定时才可停止量测。

审核人		交接人		接受交底人	

续表

序号	项目	城市轨道工程隧道喷锚暗挖法施工技术交底的主要内容
8	隧道施工中的监控量测	（2）监控量测测点的初始读数，必须在开挖循环节施工后24h内，并在下一循环施工前取得，其测点距开挖工作面不得大于2m。量测的数据必须准确无误，并及时绘制时态曲线图，当时态曲线趋于平衡时，应及时进行回归分析，并推算出最终值。 （3）围岩和初期支护结构基本稳定必须具备以下条件：隧道周边收敛速度有明显减缓趋势、收敛量已达到总收敛量的80%以上，收敛速度小于0.15mm/d或拱顶位移速度小于0.1mm/d。 （4）隧道在施工中出现下述情况之一时，必须立即停工，并及时采取行之有效的处理措施： 1）周边以及开挖面塌方、滑坡及破裂等； 2）量测数据有不断增大的趋势； 3）支护结构变形过大或出现明显的受力裂缝且不断发展； 4）时态曲线长时间没有变缓的趋势等。
9	隧道内的运输作业	（1）在隧道内运输，必须根据其隧道开挖的断面、运输量大小和挖掘、运输机械设备等因素来决定运输的方式。对有轨线路铺设应符合下述要求： 1）钢轨与道岔的型号：钢轨不得小于24kg/m。并适宜选用较大型号的道岔，必要时可以安装转辙器； 2）轨枕：铺设间距不应大于0.7m，轨枕长度应为轨距加0.6m，上下面平整，道岔处铺设长轨枕。平面曲线半径不应小于机动车或车辆轨距的7倍； 3）线路铺设：道床应平整坚实，轨距允许偏差为$^{+6}_{-2}$mm，曲线应加宽和超高，必要时可设轨距杆。直线地段两轨水平，钢轨连接处必须铺两根枕木并保持水平，配件齐全并牢固地连接； 4）线间距：双线应保持两列车间距不小于400mm，车辆保养距隧道壁、人行步行道栏杆及隧道壁上的电缆不得小于200mm。人行道宽度不得小于700mm； 5）井底车场和隧道内宜设双股道，如受条件限制设单股道时，错车线有效长度应满足最长列车运输要求。 （2）有轨运输作业必须符合以下要求： 1）车辆装载限界：斗车的高度不得大于400mm，并不得超宽；平板车的高度不得大于1m，并有可靠固定措施，宽度不得大于150mm。所有车辆不得超载，同时，列车必须连接可靠，并设有可靠的刹车装置； 2）两组列车同一方向行驶时，其前后的相距不得小于60m，人推车辆时也不得小于20m； 3）轨道外堆料距钢轨外缘不得小于500mm，高度不得大于1m，并应堆码整齐。车辆运行中不得进行摘挂作业，严禁非司机驾驶列车； 4）机动列车在视线不良的弯道和通过道岔或错车时，行车速度不应大于5km/h；在其他地段不得大于15km/h。人推车辆速度不得大于6km/h； 5）轨道随开挖面及时向前延伸，装卸车处必须设置车挡，卸土点应设置大于1%的上坡道。 （3）隧道内采用无轨运输时，其运输的道路必须平整、坚实，并做好排水维修工作。在施工作业区内的行车速度不得大于10km/h，其他区段也不得大于15km/h。 （4）隧道内运输线路必须设有专人维修保养，线路两侧的废渣余料等应随时清除干净，确保线路畅通无阻。
审核人		交接人	接受交底人

续表

序号	项目	城市轨道工程隧道喷锚暗挖法施工技术交底的主要内容
10	风、水、电临时设施及通风防尘的施工	**1. 供电与照明设施的施工** (1) 一般隧道施工均设双向回路电源,并有可靠的切断装置。照明线路电压在施工区域内不得大于36V,成洞和施工区以外地段可用220V。 (2) 隧道内电缆线路布置与敷设应符合下列要求: 1) 成洞地段固定电线路应采用绝缘线,施工工作面区段的临时电线路宜采用橡套电缆,竖井及正线处宜采用铠装电缆; 2) 照明和动力电线(缆)安装在隧道同一侧时,应分层架设,电缆悬挂高度距地面不小于2m。36V的变压器必须设置于安全、干燥处,机壳必须接地; 3) 动力干线的每一支线必须装设开关及保险丝具,不得在动力线上架挂照明设施。 (3) 在隧道施工的范围内,必须具有足够的照明,在交通要道、工作面和设备集中处等,应设置安全照明。 (4) 动力照明的配电箱应封闭严密,不得乱接电源,应设专人管理并经常检查、维修和保养。 **2. 供风与供水设施的施工** (1) 空压机站输出的风压必须满足同时工作的各种风动机具的最大额定风量,设置的位置宜在竖井地面附近,并应采取防水、降温、保温和消声等措施。 (2) 高压风管及水管管径必须经过计算来确定,其安装也应符合以下要求: 1) 管材和闸阀在安装前应进行检验合格,并应清洗干净;管路安装公司应直顺,接头严密; 2) 空压机站和供水总管处应设闸阀,主干线管每100~200m就应设置分闸阀; 3) 对于隧道内的高压风管,其长度大于1000m时,应在管路最低处设油水分离器,并定期放出管中的积水和积油; 4) 隧道内宜安装在电缆线对面一侧,并不得妨碍交通运输;管路前端距开挖面宜为30m,并且高压软管接至分风或分水器;在严寒地区的冬季隧道外的水管必须有防冻措施。 **3. 通风防尘及防有害气体的施工** (1) 在隧道内施工时,要特别注意环境卫生的保护,其施工环境条件必须符合下述要求: 1) 在隧道内施工时,隧道内的氧气含量按体积比不应小于20%; 2) 隧道内每立方米空气中含10%以上游离二氧化硅尘不应超过2mg; 3) 有害气体浓度:一氧化碳含量不得大于30mg/m³;二氧化碳按体积计不应大于5‰;氮氧化物含量不应大于5mg/m³;气温不应超过28℃;噪声不应大于90dB。 (2) 在隧道内施工应当采用机械通风,当主风机满足不了需要时,应设置局部通风系统。 (3) 隧道内通风应满足各施工作业面需要的最大风量,风量应按每人每分钟供应新鲜空气3m³计算,风速为0.12~0.25m/s。 (4) 隧道风的所有通风管径应通过计算确定,风管安装与风管接头必须符合以下要求: 1) 管路必须直顺,接头应严密,弯管半径不得小于风管直径的3倍; 2) 风管的风口距工作面的距离:压入式不宜大于15m,吸入式不宜大于5m; 3) 采用混合式通风,两组管路接头交错距离为20~30m,如果采用吸出式通风,其风管出风口应置于主风流循环的回风流中。 (5) 隧道内的通风机在运转中,必须采取消声措施。通风过程中,应定期测试风量、风速、风压,发现风管风门破损、漏风时,应及时更换或修理。 (6) 隧道凿岩施工时,必须采用湿式作业,装渣、放炮后必须喷雾洒水净化作业面的粉尘,喷射混凝土时必须采取防尘措施,并定期测定粉尘和有害气体的浓度,确保隧道作业面的工作人员的身体健康。
审核人		交接人	接受交底人

续表

序号	项目	城市轨道工程隧道喷锚暗挖法施工技术交底的主要内容
11	工程验收	(1) 喷锚暗挖隧道施工应对下列项目进行中间检验,并应符合《地下铁道工程施工及验收规范》中的有关规定: 1) 竖井开挖、结构和支撑施工以及提升设备安装。超前导管和管棚支护、注浆加固; 2) 钻爆施工的爆破参数、炮眼布置、钻设、装药、爆破后开挖断面的检查及锚杆的施工; 3) 隧道开挖方法及每一循环节掘进长度、支护距开挖面的距离、开挖断面尺寸及地质描述; 4) 初期支护结构钢筋格栅及钢筋网加工、安装以及喷射混凝土作业和质量; 5) 喷射和二次衬砌混凝土原材料、配合比、搅拌、试件的制作和试验;防水层材料及基层面检验和衬层、卷材的铺贴; 6) 二次衬砌结构钢筋加工及绑扎,模板支立,预埋件安装和混凝土灌注。 (2) 隧道结构施工竣工后,混凝土抗压强度和抗渗压力必须符合设计要求,无露筋、漏振、露石,其允许偏差应符合表5-3-8的规定。

隧道二次衬砌结构允许偏差值(mm) 表 5-3-8

序号	主要项目	允许偏差值(mm)						
		内墙	仰拱	拱部	变形缝	柱子	预埋件	预留孔洞
1	平面位置	±10	—	—	±20	±10	±20	±20
2	垂直度(%)	2	—	—	—	2	—	—
3	高 程	—	±15	±30 −10	—	—	—	—
4	直顺度	—	—	—	5	—	—	—
5	平整度	15	20	15	—	5	—	—

注:1. 本表不包括特殊要求项目的偏差标准;
2. 平面位置以隧道线路中线为准进行测量。

(3) 工程竣工验收时应提供如下资料:
1) 原材料、成品、半成品质量合格证;
2) 图纸会审记录、变更设计或洽商记录;
3) 各种试验报告和质量评定记录、工程测量定位记录;
4) 隐蔽工程验收记录、冬期施工热工计算及施工记录;
5) 监控量测记录;
6) 开工、竣工报告;
7) 竣工图。

审核人		交接人		接受交底人	

5.4 隧道盾构掘进法施工技术交底

城市轨道工程的隧道盾构掘进法施工技术交底见表5-4所示。

表 5-4　隧道盾构掘进法施工技术交底

序号	项目	城市轨道工程隧道盾构掘进法施工技术交底的主要内容
1	一般规定	(1) 盾构在现场进行组装完成后，必须对各系统进行调试并验收。 (2) 盾构掘进施工划分为始发、掘进和接收三个阶段。盾构始发施工阶段是指从破除洞门、盾构初始推进到盾构掘进、管片拼装、壁后注浆、渣土运输等全工序展开前的施工阶段；盾构接收施工阶段是指盾构刀盘距离到达洞门或贯通面一倍盾构主机长度内的掘进施工及盾构主机完全进入接收基座的施工阶段。在施工中必须根据每个阶段施工的特点，采取相应的施工技术措施，确保施工安全，并应满足质量及环境保护的要求。 (3) 施工中应在盾构起始阶段 50～100m 进行试掘进，这是为了掌握、摸索、了解、验证盾构适应性能及施工规律。在此段施工中应根据控制地表变形及环保的要求，沿隧道轴线和轴线垂直的横断面布设地表变形量测点，施工时跟踪量测地表的沉降、隆起变形，并根据试掘进来调整掘进推力、掘进速度、盾构正面土压力及壁后注浆量和压力等施工参数，从而为盾构后续掘进阶段取得优化的施工参数和施工操作经验。 (4) 盾构掘进施工必须严格控制排土量、盾构姿态和地层变形。 (5) 盾构掘进至一个管片环宽度时，应停止掘进，进行管片拼装。管片拼装施工时，应采取措施保持土仓内压力，防止盾构后退。 (6) 盾构掘进过程中必须对成环管片与地层的间隙充填注浆。 (7) 盾构掘进过程中应保持盾构与配套设备、抽排水与通风设备、水平运输与垂直提升设备、泥浆管道输送设备、供电系统等正常运转，并保持盾尾密封。 (8) 盾构掘进施工过程中，如若遇到如下情况时，必须及时处理： 1) 盾构前方地层发生坍塌或者遇到障碍； 2) 盾构本体滚动角不得小于 3°，盾构轴线偏离隧道轴线不小于 50mm； 3) 盾构推力与预计值相差较大，管片严重开裂或严重错台； 4) 壁后注浆系统发生故障无法注浆，盾构掘进扭矩发生异常波动； 5) 动力系统、密封系统、控制系统等发生故障。 (9) 在曲线段施工时，应考虑已成环管片竖向、横向位移将会对隧道轴线的影响。 (10) 施工中必须按照设定的掘进参数，沿设计轴线进行盾构掘进，并应认真作好详细记录。通过盾构主控制室监视与监测庙宇的土压力值，盾构的推进率与油压、纵坡、刀盘油压与转速、螺旋机的油压与转速进土速率，以及盾构左右腰对称千斤顶伸出长度等是否在优化的施工参数范围内，发现异常情况必须及时调整。 (11) 根据横向偏差和转动偏差，应采取措施调整盾构姿态，并应防止过量纠偏。施工中应注意盾构的内径与管片外径有一定施工间隙，盾构纠偏只能在此范围内调整，过量的纠偏会引起盾壳卡住管片而导致管片挤压损坏或增加新一环管片拼装的困难。 (12) 盾构暂停掘进时，必须采取有效措施稳定开挖面，防止其坍塌。一般情况下，当盾构因故停止掘进时，应根据暂停的时间长短、开挖面的地层、隧道埋的深度、地表面变形等多方面的条件，对开挖面进行封闭，对盾尾与管片间的空隙进行嵌缝密封处理。可在盾构支撑环面与已拼装的管片环面间加设支撑，防止盾构后退。对于泥水平衡盾构还应关闭泥浆管阀门，保持压力以稳定开挖面。 (13) 必须对盾构姿态与管片状态进行人工复核测量。
审核人		交接人　　　　　　　接受交底人

续表

序号	项目	城市轨道工程隧道盾构掘进法施工技术交底的主要内容
2	盾构法隧道基本原理与特点	(1) 盾构法隧道的基本原理是用一件有形的钢质组件沿隧道设计轴线开挖土体而向前推进。这个钢质组件在初步或最终隧道衬砌建成前,主要起防护开挖出的土体、保证施工作业人员和机械设备安全的作用,这个钢质组件被简称为盾构。盾构的另一个作用是能够承受来自地层的压力,防止地下水或流砂的入侵。 (2) 隧道拱内围的空洞由盾构本体防护,还需要其他辅助措施对工作面进行支护。盾构法隧道有以下几种支护土体的方法与之相匹配的盾构类型(图5-4-1)及盾构掘进机的支护面板。 图5-4-1 几种支护土体的方法与之相匹配的盾构类型 (3) 常用盾构施工法有如下两种: 1) 土压平衡盾构施工法:泥土在盾构压力舱中的增减受到有效控制,推进压力与土层压力和地下水压力相抗衡,使得掘进工作面保持稳定,如图5-4-2所示。图5-4-3～图5-4-6所示为常见的几种不同直径的土压平衡盾构掘进机。 2) 泥水盾构施工法:如图5-4-7所示为泥水平衡加压式盾构掘进机施工示意图,泥水加压平衡式盾构掘进机的原理是通过在密封土舱中注入适当的压力和浓度的泥浆,与开挖面土压力形成平衡,在推进力的作用下,用旋转刀盘切削土体,与泥浆混合后,用排泥泵和管道输送到地面处理,完成工作面的开挖工作。该盾构使用于开挖面区难以稳定的滞水砂层和松软黏性土层等各种松散地层。具有地表沉降小,施工速度快等优点。主要适应于隧道面可被泥水加压所支撑的土质,可有效地应付各种困难地层和控制地表沉降。挖出的土以泥水形式由管道运输,而砾石压碎后被管道运输或在管道输送中途被移走。
审核人		交接人　　　　　　　　接受交底人

续表

序号	项目	城市轨道工程隧道盾构掘进法施工技术交底的主要内容			
2	盾构法隧道基本原理与特点	 图5-4-2 土压平衡盾构施工法示意图 图5-4-3 φ4.48m土压平衡盾构掘进机　　图5-4-4 φ6.34m土压平衡盾构掘进机 图5-4-5 φ7.15m土压平衡盾构掘进机　　图5-4-6 φ9.43m混合式土压平衡盾构掘进机			
审核人		交接人		接受交底人	

续表

序号	项目	城市轨道工程隧道盾构掘进法施工技术交底的主要内容
2	盾构法隧道基本原理与特点	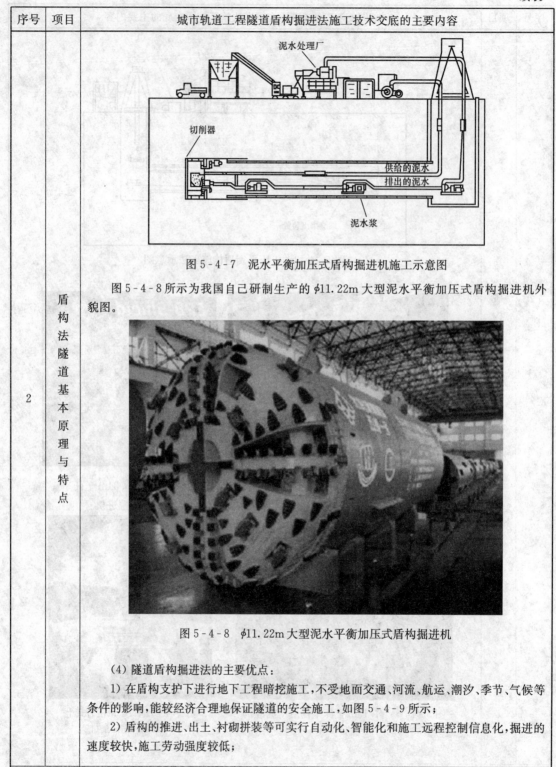图 5-4-7 泥水平衡加压式盾构掘进机施工示意图 图 5-4-8 所示为我国自己研制生产的 ϕ11.22m 大型泥水平衡加压式盾构掘进机外貌图。 图 5-4-8 ϕ11.22m 大型泥水平衡加压式盾构掘进机 (4) 隧道盾构掘进法的主要优点： 1) 在盾构支护下进行地下工程暗挖施工，不受地面交通、河流、航运、潮汐、季节、气候等条件的影响，能较经济合理地保证隧道的安全施工，如图 5-4-9 所示； 2) 盾构的推进、出土、衬砌拼装等可实行自动化、智能化和施工远程控制信息化，掘进的速度较快，施工劳动强度较低；

审核人		交接人		接受交底人	

续表

序号	项目	城市轨道工程隧道盾构掘进法施工技术交底的主要内容
2	盾构法隧道基本原理与特点	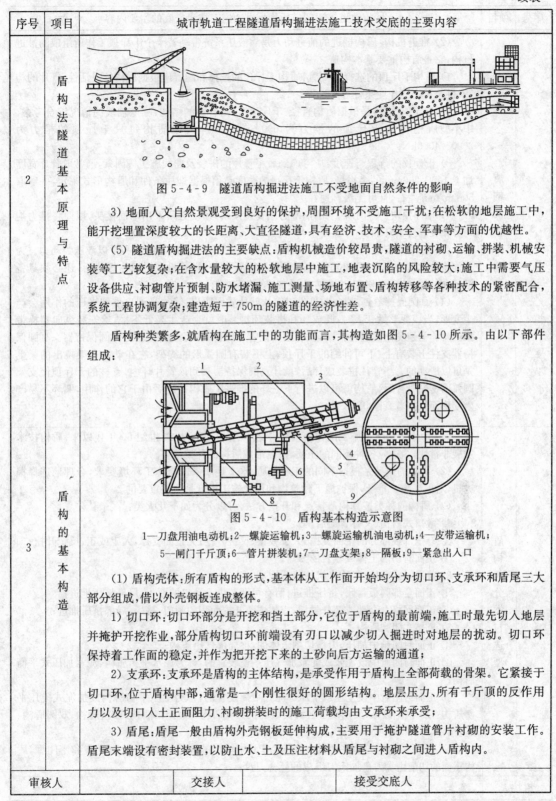 图 5-4-9 隧道盾构掘进法施工不受地面自然条件的影响 3）地面人文自然景观受到良好的保护，周围环境不受施工干扰；在松软的地层施工中，能开挖埋置深度较大的长距离、大直径隧道，具有经济、技术、安全、军事等方面的优越性。 （5）隧道盾构掘进法的主要缺点：盾构机械造价较昂贵，隧道的衬砌、运输、拼装、机械安装等工艺较复杂；在含水量较大的松软地层中施工，地表沉陷的风险较大；施工中需要气压设备供应、衬砌管片预制、防水堵漏、施工测量、场地布置、盾构转移等各种技术的紧密配合，系统工程协调复杂；建造短于 750m 的隧道的经济性差。
3	盾构的基本构造	盾构种类繁多，就盾构在施工中的功能而言，其构造如图 5-4-10 所示。由以下部件组成： 图 5-4-10 盾构基本构造示意图 1—刀盘用油电动机；2—螺旋运输机；3—螺旋运输机油电动机；4—皮带运输机； 5—闸门千斤顶；6—管片拼装机；7—刀盘支架；8—隔板；9—紧急出入口 （1）盾构壳体：所有盾构的形式，基本体从工作面开始均分为切口环、支承环和盾尾三大部分组成，借以外壳钢板连成整体。 1）切口环：切口环部分是开挖和挡土部分，它位于盾构的最前端，施工时最先切入地层并掩护开挖作业，部分盾构切口环前端设有刃口以减少切入掘进时对地层的扰动。切口环保持着工作面的稳定，并作为把开挖下来的土砂向后方运输的通道； 2）支承环：支承环是盾构的主体结构，是承受作用于盾构上全部荷载的骨架。它紧接于切口环，位于盾构中部，通常是一个刚性很好的圆形结构。地层压力、所有千斤顶的反作用力以及切口入土正面阻力、衬砌拼装时的施工荷载均由支承环来承受； 3）盾尾：盾尾一般由盾构外壳钢板延伸构成，主要用于掩护隧道管片衬砌的安装工作。盾尾末端设有密封装置，以防止水、土及压注材料从盾尾与衬砌之间进入盾构内。
审核人		交接人 接受交底人

续表

序号	项目	城市轨道工程隧道盾构掘进法施工技术交底的主要内容
3	盾构的基本构造	(2) 推进机构:盾构掘进的前进动力是靠液压系统带动若干个千斤顶工作所组成的推进机构,它是盾构重要基本构造之一。 1) 盾构千斤顶的选择和配置:盾构千斤顶的选择和配置应根据盾构的灵活性、管片的构造、拼装衬砌的作业条件等来选择; 2) 千斤顶数量:是根据盾构直径、千斤顶推力、管片的结构、隧道轴线的情况综合考虑。中小型盾构每只千斤顶的推力为 600~1500kN,大型盾构每只千斤顶的推力为 2000~4000kN; 3) 千斤顶的行程与速度:应考虑到盾尾管片的拼装及曲线施工等因素,通常取管片宽度加上 100~200mm 的余裕量;盾构千斤顶的速度必须根据地质条件和盾构形式来定,一般取 50mm/min 左右,且可无级调速; 4) 千斤顶块:千斤顶活塞的前端必须安装顶块,顶块必须采用球面接头,以便将推力均匀分布在管片的环面。 (3) 管片拼装机:管片拼装机又称举重臂,是盾构的主要设备之一,常以液压为动力。为了能将管片按照所需的位置安全、迅速地进行拼装,拼装机在钳捏住管片后,还必须具备沿径向伸缩、前后平移和360°(左右叠加)旋转等功能。 (4) 真圆保持器:盾构向前推进时管片就从盾尾脱出,管片受到自重和土压的作用会产生变形,当该变形量变大时,既成环和拼装环拼装时就会产生高低不平,给安装纵向螺栓带来困难。为避免出现这种情况,就有必要让管片保持真圆,该装置就是真圆保持器。真圆保持器支柱上装有上、下可伸缩的千斤顶,上下装有圆弧形的支架,它在动力车架挑出的梁上是可以滑动的。当管片拼装成环后,就让真圆保持器移到该管片环内,支柱的千斤顶使支架圆弧面密贴管片后,盾构就可以进行下一环的推进。盾构推进后由于它的作用,圆环不易产生变形而保持着真圆状态。
4	盾构的分类与选型	(1) 由于盾构隧道施工法在全世界得到广泛的应用,从 20 世纪 60 年代以来,盾构技术发展非常快,为适应各种不同的土质,所以形成盾构的种类繁多。 (2) 盾构的选型是根据不同的工程地质、水文地质条件与施工环境要求,合理地选择掘进机,对保证施工质量,保护地下建筑物和加快施工进度是至关重要的。 (3) 盾构的种类按其构造特点和开挖方法,可以分为如下几大类: 1) 敞口式盾构(又称普通盾构): ① 有全部或部分的正面支撑,人工或正、反铲开挖;无正面支撑,人工或正、反铲开挖; ② 正面有切削土体或软岩的刀盘; 2) 普通闭式盾构(又称半机械化盾构): ① 正面全部胸板封闭,挤压推进;留有可调节进土孔口的面积,局部挤压推进; ② 正面网格上全部或部分封板;或装调节开挖面积的闸门,挤压、局部挤压推进; 3) 机械式闭胸盾构: ① 正面封闭舱中加压,刀盘切削土体的,称局部气压盾构; ② 正面封闭舱中设泥浆或泥浆加气压平衡装置的,称为泥水平衡盾构、泥水加压式平衡盾构; ③ 正面封闭舱中设土压或土压加泥式平衡装置的,称为土压平衡盾构或加泥式土压平衡盾构。21世纪以来,又出现了各种类型的机械化盾构,如:矩形盾构、铰接盾构、双圆盾构、复合盾构等。 4) TBM盾构——能在硬岩(q_u>50MPa)中使用的隧道掘进机,分敞开型和密闭型,盾构正面的切削由大刀盘加滚刀组成的复合刀盘。
审核人		交接人		接受交底人	

续表

序号	项目	城市轨道工程隧道盾构掘进法施工技术交底的主要内容		
4	盾构的分类与选型	(4) 表5-4-1所列为盾构掘进机的类型与功能。 **盾构掘进机的类型与功能表** 表5-4-1		

序号	类型		简要说明
1	密封式		适应于软性、粉质、含砂量少土质,出泥根据挖掘速度来调节开孔大小而能控制
2	手掘式		适应于坚硬、无崩塌性土质或半坚硬土质,装配有半月型掘进面和用于支撑掘进面的千斤顶。如若土质条件的需要,则可使用一些专用设备。例如可移式防护罩、可移式平台等
	半机械式		手动操作型机械设备,配有反铲、臂式切刀之类工具,以满足土质条件的需要
3	泥水加压式		适应于渗水砂土和少量砂砾土质,有的配备有石头箱和石头排除装置,以便移走泥浆中的卵石
4	定压式		适应于黏土和黏砂土质,主要特点是带有锥形闸门螺旋排出装置,以便形成砂栓
5	泥土加压式		配备有全方位辐条式切削,插于泥浆中可适应于不同断面。特点是转换变形功能和开放切削面构造
6	泥浆式	双螺旋	由于泥浆灌入切削仓,所以适合于渗水、砂砾土质和超软土质,以及复杂地层。这种类型具有泥水加压式和定压式的优点,这样能适合于各类地层
		带状螺旋	
7	潜盾式掘进机(SBM)		配备有钻头,可以破碎大岩石体和基础。一般用于黏土层、可崩塌含水层、大账石体和基础工程

(5) 选择盾构法施工,不仅要考虑到地质情况,还要考虑到盾构的外径、隧道的长度、工程的施工程序、劳动力情况等,而且还应综合研究工程施工环境、基础面积、施工引起对环境的影响程度等。

(6) 选择盾构的种类一般要求掌握不同盾构的特征,同时还应逐个研究以下项目:
1) 开挖的经济性,开挖面有无障碍物;
2) 气压施工时对开挖面能否自立稳定;
3) 气压施工并用其他辅助施工法后开挖面能否稳定;
4) 挤压推进、切削土加压推进中,开挖面能否自立稳定;
5) 开挖面在加入水压、泥压、泥水压作用下,能否自立稳定。

(7) 盾构掘进机选型的主要依据有:土质条件、岩石性能(抗压、抗拉、粒径、成层等)、开挖面的稳定性能、隧道的埋深与地下水位、设计隧道的断面、环境条件与沿线场地、衬砌类型、施工工期、工程造价、宜用的辅助施工方法、设计线路、与线形及坡度、电气等其他设备条件。

(8) 综合盾构掘进机的特性与选型的依据,图5-4-11所示为盾构掘进机选型的程序流程图。

审核人		交接人		接受交底人	

续表

序号	项目	城市轨道工程隧道盾构掘进法施工技术交底的主要内容
4	盾构的分类与选型	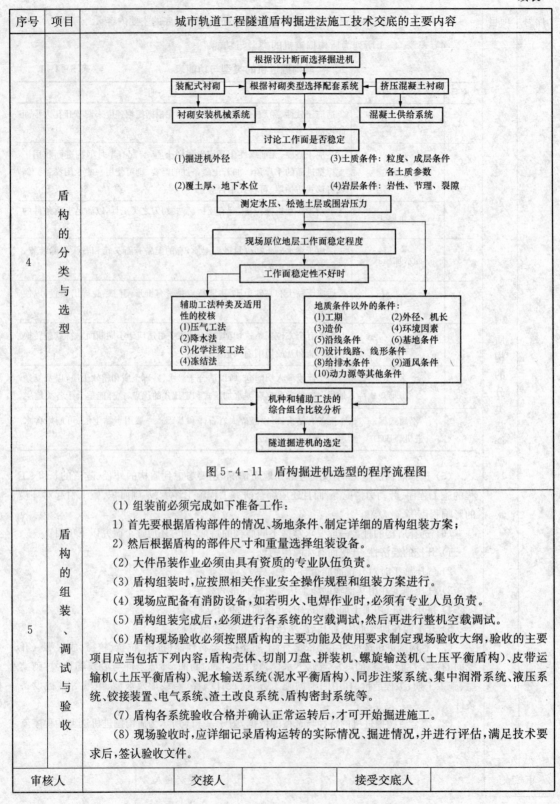 图5-4-11 盾构掘进机选型的程序流程图
5	盾构的组装、调试与验收	(1) 组装前必须完成如下准备工作： 1) 首先要根据盾构部件的情况、场地条件、制定详细的盾构组装方案； 2) 然后根据盾构的部件尺寸和重量选择组装设备。 (2) 大件吊装作业必须由具有资质的专业队伍负责。 (3) 盾构组装时，应按照相关作业安全操作规程和组装方案进行。 (4) 现场应配备有消防设备，如若明火、电焊作业时，必须有专业人员负责。 (5) 盾构组装完成后，必须进行各系统的空载调试，然后再进行整机空载调试。 (6) 盾构现场验收必须按照盾构的主要功能及使用要求制定现场验收大纲，验收的主要项目应当包括下列内容：盾构壳体、切削刀盘、拼装机、螺旋输送机(土压平衡盾构)、皮带运输机(土压平衡盾构)、泥水输送系统(泥水平衡盾构)、同步注浆系统、集中润滑系统、液压系统、铰接装置、电气系统、渣土改良系统、盾构密封系统等。 (7) 盾构各系统验收合格并确认正常运转后，才可开始掘进施工。 (8) 现场验收时，应详细记录盾构运转的实际情况、掘进情况，并进行评估，满足技术要求后，签认验收文件。
审核人		交接人　　　　　　　　接受交底人

续表

序号	项目	城市轨道工程隧道盾构掘进法施工技术交底的主要内容
6	盾构法隧道掘进施工智能管理系统示意图	图5-4-12所示为盾构法隧道掘进施工智能管理系统示意图。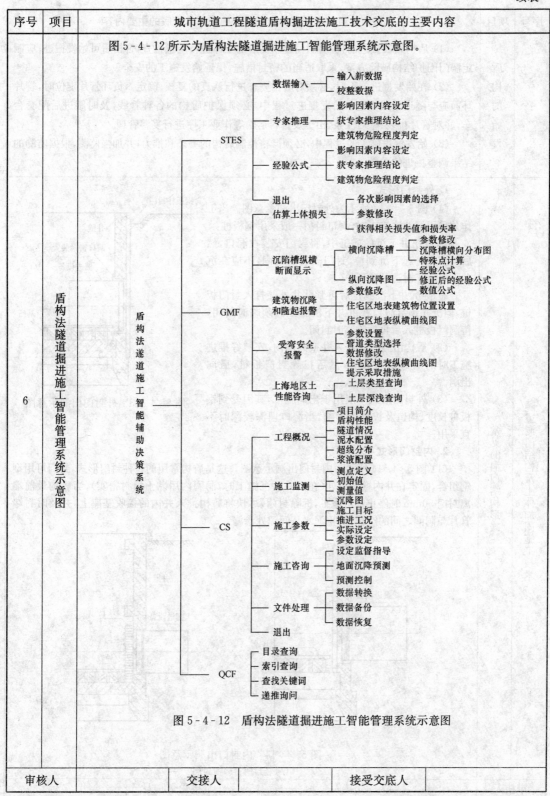图5-4-12 盾构法隧道掘进施工智能管理系统示意图
审核人		交接人　　　　　　　　　接受交底人

续表

序号	项目	城市轨道工程隧道盾构掘进法施工技术交底的主要内容
7	盾构的始发	(1) 盾构始发掘进前,应对洞门经改良后的土体进行质量检查,合格后可始发掘进;应制定洞门围护结构破除方案,采取适当的密封措施,保证始发施工的安全。 (2) 在始发掘进施工时,必须对盾构姿态进行认真的复核、确定。负环管片定位时,管片环面应与隧道轴线垂直。始发掘进过程中,必须保护盾构的各种管线,及时跟进后配套台车,并对管片拼装、壁后注浆、出土及材料运输等作业工序进行妥善管理。 (3) 始发掘进施工的过程中,必须严格控制盾构的姿态和推力,并加强监测,根据监测的结果调整掘进的参数。
8	隧道洞门结构及土体加固施工技术 — 常见的洞门结构形式	**1. 外封门形式** (1) 图 5-4-13 所示为外封门出洞示意图。当工作井采用沉井法施工时,洞口封门一般采用钢板桩: 1) 在沉井下沉的施工中,将封门安装在洞口,然后与沉井一起下沉到位,封门安置要牢固,不应在沉井下沉施工时遭到破坏; 2) 待沉井下沉到位后再紧贴井外壁打入封门板桩,但沉井预留洞口在沉井下沉施工时须临时封闭,待洞门板桩入后再拆除临时封闭。 (2) 盾构出洞时先进入井壁洞圈内,安装好推进施工时的洞口密封装置,然后拔除封门板桩,盾向出洞。 (3) 外封门形式一般用于出洞施工,其因受到钢板桩长度、构造及拔桩等影响,当洞口埋深较深时不宜采用。 图 5-4-13 外封门出洞示意图 **2. 内封门形式** (1) 图 5-4-14 所示为内封门出洞示意图。这是盾构常用的一种封门形式,封门可用型钢组合,固定在井内壁洞口处(在沉井下沉施工时,洞圈内用黏土填封密实),当盾构最前端离封门 50mm 时停止推进施工,拆除封门,尽快将盾构推入井内的接收基座上,并及时封堵管片与洞圈之间的空隙,防止泥水从间隙处渗漏。 图 5-4-14 内封门出洞示意图 (a)竖封门;(b)横封门

审核人		交接人		接受交底人	

续表

序号	项目	城市轨道工程隧道盾构掘进法施工技术交底的主要内容
8 隧道洞门结构及土体加固施工技术	常见的洞门结构形式	（2）当洞口埋深较深、洞口处土质较好，自立性能强或洞口土体进行加固处理，内封门形式也用于出洞施工中，但洞圈内须用黏土夯填密实，使洞圈内土体起到一个土寨作用，用以平衡井外土体的侧向压力。 **3. 特殊封门（又称井内外封门）** 　　特殊封门又称井内外封门，当隧道工程埋设很深、井外砂性土渗透系数大、地下水位高，要平衡地下水压力较困难时，则盾构出洞时可采用另一种"外"封门形式，即在井内筑一定长度的筒套，内径与井壁预留洞口相同，筒套与井壁连成一体，筒套后端设有密封装置，在筒套与井壁内面之间，采用密排竖向钢板桩封闭洞口，沉井下沉前在井壁洞圈内填黏土，盾构先进入筒内，见图5-4-15所示。出洞施工时，逐根拔除钢板桩，每拔除一根，须及时进行堵住上开口。特殊封门的形式具有以下特点： 　　（1）盾构出洞前已建立正面平衡体系，在出洞过程中能较好地控制正面平衡压力，使洞口外土体流失能控制在允许范围内，有效地保护环境。 　　（2）井壁洞口内及筒套内用黏土填充，土塞效应长，洞口间隙密封效果显著，土体不易流失。 　　（3）洞口封门板桩由于设在井内，板桩长度略大于洞口直径，只要用推进施工用的行车即可方便、迅速拔除，不另外配备大型设备。管套构造设计时，考虑了出洞时可能出现的问题，降低了施工难度。 **4. 地下连续墙施工洞口封门** 　　（1）当工作井制作时，可以采用地下连续墙围护，在进出洞施工时，先行凿除地下连续墙，逐步完成进出洞施工，如图5-4-16所示。 图5-4-15 井内外封门示意图　　　图5-4-16 地下连续墙示意图 　　（2）地下连续墙的施工方法就是在地面上用一种特殊的挖槽设备，沿着工程周边（地下结构的边墙），开挖一定槽段长的沟槽，并用泥浆来支护槽壁土体，然后将预制好的钢筋笼放入槽内。 　　（3）采用导臂在充满稳定液体的沟槽内进行混凝土浇筑，混凝土是由沟底逆行向上筑高，直至充满沟槽，即在浇捣施工时把稳定泥浆置换出来。相邻在槽段由特殊接头连接，这样把分段的槽壁连成一整体，成为埋置于地下的一条钢筋混凝土墙。
审核人		交接人　　　　　　接受交底人

续表

序号	项目	城市轨道工程隧道盾构掘进法施工技术交底的主要内容
8	常见的洞门结构形式	**5. 钻孔灌注桩施工洞口封门** (1) 随着工作井洞门前方土体围护，也可以采用钻孔灌注桩进行施工，一般情况是在出洞施工时，先进行钻孔灌注桩，逐步完成进出洞施工作业。 (2) 钻孔灌注桩的施工，因其所选护壁形成的不同，有泥浆护壁方式法和全套管施工法两种。 (3) 全套管施工法应用于城市的地铁建设较多，其施工法的施工顺序是：钻孔→下钢筋笼或导骨→灌混凝土→成孔。其一般的施工过程是：平场地、铺设工作平台、安装钻机、压套管、钻进成孔、安放钢筋笼、防导管、浇筑混凝土、拉拔套管、检查成桩质量。 (4) 全套管施工法的主要施工步骤除不需泥浆及清孔外，其他的与泥浆护壁法都类同。压入套管的垂直度，取决于挖掘开始阶段的5~6m深时的垂直度。因此应该随时使用水准仪及铅锤校核其垂直度。
8 隧道洞门结构及土体加固施工技术	进出洞土体加固施工技术	盾构进出洞时，需要采取土体稳定的有效措施。当前常用的土体稳定技术有高压旋喷桩、深层搅拌桩、SMW工法、降水法等。 **1. 高压旋喷桩** (1) 高压旋喷桩有单管法、二重法、三重法和多重法，它在地基加固、提高地基承载能力、改善土质进行护壁、挡土、隔水等起到了很好的作用。 (2) 这种工艺原理是利用工程钻机钻孔到设计深度，将一定压力的水泥浆液和空气，通过其端部侧面的特殊喷嘴同时喷射，并强制与喷射出来的浆液混合，胶结硬化。在喷射的同时，旋转并以一定的速度提升注浆管，即在土体中形成直径明显的拌合加固体。 (3) 高压旋喷桩的工艺流程如图5-4-17所示。 图5-4-17 高压旋喷桩的工艺流程示意图 (4) 高压旋喷桩的施工要求： 1) 水泥：视浆液类型(普通型、早强型、抗渗型等)进行选用，但要求不受潮、不结块、新鲜及各项指标符合国家规定，有抗渗要求的不宜采用矿渣水泥； 2) 拌浆用水：要求清洁无劣质、无侵蚀性、酸碱度适中。一般可饮用的河水、井水及其他清洁水均可； 3) 外掺剂：为改善浆液性能，促进其早强、提高抗渗及可喷性； 4) 浆液：要求搅拌均匀，可喷性好，不得有堵塞管道及喷嘴的块状物。要控制在初凝时间内使用，不得超时。

审核人		交接人		接受交底人	

续表

序号	项目	城市轨道工程隧道盾构掘进法施工技术交底的主要内容
8 隧道洞门结构及土体加固施工技术	进出洞土体加固施工技术	(5) 高压旋喷桩的施工质量标准： 1) 开挖检查：在施工过程中，待浆液达到一定强度，即可开挖土体检查成桩的垂直度、桩间结合状况及桩径大小； 2) 钻孔检查：在已旋喷好并固结完成的桩体中取芯样，做成标准试件进行室内物理力学性能试验；同时，还应进行压力注水或抽水试验，测定桩体渗透系数； 3) 标准贯入试验：在旋喷固结中部进行标准贯入试验； 4) 荷载试验：作垂直或水平的荷载试验，测量其承载能力。 **2. 深层搅拌桩** (1) 深层搅拌桩是软土地基加固和深基坑开挖侧向支护常用的方法之一，该方法主要适用于软地基加固(包括盾构进出洞体加固)、侧向挡土支护结构(且对临近建筑物等有良好的保护)、隔水与防流砂的帷幕工程等。如图5-4-18所示。 (2) 深层搅拌桩的主要特点是： 1) 固化桩与原地基构成复合地基，改善了地基的承载能力和变形模量； 2) 能自立支护挡土，不需要支撑和拉锚；桩体连接成壁后有隔水帷幕作用； 3) 施工中无振动、无噪声、无污染，对周围建筑物和地下管线影响小； 4) 施工机具简单，操作方便，造价低，为文明施工创造了较好条件。特别是在施工场地较小的地方，采用该方法更为合理。 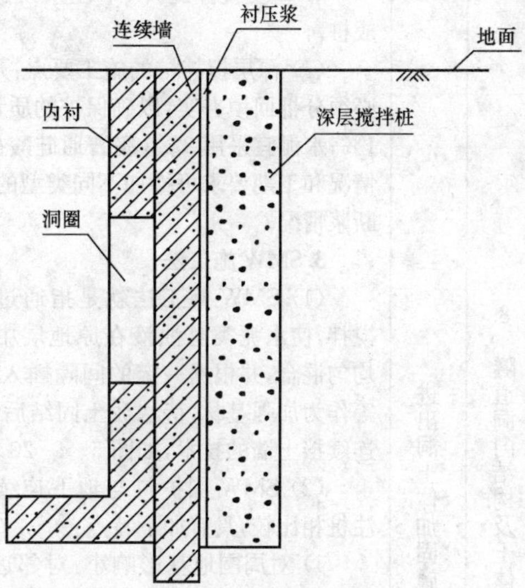 图5-4-18 深层搅拌桩施工法示意图 (3) 深层搅拌桩的原理是利用深层搅拌机械，用水泥作为固化剂与地基进行原位的强制粉碎拌合，待固化后形成不同形状的桩、墙体或块体等。其计算理论按重力坝式刚性挡土墙计算，同时按刚性挡土墙计算方法验算变形。深层搅拌桩施工工艺流程如图5-4-19所示。 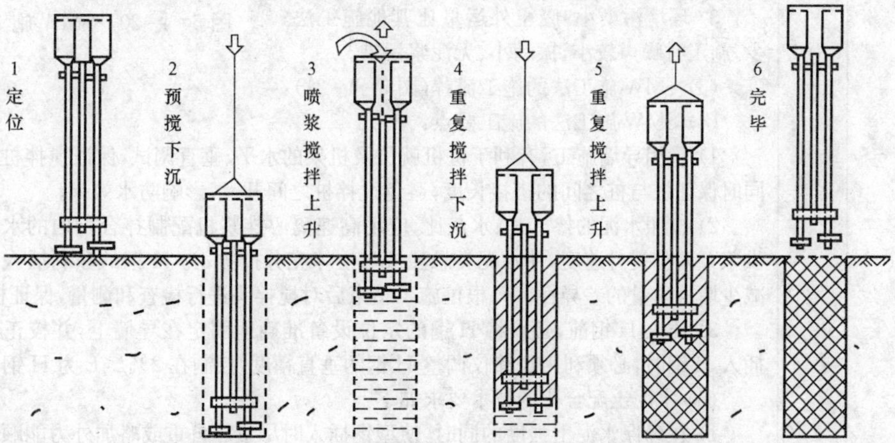 图5-4-19 深层搅拌桩施工工艺流程示意图 （1 定位　2 预搅下沉　3 喷浆搅拌下沉　4 重复搅拌下沉　5 重复搅拌上升　6 完毕）
审核人		交接人　　　　　接受交底人

续表

序号	项目	城市轨道工程隧道盾构掘进法施工技术交底的主要内容
8 隧道洞门结构及土体加固施工技术	进出洞土体加固施工技术	(4) 施工现场应进行平整、碾压或夯实,以确保桩机定位移动,钻孔垂直。其施工程序如下: 1) 深层搅拌机就位,搅拌下沉:启动电动机,根据土质情况按计算速率,放松卷扬机使拌头自上而下切土拌合下沉,直到设计深度; 2) 注浆搅拌提升:待水泥浆到达搅拌头后,按计算要求的速度提升搅拌头,边注浆、边搅拌、边提升,使水泥浆和原地基本土充分拌合,直至提升到桩顶设计标高后再关闭泵; 3) 重复搅拌下沉:再次将搅拌机边搅拌边下沉至设计标高; 4) 重复搅拌提升(不注浆):边搅拌边提升至自然地面,关闭搅拌机即完成1根桩的成桩。 (5) 深层搅拌桩的施工要点:开机前必须探明和清除一切地下障碍物,须回填土的部位,必须分批回填夯实,以确保桩的质量;桩机行驶路轨和轨枕不得下沉,桩机垂直偏差不得大于1%;水泥宜采用32.5级普通硅酸盐水泥,水泥掺入比宜选用范围8%~16%,根据不同地质情况和工期要求可掺加不同类型的外加剂;严格控制注浆量和提升速度,防止出现夹心层或断浆情况。 3. SMW 施工法 (1) SMW 施工法就是指通过深层搅拌机搅拌,使水泥类悬浊液在原地层中与土体反复均匀混合,并根据一定的间隔插入H钢或板桩等作为加强基材,待水泥土固结后,形成复合的连续挡土墙的技术,如图5-4-20所示。 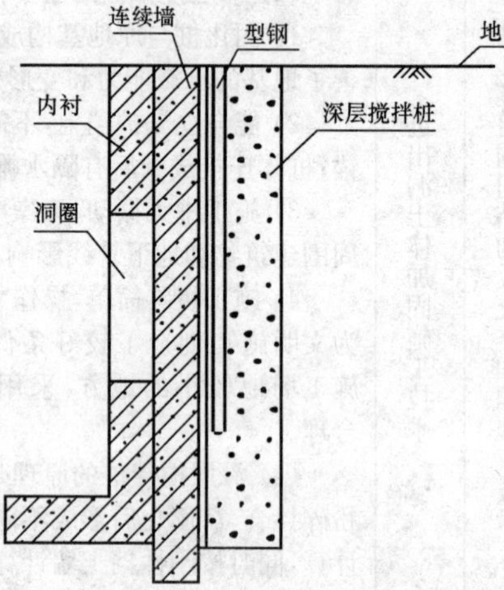 (2) SMW围护桩与地下连续墙和钻孔灌注桩相比较,具有如下特点: 1) 对周围地基影响小:对邻近的土体扰动较小,不致产生邻近地面下沉、房屋倾斜、道路裂损或地下设施破坏等危害; 2) 高止水性:随着钻掘和搅拌的反复进行,可使水泥系强化剂与土得到了充分搅拌,而且墙体全长无接缝,具有要靠的止水性能; 3) 环境污染小:废土外运量比其他施工法少,施工时噪声较小,振动小、无泥浆污染。 (3) SMW施工法的施工流程(图5-4-21): (4) SMW施工法的施工要点: 1) 采用导墙施工,有利于桩机就位及机架的水平、垂直调试,保证搅拌桩施工的垂直度。同时保证桩与桩之间的搭接长度,避免搅拌桩之间开叉,影响防水效果; 2) 按照水泥的掺入量、水灰比,应用高速离心拌浆机配制拌合均匀的水泥浆液,并根据供浆泵调整提升速度,使水泥类悬浊液与土体充分搅拌,为H钢的顺利插入创造条件,同时减少墙身质量的差异性。每根桩施工结束后对搅拌头进行检查和测量,保证桩径质量; 3) 插入H钢前,必须将H钢的定位设备准确地固定在导墙上,并校正设备的水平度。插入H钢时,必须利用经纬仪调整H钢的垂直精度,控制在2‰L(L为H钢的长度)以内。 (5) 水泥土配合比的技术要求如下: 1) 在确保水泥土强度的同时,使型钢插入时尽量靠自重或略加外力能顺利到位; 2) 水泥土无侧限抗压强度$q_u \geq 1MPa$; 3) 必须根据地质条件确定土体置换率,减轻施工对环境的扰动影响;

图 5-4-20 SMW 施工法示意图

| 审核人 | | 交接人 | | 接受交底人 | |

续表

序号	项目	城市轨道工程隧道盾构掘进法施工技术交底的主要内容	
8 隧道洞门结构及土体加固施工技术	进出洞土体加固施工技术	4）水泥土与型钢上涂有的隔离剂有很好的握裹力，共同起到止水挡土作用；在型钢起拔时，隔离剂涂层与型钢产生间隙，便于型钢回收； 5）型钢起拔后水泥土能自立不塌，便于充填空隙； 6）水泥和外掺剂的掺入量必须以现场土做试验，再确定其合理的配合比及水泥土的无侧限抗压强度、弹性模量等参数。 **4. 降水法** 在软土的含水地层中建造隧道，用降水法排除地下水，稳定开挖面的土体，是防止地下施工流砂产生的有效措施，也是盾构施工进出洞阶段最常用、最经济的降水方法。降水法有轻型井点、喷射井点、电渗井点、管井井点、深井井点等方法。 （1）轻型井点降水 1）轻型井点降水法的特点是：井点布置灵活、使用方便、施工速度快、降水效率高、施工费用小，能适应施工条件变化的工程； 2）因为抽水机组置于地面，真空在地面产生，其降水深度受到真空吸程的限制，一级轻型井点降水井管埋设深度为 6.0m 左右，适用的土层范围为粉砂、砂质粉土、黏质粉土等； 3）工艺原理：轻型井点降水是土层中成孔埋入带有过滤器的井点支管，并在支管四周填砂，然后通过水平集水部管，将所有井支管和置于地面的抽水机组连通。这样，地下水就被抽水机组吸至地面而排除。 图 5-4-22 所示为轻型井点降水工艺流程示意图。 （2）喷射井点降水 1）喷射井点降水特点是能有效地降低地下 8~20m 的水位，喷射井点能满足沉井、盾构施工时深层降水的要求。降水效果显著、在弱渗透性土层中使用经济效益好，在粉砂、砂质粉土地、黏质粉土、粉质黏土等地下深基础施工中广泛应用； 2）工艺原理：喷射井点降水就是在需要降水部位四周的土层中成孔，将带有过滤器和喷射器的双层井管放入，并在井管的四周填上砂，然后和进回水总管相连接，使机组输出的高压工作水进入井喷射器。喷射器所产生的真空，通过滤网将地下水吸入，并与工作水混合后一起进入水箱，再由水箱将多余的水溢出，实现排除地下水的目的； 3）喷射井点降水工艺流程见图 5-4-23 所示。 （3）电渗井点降水 1）在饱和的黏性土中，由于土的透水性差，用一般的降水方法很难排除地下水，因此必须采用电渗井点排水；	测量放样、定位 ↓ 清除围护施工区域地下障碍物 ↓ 导墙施工 ↓ 深层搅拌桩机就位、校正桩机水平 ↓ 拌浆机拌浆、压浆泵送浆 ↓ 搅拌桩二喷二搅施工 ↓ 固定H钢插入的定位设备 ↓ 将涂刷过隔离剂的H钢就位 ↓ 将H钢插入刚施工结束的搅拌桩 ↓ SWM一组桩施工结束 ↓ 结构施工结束后，起拔H钢 ↓ H钢整形、重复使用 图 5-4-21 SMW工法施工流程图
审核人		交接人	接受交底人

续表

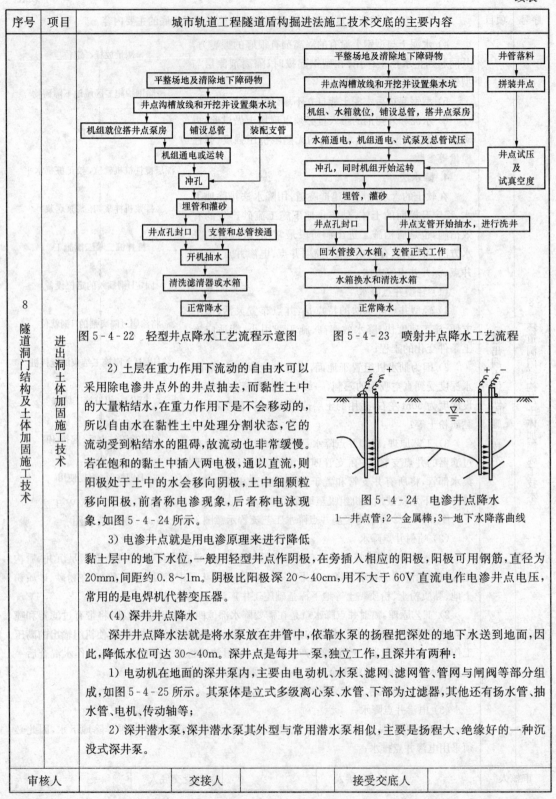

序号	项目	城市轨道工程隧道盾构掘进法施工技术交底的主要内容
8	隧道洞门结构及土体加固施工技术 / 进出洞土体加固施工技术	图5-4-22 轻型井点降水工艺流程示意图　图5-4-23 喷射井点降水工艺流程

2）土层在重力作用下流动的自由水可以采用除电渗井点外的井点抽去，而黏性土中的大量粘结水，在重力作用下是不会移动的，所以自由水在黏性土中处理分割状态，它的流动受到粘结水的阻碍，故流动也非常缓慢。若在饱和的黏土中插入两电极，通以直流，则阳极处于土中的水会移向阴极，土中细颗粒移向阳极，前者称电渗现象，后者称电泳现象，如图5-4-24所示。

图5-4-24 电渗井点降水
1—井点管；2—金属棒；3—地下水降落曲线

3）电渗井点就是用电渗原理来进行降低黏土层中的地下水位，一般用轻型井点作阴极，在旁插入相应的阳极，阳极可用钢筋，直径为20mm，间距约0.8～1m。阴极比阳极深20～40cm，用不大于60V直流电作电渗井点电压，常用的是电焊机代替变压器。

（4）深井井点降水
深井井点降水法就是将水泵放在井管中，依靠水泵的扬程把深处的地下水送到地面，因此，降低水位可达30～40m。深井点是每井一泵，独立工作，且深井有两种：

1）电动机在地面的深井泵内，主要由电动机、水泵、滤网、滤网管、管网与闸阀等部分组成，如图5-4-25所示。其泵体是立式多级离心泵，水管、下部为过滤器，其他还有扬水管、抽水管、电机、传动轴等；

2）深井潜水泵，深井潜水泵其外型与常用潜水泵相似，主要是扬程大、绝缘好的一种沉没式深井泵。 |
| | 审核人 | 交接人　　　　　　　接受交底人 |

续表

序号	项目	城市轨道工程隧道盾构掘进法施工技术交底的主要内容
8	隧道洞门结构及土体加固施工技术	进出洞土体加固施工技术 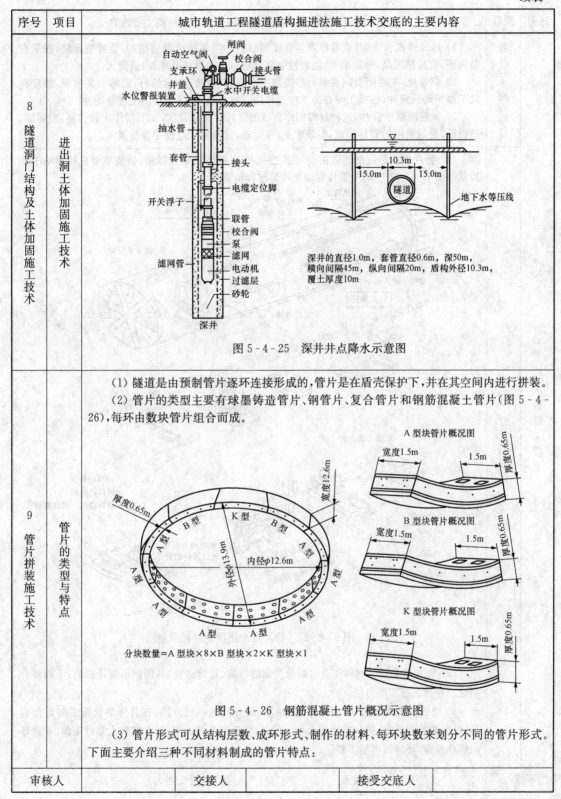 图 5-4-25 深井井点降水示意图
9	管片拼装施工技术	管片的类型与特点 (1) 隧道是由预制管片逐环连接形成的,管片是在盾壳保护下,并在其空间内进行拼装。 (2) 管片的类型主要有球墨铸造管片、钢管片、复合管片和钢筋混凝土管片(图 5-4-26),每环由数块管片组合而成。 图 5-4-26 钢筋混凝土管片概况示意图 (3) 管片形式可从结构层数、成环形式、制作的材料、每环块数来划分不同的管片形式。下面主要介绍三种不同材料制成的管片特点:
审核人		交接人 接受交底人

续表

序号	项目	城市轨道工程隧道盾构掘进法施工技术交底的主要内容
9 管片拼装施工技术	管片的类型与特点	1) 球墨铸铁管片:其主要特点是强度高、延性好、易铸成薄壁结构,管片重量轻,搬运安装方便,管片精度高,外形准确,防水性能好,但是,加工设备要求高、造价大; 2) 钢管片:主要用型钢或钢板焊接加工而成,其强度高,延性好,运输安装方便,精度稍低于球墨铸铁管片,但施工时在施工应力作用下容易变形,在地层内也容易锈蚀; 3) 钢筋混凝土管片:这种材料制作而成的管片有一定强度,加工制作比较容易,耐腐蚀、造价低,是最常用的管片形式,但较笨重,在运输、安装施工过程中容易损坏。
	管片的拼装施工	(1) 管片拼装是建造隧道重要工序之一,管片拼装后形成隧道,拼装质量直接影响工程质量。图5-4-27所示为管片自动化拼装过程示意图。 图 5-4-27 管片自动化拼装过程示意图 (2) 管片拼装按其整体组合可以分为通缝拼装、错缝拼装、通用楔形管片拼装:下面将介绍这三种拼装施工的方法: 1) 通缝拼装施工法:采用各环管片的纵缝对齐的拼装方法,在具体拼装施工时定位容易,纵向螺栓容易穿,拼装施工应力小。但是,容易产生环面不平,并有较大累计误差,导致环向螺栓难穿,环缝压密量不够;
审核人		交接人　　　　　　　　接受交底人

续表

序号	项目	城市轨道工程隧道盾构掘进法施工技术交底的主要内容
9	管片的拼装施工	2）错缝拼装施工法：错缝拼装就是前后环管片的纵缝错开拼装，一般情况下，错开1/2～1/3块管片，用此法建造的隧道整体性能好，拼装施工应力大，纵向穿螺栓困难，纵缝压密差。但环面较平正，环向螺栓比较容易穿； 3）通用楔形管片拼装施工法：通用楔形管片拼装就是利用左右环宽不等的特点，管片任意旋转角度进行拼装，这种拼装方法施工工艺要求高，在管片拼装前需要对隧道轴线进行计算预测，及时调整管片旋转角度。通用楔形管片有最大宽度和最小宽度，用于隧道转弯和纠偏。隧道转弯的楔形管片由管片外径和相应的施工曲线半径而定，楔形环的楔形量、楔形角由标准管片的宽度管片的外径、施工曲线的半径等而定。 （3）针对盾构有无后退可有先环后纵和先纵后环拼装工艺之分： 1）先环后纵施工法：在采用敞开式或机械切削开挖的盾构，盾构后退量较小，则可采用先环后纵的拼装工艺。即先半角管片拼装成圆环，拧好所有环向螺栓，待穿进纵向螺栓后用千斤顶使整环纵向靠拢，然后拧紧纵向螺栓，完成一环的拼装工序。采用这种方法拼装，其成环面平整、圆环的椭圆度容易控制，纵缝密实度好，但如前一环环面不平，则在纵向靠拢时，对新成环所产生的施工应力就大； 2）先纵后环施工法：当采用挤压或网格盾构施工时，盾构后退量较大，为不使盾构后退，减少对地面的变形，则可用先纵后环的拼装工艺来施工，即缩一块管片位置的千斤顶，使管片就位，立即伸出缩回的千斤顶，这样逐块拼装，最后成环。这种施工方法，其环缝压密好，纵缝压密差，圈环椭圆度较难控制，主要可防止盾构后退，但对拼装操作带来较多的重复动作。 （4）按管片的拼装顺序可分为先下后上和先上后下两种施工方法： 1）先下后上施工法：采用举重臂拼装是从下部管片开始拼装，逐块左右交叉上拼，这样拼装安全，工艺也较为简单，拼装时所使用的设备较少； 2）先上后下施工法：该施工法常用于小盾构的施工之中，它可采用拱托架拼装，则要先拼上部，使管片支承于拱托架上，此拼装方法的安全性能较差、工艺复杂，需要有卷扬机等辅助设备来配合。 目前，所采用的管片拼装工艺可以归纳为先下后上、左右交叉、纵向插入、封顶成环等四种主要施工方法。
	盾构推进与管片拼装成环线的关系	（1）成环轴线的形成 1）在隧道施工中，每次拼装成环管片之后，就必须对该环进行实地测量，测出圆环管片中心的平面与调和邢偏离设计轴线的数值； 2）整条隧道的轴线是由各种环管片中心实际位置连接而成，由管片成环测量报表反映，所以在施工中必须把管片拼装在允许偏离值的范围内，确保隧道符合使用要求。 （2）盾构推进对管片成环轴线的影响 盾构推进的运动轨迹对隧道管片轴线起主导作用，只有控制好轴线，特别是举重臂的中心轴线，才能确保隧道总体轴线能符合工程的使用要求。 （3）管片成环轴线对盾构轴线控制的影响 1）在具体的施工过程中，已成环管片是盾构推进的后座，其在盾构内有一定衔接长度，对盾构的推进起到了导向作用； 2）因此，我们要考虑到成环管片轴线将直接影响盾构推进轴线的控制。
审核人		交接人　　　　　　　　接受交底人

续表

序号	项目	城市轨道工程隧道盾构掘进法施工技术交底的主要内容		
9	管片拼装施工技术	钢筋混凝土管片验收	**1. 主控项目** (1) 隧道盾构掘进施工中所采用的管片出厂时,其混凝土强度与抗渗等级必须符合设计要求: 1) 检查数量:应符合现行国家标准《混凝土结构工程施工质量验收规范》GB 50204 的规定; 2) 检查同条件混凝土试件的强度和抗渗报告。 (2) 管片混凝土外观质量不应有严重缺陷,管片外观质量缺陷等级必须按表5-4-2来划分: 1) 检查数量:全数检查; 2) 检验方法:观察或者用尺度量。	

混凝土管片外观质量缺陷等级划分表　　　　表5-4-2

序号	缺陷	管片外观缺陷的具体描述	等级
1	孔洞	混凝土内孔穴深度和长度均超过保护层厚度	严重缺陷
2	蜂窝	混凝土表面缺少水泥砂资源而形成石子外露	严重缺陷
3	露筋	管片内钢筋未被混凝土包裹而外露	严重缺陷
4	疏松	管片的混凝土中局部不够密实	严重缺陷
5	夹渣	混凝土内夹有杂物,并且其深度超过保护层的厚度	严重缺陷
6	裂缝	用肉眼能见到的贯穿裂缝	严重缺陷
6	裂缝	长度超过密缝槽、宽度大于 0.1mm,且深度大于 1mm 的裂缝	严重缺陷
6	裂缝	管片的表面有非贯穿性的干缩裂缝	一般缺陷
7	外形缺陷	管片的棱角已被磕碰,且出现飞边	一般缺陷
8	外表缺陷	管片的表面出现麻面、掉皮、起砂、存在少量气泡等	一般缺陷
8	外表缺陷	密封槽部位在长度 500mm 的范围内存在直径大于 5mm、深度大于 5mm 的气泡超过 5 个	严重缺陷

2. 一般项目

(1) 对于存在一般性缺陷的管片的数量,不得大于同期生产管片总数量的10%,并必须由生产厂家按照技术要求处理后重新验收。
 1) 检查数量:全数检查;
 2) 检验方法:观察、检查技术处理方案。
(2) 隧道盾构掘进中使用的管片,其尺寸允许偏差和检验方法按照表5-4-3要求进行。生产厂家在生产过程中,每生产 15 环就应抽取一块管片按表5-4-3进行检验。

管片尺寸允许偏差和检验方法　　　　表5-4-3

序号	主要项目	允许偏差(mm)	检验工具	检验数量
1	宽度	±1	卡尺	3点
2	弧、弦长	±1	样板、塞尺	3点
3	厚度	±3,−1	钢卷尺	3点

审核人		交接人		接受交底人	

续表

序号	项目	城市轨道工程隧道盾构掘进法施工技术交底的主要内容
9 管片拼装施工技术	钢筋混凝土管片验收	1）检查数量：每日生产且不超过15环，抽查1环； 2）检验方法：尺量。 （3）水平拼装检验的频率和结果应符合《盾构法隧道施工与验收规范》第6.7.3条的规定。 （4）管片成品检漏测试应按设计要求进行： 1）检查数量：管片每生产100环应抽查1块管片进行检漏测试，连续3次达到检测标准，则改为每生产200环抽查1块管片，再连续3次达到检测标准，按最终检测频率为400环抽查1块管片进行检测漏测试。如出现一次不达标，则恢复每100环抽查1块管片的最初检测频率，再按上文要求进行抽检。当检漏频率为每100环抽查1块管片时，如出现不达标，则双倍复检，若再出现不达标，必须逐块检测； 2）检查方法：观察、尺量。
10 土压平衡式盾构施工技术	特点与适应范围	（1）土压平衡式盾构（又称削土密闭式或泥土加压式盾构），这种盾构是在局部气压盾构和泥水加压盾构的基础上发展起来的，其主要特点： 1）该法在施工中基本不使用土体加固等辅助施工措施，节省施工费用，并对环境无污染； 2）根据土压变化调整出土和盾构推进速度，容易达到工作面的稳定，减少了地表变形； 3）对掘进土量和排土量能形成自动控制管理，机械自动化程度高、施工速度快。 （2）土压平衡式盾构掘进机一般情况下不需要辅助技术措施，本身具备改善土体的性能，通过对各种土体的改良，能适应多种环境和地层的要求。 （3）土压平衡式盾构掘进机能在砂砾、砂、粉砂、黏土等压密程度低、软、硬相间的地层以及砾层、砂层等地层中广泛应用。 （4）土压平衡式盾构可以分为两大类型： 1）在黏性土层中将开挖下来的土体直接充填在切削腔内，用螺旋输送机调整土压，使土舱内土体与开挖面水土压平衡； 2）在砂性土层中间开挖下来的土砂中加入适量的水或泥浆、添加剂等，通过搅拌以匀质、具有流动性的土体充填土舱和螺旋机，达到工作面稳定。
	工作原理与工艺流程	（1）土压平衡盾构掘进机是利用安装在盾构最前面的全断面切削刀盘，将正面土体切削下来进入刀盘后面的储留密封舱内，并使舱内具有适当压力与开挖面水土压力平衡，以减少盾构推进对地层土体的扰动，从而控制地表的沉降，在出土时由安装在密封舱下部的螺旋运输机向排土口连续地将土渣排出。 （2）螺旋运输机是靠转速控制来掌握出土量，出土量要密切配合刀盘切削速度以保持密封舱内始终充满泥土而又不致过余饱满。 （3）这种盾构避免了局部气压盾构的主要缺点，也省略了泥水加压盾构投资较大的控制系统、泥水输送系统和泥水处理等设备。 （4）土压平衡式盾构施工工艺流程示意图如图5-4-28所示。
审核人		交接人　　　　　　　　　　接受交底人

续表

序号	项目	城市轨道工程隧道盾构掘进法施工技术交底的主要内容
10 土压平衡式盾构施工技术	工作原理与工艺流程	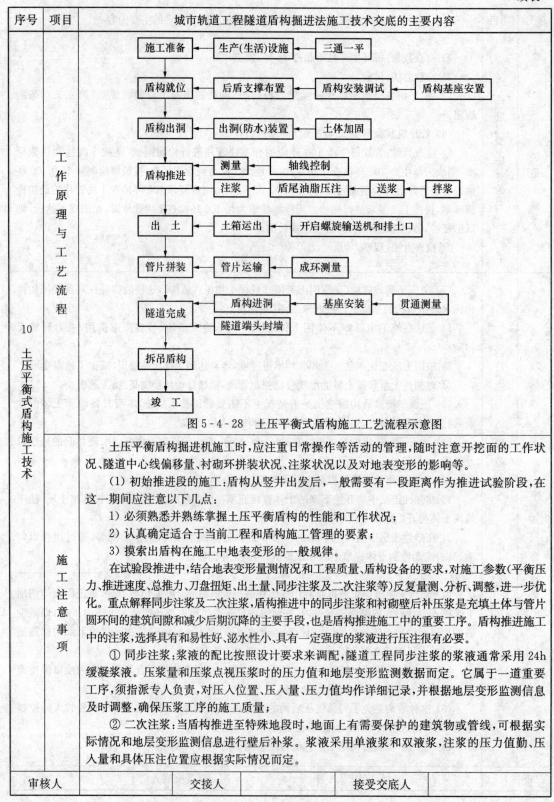 图 5-4-28 土压平衡式盾构施工工艺流程示意图
	施工注意事项	土压平衡盾构掘进机施工时，应注重日常操作等活动的管理，随时注意开挖面的工作状况、隧道中心线偏移量、衬砌环拼装状况、注浆状况以及对地表变形的影响等。 (1) 初始推进段的施工：盾构从竖井出发后，一般需要有一段距离作为推进试验阶段，在这一期间应注意以下几点： 1) 必须熟悉并熟练掌握土压平衡盾构的性能和工作状况； 2) 认真确定适合于当前工程和盾构施工管理的要素； 3) 摸索出盾构在施工中地表变形的一般规律。 在试验段推进中，结合地表变形量测情况和工程质量、盾构设备的要求，对施工参数(平衡压力、推进速度、总推力、刀盘扭矩、出土量、同步注浆及二次注浆等)反复量测、分析、调整，进一步优化。重点解释同步注浆及二次注浆，盾构推进中的同步注浆和衬砌壁后补压浆是充填土体与管片圆环间的建筑间隙和减少后期沉降的主要手段，也是盾构推进施工中的重要工序。盾构推进施工中的注浆，选择具有和易性好、泌水性小、具有一定强度的浆液进行压注很有必要。 ① 同步注浆：浆液的配比按照设计要求来调配，隧道工程同步注浆的浆液通常采用24h缓凝浆液。压浆量和压浆点视压浆时的压力值和地层变形监测数据而定。它属于一道重要工序，须指派专人负责，对压入位置、压入量、压力值均作详细记录，并根据地层变形监测信息及时调整，确保压浆工序的施工质量； ② 二次注浆：当盾构推进至特殊地段时，地面上有需要保护的建筑物或管线，可根据实际情况和地层变形监测信息进行壁后补浆。浆液采用单液浆和双液浆，注浆的压力值勤、压入量和具体压注位置应根据实际情况而定。
审核人		交接人　　　　　　　　　接受交底人

续表

序号	项目	城市轨道工程隧道盾构掘进法施工技术交底的主要内容
10 土压平衡式盾构施工技术	土压平衡式盾构的施工注意事项	(2) 地表变形的控制：土压平衡式盾构在初始段推进中摸索出变形一般规律及有效的防治措施后，还需要根据沿线环境情况设置不同的量测段，作更深入具体的地表沉降值、土压力、孔隙水压力及添加剂量、注浆状况等方面的量测和管理工作。具体内容如下： 1) 土压力管理：土压力一般指通过装置在密封土舱内的土压计检测读出，通常较为合适的土压力 P_0 范围是：(水压力+主动土压力)<P_0<(水压力+被动压力)； 2) 排土管理：以土压力为控制目标，通过实测土压力值 P_i 与 P_0 值相比较，依此压力差进行相应的排土管理，其管理原理见图 5-4-29 所示； 图 5-4-29 土压力管理原理示意图 3) 泥水管理：对加泥工加水式土压平衡盾构，需在施工前详细了解与分析工程所遇的地质情况，初步确定盾构推进中加入泥、水、添加剂的浓度和数量，并在施工中根据工作面稳定情况和螺旋机出土状况对添加剂材料进行了调整，以适应盾构正常工作的需要。所加入的制泥材料一般有黏土、膨润土等； 4) 注浆管理：注浆管理主要包括注浆管理的作用、常用材料、注浆方法： ① 注浆管理的作用是防止土体松弛和下沉，减少地表沉降，保持隧道衬砌的早期稳定，提高衬砌接缝防水性能。在材料的选择上，必须选择符合土体条件及盾构形式的注浆材料。其材料必须具有拌制后浆液不离析、压注后凝固收缩小、压注后强度可较快地大于土体强度、具不透水性； ② 常用材料是指在隧道盾构施工中所使用在材料，例如：水泥砂浆(砂+水泥)；水泥+粉煤灰+陶土粉；可塑性注浆材料一般采用炉渣——石灰类甚至黏土等代替水泥，使浆液具有可塑性能 ③ 注浆方法是指在隧道盾构施工中，通过设置在盾构上的注浆孔进行同步注浆，也可从设在管片上的注浆孔进行注浆。主要是以不偏压为原则，从下往上对称压注，特殊情况下先填充建筑空隙大的部位，安装并保护盾尾密封材料，按要求压注盾尾密封油脂，定期检查并更换密封材料，防止盾尾跑浆。 (3) 其他操作注意事项： 1) 盾构推进中，注意对千斤顶及所产生的推力的选择，既不要使工作面受到损害，也不能使衬砌等后方结构受到损伤，同时必须使盾构在设计轴线上准确推进； 2) 在推进施工过程中，必须及时进行测量，掌握其偏差，并及时纠正偏差，使隧道轴线的偏差控制在允许的范围之内； 3) 对管片的运输、储存要注重管理工作，在运输过程中防止管片受损伤，在现场的堆放中一定要注意按照要求进行。
审核人		交接人　　　　　　　　　　　接受交底人

续表

序号	项目	城市轨道工程隧道盾构掘进法施工技术交底的主要内容
11 泥水平衡式盾构施工技术	特点与适用范围	(1) 泥水加压平衡盾构施工法是从地下连续墙及钻孔等所使用的泥水施工法中发展起来的施工方法。这种施工方法在当今世界,无论是盾构的数量,还是在施工技术都是日本处于领先地位。 (2) 泥水加压平衡盾构施工法的主要特点: 1) 在容易发生流砂的地层中能稳定开挖面,可在正常大气压下施工作业,无需用气压法施工; 2) 泥水压力传递的速度既快又均匀,开挖面平衡土压力的控制精度高,对开挖面的周边土体的干扰少,地面沉降量的控制精度高; 3) 盾构的出土是由泥水管道输送,速度快,减少电机车的运输量,施工进度快又好;盾构的刀盘、刀具磨损小,便于长距离的盾构施工。刀盘所受的扭矩小,更加适应大直径隧道的施工; 4) 但需要较大规模的泥水处理设备及设置泥水处理设备的场地,并且整套盾构施工设备贵。 (3) 泥水平衡式盾构适应于软弱的淤泥黏土层、松散的砂土层、砂砾层、卵石砂砾层、砂砾和硬土的地层、高水压层和高承压水等地层,尤其适应于地层含水量大、上方有河流、湖泊及大水体的越江隧道和海底隧道的施工。
	工作原理与工艺流程	(1) 泥水平衡盾构是通过在支承环前面装置隔板的密封舱中,注入适当压力的泥浆,使其在开挖面形成泥膜,支承正面土体,并由安装在正面的大刀盘切削土体表层泥膜,与泥水混合后,形成高密度泥浆,由泥浆泵及输送管道送到地面处理。 (2) 整个施工过程是通过建立在地面中央控制室内的泥水平衡自动控制系统统一管理。 (3) 盾构掘进机设有操作步骤设定,各操作步骤间高有联锁装置,制约因误操作而引起的安全事故,确保隧道内盾构施工安全。图5-4-30所示为泥水平衡式盾构施工工艺流程示意图。 图 5-4-30 泥水平衡式盾构施工工艺流程示意图
审核人		交接人　　　　　接受交底人

续表

序号	项目	城市轨道工程隧道盾构掘进法施工技术交底的主要内容	
11 泥水平衡式盾构施工技术	施工注意事项	采用泥水平衡式盾构施工技术,在我国的隧道建设中,有很多成功的经验,例如:20世纪90年代,我国正处在改革开放腾飞之时,上海浦东开发、城市建设列入议事日程。1994年上海延安东路南线过江隧道,这是通往上海浦东和浦西的一条重要隧道,全长2207m,也是我国首次使用超大型盾构,泥水盾构外径为11.22m。另外,上海大连路隧道工程(东线隧道长1275m、西线隧道长1253m)、日本东京湾道路海底隧道(全长15.1km)、德国汉堡易北河第四隧道(全长2561m)等隧道的建设都是采用泥水盾构施工技术,简明地总结这些大型的隧道建设中,其隧道掘进施工中应注意如下: (1) 对盾构出洞地段的施工:当盾构能顺利地出洞,将为盾构正常施工奠定了良好的基础。所以,在盾构出洞前,必须重点控制好洞口地基加固及洞口的密封,确保泥水平衡顺利建立。 (2) 对施工技术参数的确定与地面沉降量的控制。 泥水盾构施工的环节比较多,必须采取信息化动态施工管理措施,确保各系统施工技术参数的及时调整、优化匹配,达到较好地控制地表面的沉降。因为泥水加压平衡盾构掘进施工是一个讲究连续、均衡的施工过程,每环掘进前需要发出正确的指令,在掘进中要密切注意各个施工技术参数的变化情况,在掘进结束后必须根据所采集到的各种数据,认真地进行分析研究,对下一环的施工指令是否作出适当的调整,最后发出下一环施工的正确指令。其基本步骤如下: 1) 掘进前必须下达的指令:切口水压→推进速度→送泥水密度→送泥水黏度→同步注浆量等技术参数的设定; 2) 在隧道的整个掘进施工过程中,必须认真对各种性能技术指标进行监视,特别是对下列技术指标需要检查、分析,然后作出相应的调整措施: ① 检查泵的电压、电流、转速、流量、扬程等技术参数是否正常,并检查盾构整套设备在施工中是否在正常运转; ② 认真查看地面的沉降量,切口的水压是否有一定的变化。检查进、排泥流量偏差情况,判断输送管路是否畅通无阻,是否发生超、欠掘进; ③ 检查千斤顶的总推力,是否泥水压力相匹配;检查隧道稳定情况,同步注浆系统是否满足要求;检查同步注浆状态,判断推进速度是否合适; 3) 对泥水的管理:在掘进施工过程中,必须结合实际的地层条件,调整泥水指标,保证开挖面的稳定,同时尽可能节约成本开支,使工程能够在确保质量、安全的前提下,完成工程任务: ① 泥水的配合比——盾构掘进中的出同初期需要配制大量的工作泥浆。工作泥浆的配制方法有两种:即天然土泥浆与膨润土泥浆,但是纯天然的黏土是不多,其中总是或多或少地存在着一些杂质、粉砂等,因此质量不高。而膨润土泥浆的成本较高,但能确保浆液的质量; ② 泥水的检查与调整——在具体的盾构掘进施工中,要配置实验室和专门的技术人员来对泥水进行定期的检查测定,如若发现泥浆质量未达到要求,必须及时进行调整; 4) 同步注浆:同步注浆施工中,应注意两方面的作用,就是地面的沉降与隧道的稳定性。所以,一般均采用双液浆,并且,在整个施工过程中,不仅要及时调整其注浆量,同时,还应随时检查浆液初凝的时间; 5) 隧道的抗浮:因为隧道的断面相对较大,而且其泥水容易往后窜至成环隧道,引发成环上浮,所以在正常的施工前提下,必须采取隧道抗浮技术,确保施工质量; 6) 穿越江河的地层:在盾构掘进施工过程中,必须做好防冒、防塌、防漏、防堵及防浮,与此同时,必须重视对大江、湖(海)中段底部的监测,并认真做好过江、湖(海)水准测量工作,确保施工中的人生、财产安全,确保工程的质量要求。	
审核人		交接人	接受交底人

续表

序号	项目	城市轨道工程隧道盾构掘进法施工技术交底的主要内容		
12 复合式盾构施工技术	特点与适用范围	复合式盾构以独特的优势已广泛应用于世界各地的隧道工程施工建设中,它解决了在强度差别较大的土质及盾构掘进断面土层不均匀等复杂地质中的施工问题。其主要特点: (1) 复合式土压平衡质构掘进机的刀盘结构具有刀具(盘刀、滚刀)的可更换性,能适应的地质、地层更加广泛。 (2) 盾构掘进机配备了同步注浆系统,可以很好地控制地表变形,同时还配备了泡沫及膨润土注入系统,可有效地改善渣土的力学传递性能与流动性,使土压平衡模式得到实现。 (3) 复合式盾构掘进机集合了三种掘进模式于一体(具体比较见表5-4-4所列),使盾构掘进方式的设定变得更加灵活,可适应多种复杂多变的地层。 (4) 复合式盾构掘进机的三种掘进模式在实际的掘进施工过程中能相辅相成,能较好地根据隧道所处的地层情况、地表变形、地下水压力等的反馈来作出具体合理的选择。 (5) 复合式盾构具有良好的地质适应性能,可分别在硬岩、软岩、硬土、软土及混合土层中掘进施工。		

复合式土压平衡盾构的几种掘进模式　　　　表5-4-4

项目	非土压平衡模式	欠压模式	土压平衡模式
适应的地质条件	掘进的工作面上具有足够的自稳能力,并且地下水少或地下涌水能够被控制的地质地层	当掘进工作面不能自稳,并且地下水压力在0.1~0.2MPa之间或者工作面可以稳定,且含水压力也在此范围内,具体是指硬岩地层或局部处于强风化或小部分处于全风化岩层、软岩地层	当掘进工作面不能自稳,地下水压力较大时(指超过0.2MPa);地下水特别丰富的地层,指隧道全断面或局部处于不稳定地层或强风化岩层、隧道全断面处于断裂结构带中、地层中有较大涌水等
注意事项	检查渣土的情况,一旦发现有水涌出或出土量不正常,必须立即建立土压或者气压	当隧道掘进施工完成后,其掘进机的土舱内应保持一定渣土,主要是防止在打开螺旋机舱门时会产生较大的喷涌	在隧道掘进施工过程中,必须控制好螺旋机的出土速度及盾构机的推进速度,使土舱内的压力保持在设定的范围之内
系统参数的设定	掘进机的土舱内不需要建立压力,螺旋机转速是根据出土的实际情况而设定	在向掘进机的土舱内注入压缩空气,其气压必须设定小于0.2MPa,而土舱内的土必须要压住螺旋机的输入口	在隧道掘进施工中,必须根据现场的实际情况改变螺旋机的转速来调节土舱内的土压,同时,可以较好地调整泥浆的压力
添加剂的使用	当土体比较粘时,必须往土舱内加注适当数量的水	在隧道掘进施工中,必须往掘进机的土舱和工作面加入泡沫	在隧道掘进施工中,必须往掘进机的土舱和工作面加入泡沫,必要时加膨润土
掘进速度	8~12cm/min	5~8cm/min	2~5cm/min

| | 工作原理 | 复合式盾构掘进机在隧道的施工过程中,其运行系统采用模式识别和智能控制,操作人员可以按照不同的岩石、软土及复合地层的各种条件来设定掘进模式。盾构能很好地将自动按设定模式调系统运行状态,依靠盘型滚刀和标准割刀相结合的刀盘开挖土体。
(1) 欠压掘进模式的工作原理:欠压模式掘进时的主要优点是,其切削硬岩的能力大大超过土压平衡模式掘进。在具体的掘进施工中,刀盘后的土舱下半部分是岩渣,上半部分是压缩空气,其空气压力与工作面的土压和地下水的压力保持平衡,主要是防止工作面的坍塌或地下水涌出。 | | |

| 审核人 | | 交接人 | | 接受交底人 | |

续表

序号	项目	城市轨道工程隧道盾构掘进法施工技术交底的主要内容
12	工作原理	(2) 非土压平衡掘进模式的工作原理：其主要优点是土舱内的空气压力为常数，不需要在开挖舱内建立土压或气压平衡以支撑工作面的土体压力和水压力。这种掘进模式具有较强的切削和破碎硬岩的能力，岩渣通过盘上的卸渣口进入刀盘后的土舱内，并在土舱的底部聚集，然后通过深入土舱底部的螺旋输送机传送出去。 (3) 土压平衡掘进模式的工作原理：其主要原理是将刀盘切削下来的渣土充满土舱，与此同时，螺旋输送机进行与盾构推进相适应的施工排土作业。在掘进施工过程中，始终维持开挖土量与排土量的平衡来保持土内的土压力，并利用土舱内的压力来维持工作面土体的稳定并防止地下水的涌出，减少地层损失。
复合式盾构施工技术	施工注意事项	采用复合式盾构开挖隧道已在我国广州地铁2号线新加坡DTSSTO1标隧道等工程中成功实施，在施工中应注意以下几方面： (1) 推进模式的选择：对于复合式盾构而言，非土压平衡、欠压平衡、土压平衡等三种模式都有各种不同的特点，能够适应于不同的地质情况，但在具体的施工中，根据隧道位置的地质、地表沉降反馈以及地下水压力等，再来选择合理推进模式，使隧道掘进施工能安全、快速地进行。 (2) 对地面变形的控制：在隧道掘进施工中，不论哪种施工方法，都会引起地表的变形，这里存在着许多的因素，例如开挖模式的选择、正面压力的选择、覆土厚度的确定、同步注浆的大小、出土量的数量、推进速度及纠偏等等。 1) 在隧道推进施工中，必须严格控制地下水的流失，如果地下水比较丰富、水压力比较大的地段施工，最好能选土压平衡模式施工； 2) 如若在软弱的地层中施工，其盾尾脱出管片后的沉降速度大，则必须采取行之有效的同步注浆方法，才能确保工程施工质量； 3) 隧道盾构施工中引起地表沉降的因素是多种形式影响的结果，必须人为地将其分开，便于定性分析研究，采用相应措施来解决地表沉降的问题； 4) 总之，具体的施工过程中，必须综合考虑到各种制约因素，制定合适的施工方案，精心施工，把地面变形控制在标准范围内。 (3) 对地层裂隙水的处理：在裂隙和断裂带丰富的岩层中，常见伴随着丰富的地层裂隙水，如若裂隙水量异常或压力过大时，土舱及螺旋机内土体无法形成足够的土塞效应，导致裂隙水从螺旋机中喷出，造成土舱平衡压力无法建立、盾构工作面严重污染、地表严重变形等恶性后果。因此，在隧道掘进施工前，必须对工程地质进行认真研究，对于丰富的裂隙水地层采取多种形式的压注泡沫、超前注浆、局部气压等技术手段来处理裂隙水的通道，防止裂隙水的大量涌入，尽可能避免一系列的施工中险情与难点等。 (4) 刀具的合理配置：在隧道掘进施工过程中，针对不同的性质的地层条件，合理地选择刀具的配置，是提高复合盾构刀盘切削工效的关键。复合盾构的刀具种类很多，常见的有鱼尾刀、先行刀、切削刀、滚刀等，其功能各有不同，主要根据正面岩石、土层的具体情况进行混合配置。如若在隧道掘进施工过程中，如果地质地层与土质发生变化，必须及时根据实际情况进行刀具的选择更换，否则将极大地降低盾构的工作效率。 (5) 刀盘泥饼的处理：在风化岩的掘进施工中，如果盾构土舱设定压力过高，则经破碎后的风化岩与地层裂隙水混合并经过刀盘碾压，极容易在刀盘正面形成泥饼，将大地降低刀盘的切削效率，增大刀盘扭矩与推力。为此，防治泥饼的产生是复合式掘进施工中技术要点，一般可以采用以下措施：
审核人		交接人　　　　　　　　　　接受交底人

续表

序号	项目	城市轨道工程隧道盾构掘进法施工技术交底的主要内容		
12 复合式盾构施工技术	施工注意事项	1) 隧道掘进施工中,土舱内的水、土、气压力设定值不宜过高,要尽可能避免刀盘与正面岩土的挤压应力;若采用压注泡沫技术时,注意首先必须隔断地层裂隙水的通道,主要是防止大量地层裂隙水的涌入; 2) 在施工中,如遇上塑性大、裂隙水非常丰富的风化岩土时,应合理布置刀盘刀具的形式; 3) 施工中可以向刀盘正面压注一定量的泡沫或润滑水,减小刀盘与正面土体的碾磨力,尽可能地增加破碎岩土的塑流性能。在土舱内加入适当的气压,以提高螺旋机的出土性能。 4) 对土体的改良:复合式盾构在复杂的地层中进行掘进施工,需要采取必要的土体改良措施,对其正面土体进行超前改良,增加土体的和易性和塑流性,从而达到降低刀盘扭矩、减少刀盘与刀具的磨损量,改善土压稳定性,加快施工进度、确保工程施工安全及工程质量。		
13 双圆加泥式土压平衡盾构施工技术	特点与适用范围	双圆盾构施工法是采用双圆形加泥土压平衡盾构机构筑双圆形隧道的一种施工技术法。由于该施工方法能有效地节约资源、减少对周边环境的影响、降低工程造价等显著优点,已广泛地在地铁、市政、水利、能源等工程建设中得到了应用。双圆盾构施工法主要特点如下: (1) 采用双圆盾构隧道掘进施工法能有效地减少断面,很好地节约地下资源。 (2) 双圆盾构施工法能有效地、最大限度地减少对工程周边环境的影响。 (3) 同时,双圆盾构施工法又能减少工作井的宽度,降低隧道掘进施工的工程造价。 (4) 在隧道掘进施工中,能一次性地完成两条隧道的掘进,缩短了施工周期,提高了隧道掘进施工的工作效率。与其他类型的隧道掘进施工比较的特点见表 5-4-5 所示。		

双圆隧道与其他类型的隧道比较表　　　表 5-4-5

序号	主要项目	双线隧道	大断面隧道	双圆隧道
1	经济性能	一般	较高	较低
2	工作井的深度	(1) 在左右双线的隧道所需要的工作井较大隧道较浅; (2) 在上下双线的隧道所需要的工作井较大隧道深	工作井较深	(1) 横双圆与左右双线隧道相同; (2) 纵双圆与上下双线隧道相同
3	隧道断面积	隧道断面积中等,如果与大断面隧道相比,无效的断面相对小	隧道断面大,隧道上部和底部无效的断面最大	隧道断面积较小,无效断面最小
4	占有地下空间的有效利用	(1) 左右的双线隧道所占有的幅宽较大; (2) 上下双线隧道占幅宽度小; (3) 两条隧道间所产生的地下空间浪费较大	占有地下空间的很大	(1) 横双圆占幅宽与大断面隧道相近; (2) 纵双圆占幅宽与上下双线隧道相同

(5) 该施工方法的最大优点是能根据施工条件的因素,可以对隧道形状进行选择性的变更,是一种自由度较大的施工方法。
(6) 采用双圆盾构隧道掘进施工法广泛地应用于地铁、地下高速公路建设,并很好地代替以往使用的大断面积圆形盾构构筑的复线(双向)隧道及两单圆形盾构构筑的双向隧道。

审核人		交接人		接受交底人	

续表

序号	项目	城市轨道工程隧道盾构掘进法施工技术交底的主要内容
13 双圆加泥式土压平衡盾构施工技术	工作原理	双圆加泥式土压平衡盾构掘进施工法的工作原理:这是利用安装在盾构最前面的两个辐条式切削刀盘对正面土体进行旋转切削,同时,利用盾构本体上的千斤顶将盾构掘进机向前顶进,切削下来的土体进入刀盘后方的土舱内,此时的舱内始终保持适当压力与开挖面水土压力平衡,以减少盾构推进对地层土体的扰动,从而控制地表的沉降,土舱内土体由安装在土舱下部的螺旋输送机向排土口连续地将土渣排出。当推进一定距离后,由设在盾构本体上的拼装机将预制钢筋混凝土管片在盾构外壳的保护下拼装成环。
	施工注意事项	采用双圆加泥式土压平衡盾构掘进施工,已在我国上海轨道交通杨浦线黄兴绿地站至翔殷路站、日本的名古屋高铁第4号线砂田桥东工区等隧道掘进施工中取得了理想的效果,总结这些隧道的施工中应注意事项: (1)双圆盾构轴线推进施工技术的控制:该施工控制分为平面控制、高程控制和偏转控制: 1)平面控制:双圆隧道盾构掘进的平面控制方法与单圆盾构基本相同,主要是利用左或右侧盾构的千斤顶推力的调整来达到纠正的目的; 2)高程控制:这是依靠上或下侧盾构千斤顶推力的调整进行纠正,在高程方向方面,因用盾构千斤顶单侧推出而产生的力矩基本与单圆相同,故调整能力可考虑与单圆情况相似; 3)偏转控制:在具体的施工过程中,由于盾构偏转将造成左右隧道的高低差及立柱的倾斜,直接影响着隧道的受力与影响着隧道的施工质量。 (2)双圆盾构的出洞技术控制:在隧道掘进施工过程中,对盾构出洞技术应注意的事项: 1)出洞防水技术的控制:双圆盾构中间海鸥块处形成凹槽,故仅依靠常规的帘布橡胶板无法在凹槽处形成较强的握裹力,从而影响着洞门止水效果。因此,双圆盾构洞门止水装置主要采用帘布橡胶板结合气囊形式,在凹槽部位利用气囊的压力将帘布橡胶板紧贴住盾构壳体,从而对洞门起到很好的止水作用; 2)出洞土压的技术控制:因为双圆盾构刀盘采用的是辐条形式,对正面与上部土体的支撑效果比较差。所以,必须设定与外部原状土相适应的土压力值,减少对正面与上部土体的扰动,这是对盾构出洞土压技术的关键控制方法。 (3)双圆盾构管片拼装技术的控制:在管片拼装的施工过程中,需要特别注意如下几方面: 1)拼装顺序:图5-4-31所示为双圆盾构管片拼装顺序示意图。其基本顺序是:先下部海欧形管片→两侧标准管片(可分同步完成,先下后上)→上部海欧形管片→中间立柱。 ① ② ③ ④ 下部连接管片拼装　　　　　　　A型管片拼装 ⑤ ⑥ ⑦ ⑧ A型管片拼装　　　上部连接管片拼装　　中间立柱拼装 图5-4-31 双圆盾构管片拼装顺序示意图
审核人		交接人　　　　　　接受交底人

续表

序号	项目	城市轨道工程隧道盾构掘进法施工技术交底的主要内容
13 双圆加泥式土压平衡盾构施工技术	施工注意事项	2) 拼装施工时要注意以下要点： ① 在拼装施工前必须清除盾尾拼装部位的垃圾，认真检查管片的型号、外观及密封材料的粘贴情况，如有损坏之处，需要及时修复后才能进行拼装施工； ② 对于下部的第一块海欧形管片属于定位管片，其拼装质量好坏将直接影响整环片的拼装质量及与盾构的相对位置，除保证其与前环管片无踏步、居中拼装等一般要求外，还要确保其与隧道轴线的垂直度和水平、纵向两个方向； ③ 对于上部的海欧形管片拼装结束、立柱拼装前，紧靠上部海欧形管片两侧的管片螺栓不宜拧紧，主要是便于立柱拼装时上部海欧形管片有一定的上下调整余地，启用设置在盾构内的管片径向调整左右各一台千斤顶，将之伸至上部海欧形管片两侧的管片下，然后向上顶伸，托住管片，并进行了一次微调。与此同时，必须利用调整千斤顶，对立柱的定位进行必要的调整； ④ 此时，千斤顶应按拼装管片的顺序相应缩回，将拼装好后及时靠拢千斤顶，防止盾构后退； ⑤ 对环面超前量的控制：必须注意定期检查环面的超前量，时刻确保管片整环环面与隧道轴线的垂直度； ⑥ 对相邻环高差的控制：在隧道掘进施工中，必须懂得相邻环高差量的大小直接影响到建成隧道轴线的质量与隧道的有效面积，所以，必须严格地控制环的高差； ⑦ 对隧道椭圆度的控制：在施工过程中，应注意每环拼装时，对隧道的椭圆度进行认真测量，对于不合格的必须及时纠正，启用真圆保持器，确保成环隧道的圆度； ⑧ 对纵向、径向螺栓连接的控制：成环片均有纵向、径向螺栓连接，其连接的紧密度会直接影响到隧道的整体性能和质量。所以，当每环拼装结束后，必须及时拧紧纵向、径向螺栓。在推进下一环时，必须在千斤顶顶力的作用下，复紧纵向螺栓，当成环管片推出车架后，必须再次复紧纵向、径向螺栓，确保隧道的工程质量。 (4) 对双圆盾构地层变形技术的控制：在隧道掘进施工过程中，引起地层变形的主要因素是： 1) 双圆盾构刀盘为辐条形，无法有效支撑正面土体，一旦土舱内设定的压力值与实际土体压力值之间存在着一定的压力差时，将直接会导致地层的变形。刀盘辐条在旋转过程中，将在辐条背后形成真空地带，如果盾构土舱内土体的塑流性能较差，则无法及时填补辐条后部不断出现的建筑空隙，这样就会引起盾构正面或上方土体的涌入，最终导致地表的变形； 2) 在隧道盾构掘进施工中，双圆盾构顶部凹槽往往最容易产生背土现象，从而导致造成盾构掘进机背部土体的整体随盾构机向前运动，以致出现地面先隆起后沉降的现象，促使地面产生严重的变形现象； 3) 施工中特别注意双圆盾构同步注浆的孔设置在盾构中心上下凹槽处，浆液需填满整环双圆盾构后部空隙所经过的路径相对较长。当盾构在地质条件较差、土体较软的地层中掘进时，盾构与管片之间的建筑空隙将迅速被周围土体所淹没，注浆材料则无法及时填充到位，最终导致地表变形。针对上述地表变形的不利因素的出现，工程技术人员往往采用如下解决的措施： ① 通过对施工现场认真的摸索，工程技术人员设定与外部原状相当的土压力值，以达到减少对正面与上部土体的扰动的目的； ② 首先对现场的土体进行改良，主要是增加土舱内土体的塑流性能，然后及时进行填充辐条背后形成的建筑空隙。注意要充分利用盾构中心顶部的注浆孔及时填充润滑材料，减少凹槽处的背土现象； ③ 准备壁后注浆系统作为备用，确保浆液及时填充盾构与管片间的建筑空隙。同时，应设置有效的地面变形监测点，准确、及时地进行地面变形的监测，并能同步反馈至盾构控制室，以便能及时调整这些施工参数。
审核人		交接人　　　　　　　　　　接受交底人

续表

序号	项目	城市轨道工程隧道盾构掘进法施工技术交底的主要内容	
13	双圆加泥式土压平衡盾构施工技术	双圆盾构掘进机简介	双圆盾构掘进机由盾构壳体、刀盘及驱动系统、螺旋输送机、管片拼装机、推进系统、人行闸、直圆保持器、盾构旋转修正装置、活动盾橇、液压系统、电气控制系统、集中润滑系统、加泥系统、盾尾密封系统、同步注浆系统、车架与单双轨梁吊运机构等组成,见图5-4-32所示。 图5-4-32 双圆盾构掘进机结构示意图 1—盾壳;2—刀盘;3—仿形刀;4—可更换土压计;5—固定土压计;6—观测孔;7—人行闸; 8—球形注射管;9—中心刀头;10—推进油缸;11—管片顶托装置;12—真圆保持器;13—刀盘驱动; 14—拼装机;15—盾尾密封装置;16—1号螺旋机;17—2号螺旋机
14	隧道结构防水	一般规定	(1) 盾构隧道防水采用的原材料、制品和配件等必须符合设计要求,并有出厂合格证,经检验符合要求后才可使用。各种拌合物成分和调制应符合设计要求并通过试验确定。 (2) 盾构隧道防水应以管片自防水为基础,接缝防水为重点,并应对特殊部位进行防水处理,形成完整的防水体系。 (3) 防水中的各种拌合物成分和调制应符合设计要求并通过试验来确定。 (4) 卷材和涂膜防水层施工环境和温度必须符合产品技术要求,不得在下雪、下雨及大风天气中施工。当防水层施工完成后,应及时进行保护层的施工,并符合如下要求: 1) 顶、底板保护层平整允许偏差为:底板5mm,顶板10mm; 2) 边墙后贴防水层保护层,如采用砌块砌筑时,应边砌边用砂浆填实; 3) 保护层的砂浆或细石混凝土终凝后必须及时养护。 (5) 防水材料在运输、堆放、拼装前必须采取行之有效的防水、防潮措施。对于附加防水层应在基层面及主体结构检验合格,并填写隐蔽工程检验记录后才可施工。 (6) 对于施工缝、变形缝、结构外墙的穿墙管等特殊部位的防水必须采取加强的措施。 (7) 盾构隧道防水应满足环境保护和设计要求。
		防水混凝土	(1) 隧道结构必须采用掺外加剂的防水混凝土,钢管柱宜采用微膨胀混凝土。如地下水含有侵蚀性介质时,尚必须采用抗侵蚀性混凝土,其耐侵蚀系数不得小于0.8。 (2) 防水混凝土使用的材料应符合下列要求: 1) 水泥:盾构隧道掘进施工中所使用的水泥必须符合以下性能: ① 水泥的强度等级不低于32.5级,水泥的含碱量(Na_2O)不应大于0.6%; ② 在不受冻融和侵蚀性介质作用下,适宜采用普通、火山灰质、粉煤灰硅酸盐水泥和矿渣硅酸盐水泥。受侵蚀性介质作用时,应按设计选用水泥; ③ 不得使用受潮和过期的水泥,不同品种和不同强度等级的水泥不得混合使用。 2) 砂、石:除应符合国家现行标准《普通混凝土用砂质量标准及检验方法》和《普通混凝土用碎石或卵石质量标准及检验方法》的规定外,石子的最大粒径不得大于40mm,含泥量不应大于1%,吸水率也不得大于1.5%。砂适宜采用中砂,其含泥量不应大于3%。
审核人		交接人	接受交底人

续表

序号	项目	城市轨道工程隧道盾构掘进法施工技术交底的主要内容
14 隧道结构防水	防水混凝土	3) 外加剂：除含氯离子的外加剂外，其他可根据需要掺引气剂、减水剂、防水剂、膨胀剂等； 4) 水：无侵蚀性洁净水。 (3) 防水混凝土配合比必须经试验确定，其抗渗等级应比设计要求提高 0.2MPa，并必须符合以下技术要求： 1) 每立方米混凝土的水泥用量不低于 320kg，当掺活性粉细料时，不得低于 280kg； 2) 水灰比宜小于 0.55，并不得大于 0.60；砂率一般情况下为 35%～40%； 3) 灰砂比应为 1:2～1:2.5；坍落度应为 100～210mm； 4) 掺引气剂或引气性减水剂时，混凝土含气量必须控制在 3%～5%。 (4) 防水混凝土搅拌必须符合以下要求： 1) 防水混凝土必须采用机械搅拌，并根据外加剂的技术要求确定搅拌时间； 2) 其配料允许偏差为：水、水泥、外加剂、掺合料为±1%，砂、石为±2%； 3) 外加剂必须溶成较小浓度溶液加入搅拌机内。 (5) 防水混凝土采用输送泵输送时必须符合以下要求： 1) 坍落度应为 100～210mm，且混凝土不得发生离析现象； 2) 防水混凝土必须保证供应，且连续作业； 3) 输送泵管路拐弯宜缓，接头必须严密，输送混凝土接长管路时，宜分段进行，接好一段，待能泵出混凝土后才能够再接下一段管路； 4) 输送泵间歇的预计超过 45min 或混凝土出现离析现象时，应立即用水冲洗管内残留的混凝土。输送混凝土中，受料斗内必须保持足够数量的混凝土。 (4) 防水混凝土灌注时的自由倾落度的高度不应大于 2m。当灌注结构的高度超过 3m 时，应采用串筒、溜槽工振动溜管下落。 (5) 防水混凝土必须采用振捣器振捣，振捣时间宜为 10～20s，并以混凝土开始泛浆和不冒气泡为准。振捣器工作时的移距：插入式不得大于作用半径的 1 倍，插入下层混凝土尝试不应小于 500mm，振捣时不得碰撞钢筋、模板、预埋件和止水带等；表面振捣器移距应与已振捣混凝土搭接 100mm 以上。 (6) 防水混凝土应从低处向高处分层连续灌注，如必须间隙时，应在前层混凝土凝结前，将次层混凝土灌注完毕，否则，必须留施工缝。混凝土凝结时间不应大于表 5-4-6 中的要求。 混凝土凝结时间表(min)　　　表 5-4-6 | 序号	混凝土的强度等级	气温低于 25℃	气温高于 25℃
---	---	---	---
1	不大于 C30	210	180
2	大于 C30	180	150	 注：本表所列时间，包括运输和灌注时间。 (7) 防水混凝土每层灌注厚度：插入式振捣器不应大于 300mm，表面振捣器不应大于 200mm。防水混凝土留置施工缝位置必须符合下列要求： 1) 柱子施工缝留在与顶、底板或梁的交界处，顶、底板均不得留置水平施工缝，如留置垂直施工缝时，应加设端头模板，并宜与变形缝相结合。 2) 墙体施工缝留置：水平施工缝在高出底板 200～300mm 处，如必须留置垂直施工缝时，应加设端头模板，并宜与变形缝相结合。
审核人		交接人　　　　　　　接受交底人

续表

序号	项目	城市轨道工程隧道盾构掘进法施工技术交底的主要内容
14 隧道结构防水	防水混凝土	3）墙体施工缝宜留置平缝，并粘贴遇水膨胀胶条进行防水处理，如图 5-4-33、图 5-4-34 所示。

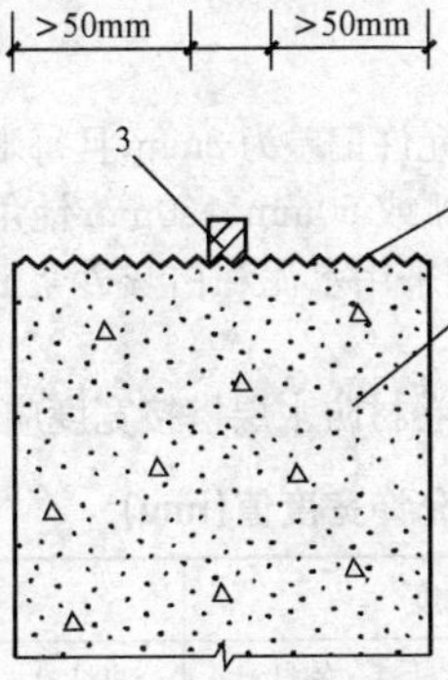

图 5-4-33　遇水膨胀胶条安装断面图
1—主体结构；2—施工缝；3—膨胀胶条
注：膨胀胶条应采取防过早膨胀措施并粘贴牢固

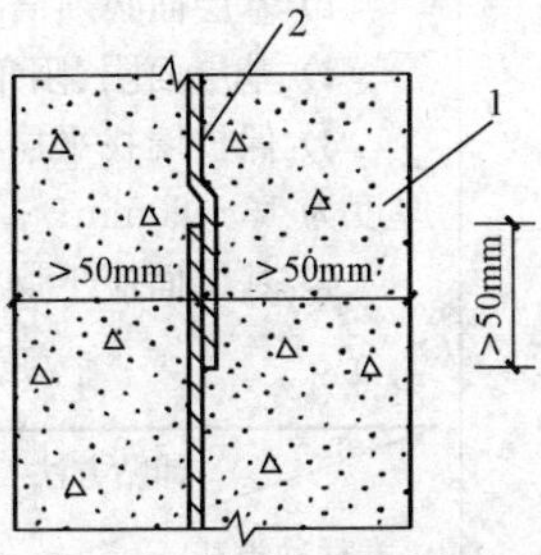

图 5-4-34　遇水膨胀胶条搭接平面图
1—主体结构；2—膨胀胶条
注：膨胀胶条应采取防过早膨胀措施并粘贴牢固

（8）施工缝处继续灌注混凝土时应符合如下要求：
1）已灌注混凝土表面必须凿毛，清理干净后粘遇水膨胀条；
2）已灌注混凝土强度：水平施工缝处不应低于 1.2MPa，垂直施工缝处不应低于 2.5MPa；
3）灌注混凝土前，施工缝处应先湿润，水平施工缝先铺 20～25mm 厚的与灌注混凝土灰砂比相同的砂浆。
（9）防水混凝土后浇缝施工时应符合下述要求：
1）位置应设置于受力和变形较小处，其宽度为 0.8～1.0m 最好；
2）后浇混凝土施工应在其两侧混凝土龄期达到 42d 后进行，后浇混凝土施工前，两侧混凝土必须凿毛，清理干净，保持湿润，并刷水泥浆后粘贴遇水膨胀胶条；
3）后浇缝应采用补偿收缩混凝土灌注，其配合比经试验确定，并不得低于两侧混凝土强度，后浇混凝土养护期限不得少于 28d。
（10）防水混凝土结构内的钢筋或绑扎钢丝，不得触及模板，固定模板的螺栓穿过外墙混凝土结构时，必须采取防水措施。
（11）结构预埋件（管）、预留孔洞、钢筋密集以及其他特殊部位，必须事先制定措施，施工中加强振捣，不得出现漏振现象。
（12）防水混凝土终凝后，必须立即进行养护，并保持湿润，养护期不应少于 14d。拆模时，混凝土结构表面温度与周围气温的温差不得大于 20℃。
（13）防水混凝土冬期施工时的入模温度不应低于热工计算要求，养护应采用蓄热法。
（14）防水混凝土试件的留置组数，同一配合比时，每 100m³ 和 500m³（不足者也分别按照 100m³ 和 500m³ 计）应分别做两组抗压强度和抗渗压力计划试件，其中一组在同一条件下养护，另一级在标准条件下养护。 |
| 审核人 | | 交接人 | | 接受交底人 | |

续表

序号	项目	城市轨道工程隧道盾构掘进法施工技术交底的主要内容
14 隧道结构防水	卷材防水层	(1) 卷材防水必须采用与卷材相适应的粘贴涂料,其涂刷应符合设计和产品技术要求。 (2) 卷材防水层必须在基层面验收合格后才可以铺贴,并且,在铺贴施工完毕经验收合格后及时施工保护层。 (3) 卷材铺贴的基层面应符合以下要求: 1) 基层面必须洁净、坚实、平整,其平整度允许偏差为3mm,且每米范围内不得多于1处; 2) 基层面阴、阳角处必须做成100mm圆弧或50mm×50mm钝角; 3) 保护墙找平层,永久与临时保护墙分别采用水泥和白灰砂浆面,其配合比均为1:3,厚度为15～20mm; 4) 基层面应干燥,含水率不宜大于9%。卷材防水层搭接宽度应符合表5-4-7要求。 **卷材防水层搭接允许宽度值(mm)** 表5-4-7 | 铺贴方法 卷材种类	短边搭接宽度		长边搭接宽度	
---	---	---	---	---
	满粘法	空铺法、点粘法、条粘法	满粘法	空铺法、点粘法、条粘法
高聚物改性沥青防水卷材	80	100	80	100
合成高分子防水卷材 粘结法	80	100	80	100
合成高分子防水卷材 焊接法	50				 (4) 防水卷材在以下部位必须铺设附加层,其尺寸应符合下列规定:阴阳角处:500mm幅度;变形缝处:600mm幅度,并上下各设一层;穿墙管周围:300mm幅度,150mm长。 (5) 卷材防水层铺贴收头部位、搭接部位、端部等必须进行密封处理。 (6) 卷材铺贴基层面应涂刷处理,干燥后先铺贴附加层,并在基层面上测放出基准线后,才能进行卷材铺贴。 (7) 卷材防水层铺贴应符合以下要求: 1) 卷材粘贴涂料必须涂满铺匀; 2) 卷材铺贴长边应与隧道结构纵向垂直,其两幅搭接长度应符合表5-4-7中的有关规定。上下两层卷材搭接缝应错开1/2幅度; 3) 卷材粘贴:底板底部卷材与基层面应按设计确定采用点粘法、条粘法或满粘法粘贴;立面一顶板的卷材与基层面、附加层与基层面、附加层与卷材及卷材之间必须全粘贴; 4) 在具体的防水施工过程中,卷材应平面向立面由下向上铺贴,其接缝应留置于平面上,距立面不得小于600mm; 5) 在具体的施工过程中,卷材应随粘结料边涂边贴,并展开压平,卷材之间以及与基层之间必须粘贴紧密,粘贴缝粘贴封严; 6) 卷材铺贴最外层表面时,应均匀涂刷一层涂料后才能进行施工保护层。 (8) 对于夹层卷材防水层,明挖隧道应用外防内贴贴法进行施工,喷锚暗挖隧道宜采用空铺法施工。
	涂膜防水层	(1) 涂膜防水层必须采用耐水、耐裂和耐腐蚀、无毒(或者低毒)、刺激性小的合成高分子或高聚物改性沥青涂料。 (2) 施工前应进行涂布试验,当合格后才能正式进行施工。 (3) 涂膜防水层的基层面必须坚实、平整、清洁,不得有渗水、结露、凸角、凹坑及起砂现象。采用油溶性或非湿固性涂料时,基层面应保持干燥。
审核人		交接人 　　　　　　　　　　　接受交底人

序号	项目	城市轨道工程隧道盾构掘进法施工技术交底的主要内容
14	涂膜防水层	(4) 涂膜防水层在施工过程中必须符合以下要求： 1) 涂料应按设计或产品技术规定配制，每次配料必须在其规定的时间内用完； 2) 涂布前必须先在基层面上涂一层与涂膜材料相溶的基层处理剂； 3) 涂料应分层进行涂布，并在前层干燥后才可以涂布后一层，其涂膜厚度应符合设计要求； 4) 每层涂料应顺方向均匀涂布，且前、后层方向应垂直； 5) 分片涂布的片与片之间应搭接80～100mm； 6) 边墙应由上向下顺序涂布，并采取防流淌措施。 (5) 涂膜防水层采用夹铺胎体增强材料时，除应符合本"涂膜防水层"中已介绍的第(3)有关要求外，其胎体搭接宽度，长边应为50mm，短边应为70mm。
	隧道结构防水 / 特殊部位的防水	(1) 采用注浆孔进行注浆时，注浆结束后必须对注浆孔进行密封防水处理。 (2) 隧道与工作井、联络通道等附属构筑物的接缝防水处理必须按设计要求进行。 (3) 变形缝处防水施工必须符合以下要求： 1) 止水带宽度和材质的物理性能均必须符合设计要求，且无裂纹和气泡。接头应热接，不得叠接，接缝平整牢固，不得有裂口和脱胶现象； 2) 嵌入式止水带固定和变形缝处混凝土灌注应分别符合如下要求： ① 对于结构变形缝处的端头模板应钉填缝板，填缝板与嵌入式止水带中心线应和变形缝中心线重复，并用模板固定牢固。且止水带不得穿孔，端头模板支立允许偏差：平面位置±10mm，垂直度为2‰； ② 灌注前应校正止水带位置，表面清理干净，止水带损坏处应修补； ③ 顶、底板结构止水带的下侧混凝土应振实，将止水带压紧后才可以继续灌注混凝土； ④ 边墙处止水带必须固定牢固，内外侧混凝土应均匀、水平灌注，保持止水带位置正确、平直、无卷曲现象； 3) 变形缝处增铺的附加层应按设计施工，并粘贴严密。 (4) 隧道结构外墙穿墙管处防水施工必须符合以下要求： 1) 对于穿墙管止水环、翼环等必须与主管进行连续焊接、满焊，具体施工可见如图5-4-35、图5-4-36所示，并做好防腐处理；

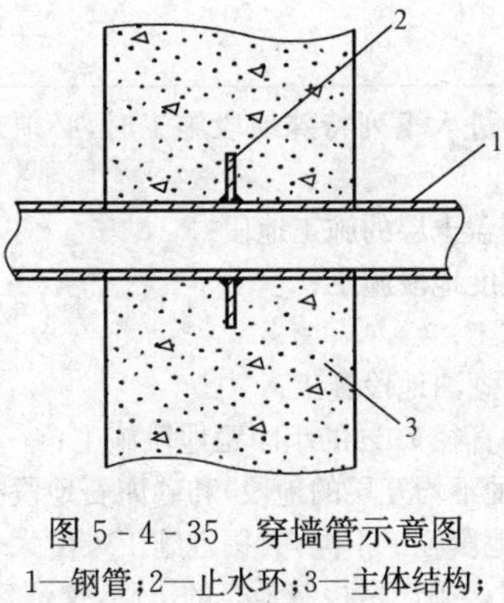

图5-4-35 穿墙管示意图
1—钢管；2—止水环；3—主体结构；

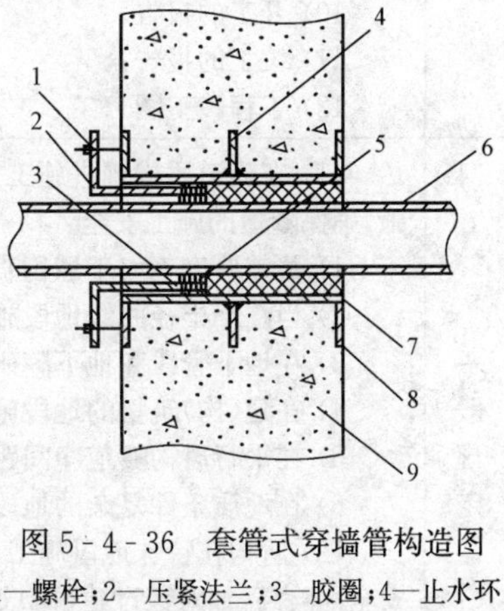

图5-4-36 套管式穿墙管构造图
1—螺栓；2—压紧法兰；3—胶圈；4—止水环；
5—挡圈；6—主管；7—嵌填料；8—翼环；9—主体结构

审核人		交接人		接受交底人	

续表

序号	项目	城市轨道工程隧道盾构掘进法施工技术交底的主要内容
	特殊部位的防水	2)穿墙管处防水层施工前,应将翼环和管道表面清理干净; 3)预埋防水套管内的管道安装完毕,应在两管之间嵌防水填料,内侧用法兰压紧,如图 5-4-36 所示,外侧铺贴防水层; 4)每层防水层均应铺贴严密,不留接茬,增设附加层时,应按设计要求进行施工。
14 隧道结构防水	工程验收	(1)隧道结构防水的施工中,遇上下述项目时必须进行中间检验,并应符合本"隧道结构防水"中的有关要求: 1)材料规格、品种及质量要求; 2)混凝土:配合比、坍落度、搅拌时间、混凝土灌注、抗压和抗渗试件试验; 3)基层面及保护层坚实情况与平整度; 4)防水层涂料配制及涂布,卷材与涂膜防水层铺贴及喷涂,穿墙管及变形缝处防水施工。 (2)隧道结构的防水竣工验收应符合以下要求: 1)混凝土抗压强度和抗渗压力应符合设计要求; 2)穿墙管与防水层连接紧密,无渗漏水的现象; 3)防水层接缝必须严密,涂膜防水层的厚度应符合设计要求,各层之间和防水层与基层面之间接合紧密,无裂缝、损伤、气泡、脱层或者滑动等现象。 (3)隧道防水工程竣工验收应提供如下资料: 1)原材料质量合格证; 2)试验报告和质量评定记录; 3)混凝土冬期施工热工计算记录; 4)隧道结构工程的防水施工记录; 5)隐蔽工程验收记录; 6)图纸会审记录; 7)工程某部位变更设计的记录; 8)工程施工中的各种洽商记录; 9)防水层铺贴放线的记录; 10)开工的报告; 11)竣工的报告; 12)工程竣工图。
15 盾构掘进特殊地段的施工	一般规定	(1)在隧道盾构掘进施工过程中,当进入下列特殊地段施工时,必须采取相应的施工措施,确保隧道的施工安全: 1)覆盖厚度不大于盾构直径的浅覆盖土层的施工地段; 2)当在小半径曲线地段施工和大坡度地段施工; 3)在地下管线和地下障碍物地段施工; 4)在建(构)筑物的地段施工和江河湖泊地段施工; 5)在平行盾构隧道净间距小于盾构直径 70%的小净距地段施工; 6)在地质条件复杂的地段施工(软硬不均互层的地段)和砂卵石地段施工。 (2)盾构在特殊地段施工与在一般地段施工不同,其掘进施工难度大、控制沉降要求严、安全风险高,如对穿过建(构)筑物施工时必须严格控制地表的沉降,保证建(构)筑物的安全;遇到地下障碍物盾构可能无法掘进;穿越江河湖泊时,若处理的措施不力,可能导致突水或灾难性的后果;因此,盾构在特殊地段的施工技术及管理应遵守的规定比一般地段的施工要求
审核人		交接人　　　　　　　接受交底人

续表

序号	项目	城市轨道工程隧道盾构掘进法施工技术交底的主要内容	
15 盾构掘进特殊地段的施工	一般规定	更加严格,必须制定并落实更详细、更针对性强的计划和措施。所以,特殊地段和特殊地质施工时,应以《盾构法隧道施工与验收规范》的规定为主导,并符合以下各项要求: 1) 必须详细查明和分析地质状况、隧道周边环境状况,并确定专项施工技术措施; 2) 应根据隧道所处位置与地层条件,合理设定开挖面压力,认真控制地层变形; 3) 应根据隧道所处位置与工程地质、水文地质条件,确定壁后注浆的材料、压力与流量,在施工过程中根据量测结果,进行了相关技术参数的调整; 4) 应认真对地表及建(构)筑物等沉降进行评价,必要时,应加大监测点的密度、提高监测频率,并应根据监测的结果,及时进行了调整隧道掘进的技术性能。	
	特殊地段的施工措施	(1) 由于覆土荷载减小,使开挖面压力允许范围缩小,在盾构掘进施工中,应严格控制开挖面的压力,应特别注意使用的泥浆或添加剂的性能,尽量减少对地表的影响。 (2) 在浅的覆土层地段,由于盾尾空隙会立即影响到地面或地下建(构)筑物,因此应对壁后注浆进行严格管理以控制地层的变形,最好使用早期限强度高、凝结时间短的壁后注浆材料。 (3) 穿过江河湖海浅覆土层的施工,应采取保持开挖面稳定、防止泥浆或添加剂泄漏、喷出等措施。同时,还应采取防止隧道上浮和变形的相应措施。 (4) 在浅覆土层地段施工过程中,必须符合以下要求: 1) 认真控制好隧道掘进技术参数,尽可能减少施工过程中对环境的影响; 2) 努力控制好盾构在掘进中的姿态,防止发生突变。 (5) 隧道掘进过程中,当在小半径曲线地段施工时应符合以下要求: 1) 必须严格控制反力引起的管片变形、移动、渗水等; 2) 如若使用超挖装置施工时,则必须控制好其超挖量。超挖量超大,小半径盾构掘进越容易,但是会引起隧道变形过大,则必须采用相关措施控制好超挖量; 3) 在壁后注浆时,应选择体积变化小、早期强度高、速凝型的注浆材料; 4) 在施工过程中,不仅要增加施工测量的频率,还要防止管片错台和严重开裂; 5) 隧道掘进施工过程中,应采取有效措施防止后配套车架脱轨或倾覆。 (6) 在隧道掘进中,遇上大坡度地段施工时,应采用如下措施进行施工: 1) 选择牵引机车时,应进行必要的计算,最好能选择车辆有效措施防溜; 2) 在隧道掘进施工中,遇到上坡时应加大盾构下半部分推力,对后方台车应采取防止脱滑措施。因为盾构的前部较重,自重向前方倾斜,所以盾构在上坡掘进施工时,需要加大下半部范围盾构千斤顶的推进能力; 3) 壁后注浆最好宜采用收缩率小、早期强度高的浆液。 (7) 在隧道掘进施工中,当遇到地下管线与地下障碍物地段施工时,应符合如下要求: 1) 应详细查明地下管线类型、位置、允许变形值等,同时必须制订出专项施工方案; 2) 对受施工影响可能产生较大变形的管线,则应根据具体情况进行加固、改移或更换等; 3) 掘进施工中,应及时调整掘进速度和出渣量,减少地表的沉降和隆起,确保管线的安全; 4) 施工前应查明障碍物,并制订处理方案,如若从地面处理地下障碍物时,则应选择合理的处理方法,注意处理后应及时进行回填,确保掘进的盾构能顺利、安全地通过; 5) 如果在开挖面拆除障碍物时,则选择带压作业或加固地层的施工方法,认真控制地层的开挖量,确保所开挖的工作面稳定,并应配备所需的设备与设施。 (8) 在建(构)筑物地段掘进施工时应符合下列要求: 1) 盾构施工前必须对建(构)筑物地段进行详细调查,认真评估施工时对建(构)筑物的影响,并采取相应的保护措施,控制地表的变形;	
审核人		交接人	接受交底人

续表

序号	项目	城市轨道工程隧道盾构掘进法施工技术交底的主要内容
15 盾构掘进特殊地段的施工	特殊地段的施工措施	2) 根据建(构)筑物基础与结构的类型、现状,可采取加固或托换措施。例如,在调整盾构掘进参数和注浆参数不能满足对地面建(构)筑物的保护要求时,则必须对建(构)筑物的基础或结构进行加固或托换; 3) 同时,必须加强对地表和建(构)筑物变形监控和反馈工作,及时调整盾构掘进施工中的技术参数。在壁后注浆施工中,应使用速凝早强注浆材料,确保工程的质量。 (9) 对于小净距隧道掘进的施工必须符合如下要求: 1) 施工前,认真分析隧道掘进施工对已建隧道的影响或平行隧道掘进时的相互影响,必须时,则应采取相应的施工措施,一般考虑下列几种影响: ① 后续盾构的推进对先行隧道的挤压和松动效应; ② 后续盾构的盾尾通过对先行隧道的松动效应; ③ 后续盾构的壁后注浆对先行隧道的挤压效应; ④ 先行盾构引起的地层松弛而造成或引起后续盾构的偏移等。 请注意:伴随着上述的效应将会发生管片变形、接头螺栓的变形、断裂、漏水、地表下沉等现象。因此,必须采取相应措施,例如,加强变形的监测等。 2) 隧道盾构掘进施工时,必须严格控制掘进速度、土仓压力、出渣量、注浆压力等,减少对邻近隧道的影响; 3) 可采取加固隧道间的土体、先行隧道内支设钢支撑等辅助措施控制地层和隧道变形等。 (10) 在隧道掘进施工中,遇上江河湖泊地段时,必须按照如下要求执行: 1) 江河湖泊地段的地层情况复杂,必须详细查明工程地质和水文地质条件和河床状况,还应考虑地质钻孔位置与对施工的影响。设定适当的开挖面压力,加强开挖面管理与掘进参数的控制,防止冒浆和地层坍塌等。同时,必须配备足够的排水设备与设施; 2) 施工中应采用快凝早强的注浆材料,加强壁后同步注浆和二次注浆; 3) 在穿过江河湖泊之前,应对盾构的密封系统进行全面的检查与处理;同时,必须采取措施防止对堤岸表面的影响; 4) 对于长距离的穿越江河湖泊时,必须根据地层条件预测刀具和盾尾密封的磨损,制订更换的方案。通常是河水大、水压高,并且地质水文条件复杂,在水底地段更换刀具时,为防止涌水、坍塌,一般需要带压进仓更换刀具,其作业的难度大、危险性高。因此,在长距离穿越江河湖泊的掘进施工过程中,盾构必须采用高可靠性的耐磨刀具和盾尾密封,尽量减少更换刀具和更换盾尾密封的次数和数量;施工中还应根据地质条件、隧道长度、采用的掘进刀具、掘进参数,以及盾构掘进状况等预测刀具的磨损和盾尾密封的磨损情况,预先制定水底地段更换刀具和盾尾密封的计划的专项方案,以及防止涌水、坍塌的预案,做好包括换刀设备、设施、料具与应急抢险等在内的各项准备,并严格实施。 (11) 隧道盾构进入地质条件复杂地段和砂卵石地段施工时,必须符合以下要求: 1) 穿过复杂地层、地段(软硬不均互层)应优先选择复合式盾构; 2) 在隧道的掘进施工过程中,必须综合考虑所穿过地段的地质水文条件,能够合理地选择刀盘形式和刀具配制方式、数量。同时,应选择适当的地点,及时更换刀具或改变其配置,以适应前方地层的掘进施工; 3) 应根据开挖面地质预测的信息,及时调整掘进技术参数、壁后注浆参数和土仓的压力,确保开挖面的稳定和掘进速度; 4) 采用土压平衡盾构施工方法通过砂卵石地段时,应进行渣土改良;如果采用泥水平衡盾构施工方法通过砂卵石地段时,应根据砂砾石的含量和粒径的大小,再来确定破碎方法和泥浆的配合比。当遇上大孤石影响掘进时,应采取有效措施来排除。
审核人		交接人 接受交底人

续表

序号	项目	城市轨道工程隧道盾构掘进法施工技术交底的主要内容		
16 隧道施工运输作业	一般规定	(1) 盾构隧道施工中的运输作业,必须根据隧道的直径、长度、纵坡、盾构的类型、掘进速度选择合理的运输方式、运输设备及其配备设施,运输能力必须满足盾构掘进与管片拼装要求: 1) 隧道施工运输主要包括:渣土、管片以及各种机械厂设备、材料的运输装卸,选择用的运输设备应满足隧道施工计划进度、隧道断面尺寸、施工机具与材料尺寸、重量等要求; 2) 垂直提升与水平运输的转换作业必须保证通信信号联络通畅等。 (2) 隧道内水平运输宜轨道运输方式,垂直提升运输宜采用门吊、悬臂吊等提升方式。 (3) 对于泥水平衡盾构和泥水运输必须采用泥浆泵和管道组成的管道运输系统。 (4) 应根据最大起重重量对提升机能力和索具、挂钩、杆件承载力等进行验算。 (5) 水平运输和垂直提升应采取防溜和防坠落措施。		
	水平运输	(1) 隧道盾构掘进施工中的水平运输,实际就是地下轨道运输,一般采用电机车或内燃机牵引,运输能力应能满足盾构施工计划进度的要求,可根据隧道净空选用单轨、双轨运输,并按施工需要配备足够数量的编组列车。 通常应配备专用管片运输车、出渣斗车等,当使用平板车装运管片、轨料、钢管等大尺寸的材料时,必须固定牢靠,严格控制超载超限。同时,必须保持轨道运输的平稳、顺直、牢固,有必要对轨道和运输车辆进行定期的维修保养。 (2) 当进行长距离的隧道掘进施工时,宜在适当位置设置会车道。 (3) 对于牵引设备的牵引能力必须满足隧道最大纵坡和运输重量的要求。 (4) 所有车辆的配置必须满足出渣、进料及盾构掘进速度的要求。		
	垂直提升	(1) 垂直提升方式必须根据工作井的尝试、盾构施工速度等因素来综合考虑。 (2) 垂直提升设备的提升能力必须满足出渣、进料的要求,提升通道内不得有任何障碍物。 (3) 垂直提升时,应根据安全的有关规定和需要,采取稳定的措施进行提升作业。操作人员必须按照指令作业,保持物件吊运过程中的安全、平稳。		
	管道运输	(1) 采用泥水平衡盾构时,管道运输系统应满足出渣和掘进速度的要求。 (2) 长距离掘进施工时,必须在适当距离处设置管道运输接力设备,确保畅通无阻。 (3) 对输送泵和输送管道必须按有关要求认真进行检查与维修,保证满足管道输送要求。		
17	盾构的保养与维修	(1) 盾构的保养与维修必须坚持"预防为主、状态检测、强制保养、按需维修、养修并重"的原则,同时,必须由专业人员负责保养与维修工作。 (2) 按照盾构生产厂家提供的设备说明书,定期进行盾构及配套设备的保养与维修。日常保养与维修工作是在每班作业的前后及运转时进行,其主要内容是"检查、调整、紧固、润滑、清洁",并对检查中所发现的问题及时进行处置。 (3) 专业人员对盾构运转状况必须进行了外观目测和仪表数据观测,采用视、听、触、嗅等手段,检查盾构及后配套设备的运转情况,观测主控室的运转参数,检查机件的异响、异味、发热、裂纹、锈蚀、损伤、松动、油流色泽、油管滴漏等,初步判断盾构的工作状态。 (4) 日常保养与维修的具体内容: 1) 对盾构各部位的螺栓、螺母松动检查并拧紧; 2) 对盾构各部位异常声音与发热情况的检查; 3) 液压油、润滑油、润滑脂、水、空气的异常泄漏检查;		
审核人		交接人		接受交底人

续表

序号	项目	城市轨道工程隧道盾构掘进法施工技术交底的主要内容		
17	盾构的保养与维修	4) 各润滑部位供油、供脂情况检查并补充,电源电压及掘进参数检查确认; 5) 电气开关、按钮、指示灯、仪表、传感器检查并处置; 6) 液压、电气、泥水、水、空气等线路检查确认并处置; 7) 安全阀设定压力检查并确认,滤清器污染状况的检查确认并处置。 (4) 盾构在使用过程中,必须进行定期保养,定期保养是指按照规定的运转周期或掘进的长度,对盾构及后配套设备进行检查和维护。 (5) 定期保养与维修分为周、月、季、半年和年保养与维修: 1) 周保养保养与维修的主要内容: ① 检查油位、液压油滤清器有无泄漏,检查旋转接头,用润滑脂枪给轴承注油; ② 认真检查刀盘驱动主轴承,检测油污程度、含水量。同时,检查刀盘驱动行星齿轮的油位,并监听其运行的声音;检查送排泥泵的密封及送排管道的磨损情况(泥水平衡盾构); ③ 检查推进油缸,润滑关节轴承;清理电动机、液压油泵的污物; ④ 认真检查螺旋输送机上的变速器油位,并润滑螺旋输送机轴承、后闸门、伸缩导向(土压平衡盾构);同时需要检查空压机温度,检查凝结水和冷却器污染情况,必要时更换; ⑤ 润滑管片拼装机、管片吊机、管片输送机的润滑点,润滑所有轴承和滑动面; ⑥ 检查刀具的磨损情况,当刀具磨损达到一定程度或由于地层条件变化时,进行刀具更换。刀具更换必须在确保安全的前提下进行,并做好更换记录; ⑦ 对液压油箱油位开关操作测试,检查(土压平衡盾构)皮带运输机上各滚子的转动、刮板磨损情况;检查壁后注浆系统所有接头处的密封情况,润滑所有润滑点,彻底清理管线; ⑧ 检查并清洁主控室 PLC 及控制柜,检查旋钮、按钮、LED 显示的工作情况; ⑨ 检查并清洁风水管卷筒及控制箱、高压电缆卷筒以及控制箱、传感器及阀组、接线盒、插座盒、送排泥泵、照明系统等; ⑩ 检查变压器的油温、油标,清除变压器上的水污,监听变压器的运行声音。 2) 月保养与维修的具体内容如下: ① 对于土压平衡盾构,必须检查螺旋输送机的螺旋管的壁厚,同时,应检查皮带运输机变速器的油位、皮带张力等; ② 对液压油必须取样检测,按质换油。同时,润滑后配套拖车行走轮的调节螺栓和轮轴; ③ 检查管片拼装机轴承的紧固螺栓,检查注浆压力表及传感器; ④ 检查空压机的皮带、更换机油过滤器、按质换油,检查注浆压力表及传感器; ⑤ 检查刀盘驱动装置行星齿轮的冷却水系统,检查蓄能器氮气压力,必要时添加。 3) 季保养与维修的具体内容如下: ① 更换油脂泵齿轮油,对于土压平衡盾构需要润滑膨润土泵轴承; ② 更换后配套空压机上的空气滤清器、油滤器,检测溢流阀,紧固电气接头; ③ 检查循环水回路的水质情况,没有达到要求的水须更换,用超声探测仪检查送排泥弯管、送排泥泵壳体的壁厚(泥水平衡盾构); ④ 对于泥水平衡盾构,首先润滑送排泥泵的轴承,然后测量送排泥电动机的绝缘电阻。 4) 年保修与维修的具体内容如下: ① 注浆泵进行安全检查,同时还应检查主轴密封情况。对于土压平衡盾构,则应更换皮带输送机上的齿轮油;更换空压机的空气过滤器,检查分离器,按质换油; ② 后配套拖车操作运行的安全检查; ③ 润滑电缆卷筒、水管卷筒的轴承,按质更换变速箱齿轮;		
审核人		交接人		接受交底人

续表

序号	项目	城市轨道工程隧道盾构掘进法施工技术交底的主要内容		
17	盾构的保养与维修	④ 检查紧固变压器接头,采用干燥压缩空气清除灰尘。 (6) 盾构是盾构法施工的关键设备,必须严格执行保养维修制度,并做好记录。 (7) 当盾构长期停止掘进时,仍必须进行保养,其主要内容如下: 1) 对盾构的每个系统的设备必须空载运行,一般是每隔 10~15h 一次; 2) 对于盾构暴露于空气中的接合面上必须涂抹油脂; 3) 对盾构进行定期的润滑维护与保养。		
18	隧道施工的监控量测	一般规定	(1) 隧道盾构掘进施工中,必须结合施工环境、工程地质和水文地质条件、掘进速度等制定监控量测方案。 (2) 监控量测范围应包括盾构隧道和沿线施工环境,对突发的变形异常情况必须启动应急监测方案。该方案包括在一般情况下的方案外,还应包括可能因变形引发安全事故时应采取的方案,以满足对突发异常变形或抢险对监控量测的需要。 (3) 在监控量测中可根据观测对象的变形量、变形速率等调整监控量测方案。 (4) 地上、地下同一断面内的监控量测数据应同步采集,并应收集同期盾构施工参数进行认真分析。因为同步采集地上、地下观测的数据,便于全面了解、分析变形动态。 (5) 监控量测仪器和设备必须满足量测的精度、抗干扰性、可靠等要求,监控量测项目应按照表 5-4-8 内容选择。穿越水系和建(构)筑物或有特殊要求等地段的监控量测项目应根据设计要求来确定。 **隧道盾构掘进施工中的监控量测项目**　　表 5-4-8 | 序号	类别	监测的主要内容
---	---	---
1	必测项目	施工线路地表隆沉、沿线建(盘根错节)筑物和管线变形测量
		隧道的变形测量
2	选测项目	地中位移
		衬砌环内力
		地层与管片的接触应力	 (6) 对于沉降测量一般可以采用水准测量方法,水准基点应埋设在变形影响范围外,且不得少于 3 个。 (7) 水平位移测量可采用边角测量、GPS 等方法,必须建立水平位移监测控制网,水平位移监测控制点宜采用具有强制对中装置的观测墩和照准装置。 (8) 当采用物理传感器进行监控量测时,应按各类仪器的埋设规定和监控量测方案的要求来埋设传感器。 (9) 观测点必须埋设在能够反应变形、便于观测、容易保存的位置。 (10) 当采用静力水准测量方法进行沉降测量时,静力水准的埋设、连接、观测、数据处理等必须符合相关技术要求,测量精度应与水准测量要求相同。
		隧道环境监控量测	(1) 隧道环境监控量测必须包括地表的沉降观测、邻近建(构)筑物的变形量测和地下管线的变形量测等。 (2) 地表沉降的观测应沿线路中线按断面布设,注意:地表沉降监测断面和监测点的布置间隔必须根据各地区地质条件和工作环境等,并通过实践在本条规定的区间值中选择。当城市隧道埋深小于 2 倍油径时,纵断面监测点间距宜为 3~10m,横断面间距宜为 50~100m,	
审核人		交接人		接受交底人

续表

序号	项目	城市轨道工程隧道盾构掘进法施工技术交底的主要内容		
18 隧道施工的监控量测	隧道环境监控量测	监测的横断面宽度应大于变形影响范围,监测点间距宜为3~5m。对于特殊地段地表沉降观测断面和观测点的设置应根据其特殊条件确定,一般编制专项方案来处理。 (3) 应根据结构状况、重要程度、影响大小对邻近建(构)筑物有选择地进行变形量测。 (4) 邻近地下管线的变形量测必须直接在管线上设置观测点,对无法直接观测的管线应去除其覆盖土体进行观测或监测管线同周围土体变形。 (5) 应从距开挖工作面前方隧道埋深与直径之和的距离处进行初始观测,直至监测对象稳定时结束。变形测量频率应根据工程要求和监测对象的变形量和变形速率确定,即:在监测初期必须按照监测方案规定的量测频率来进行,而在监测中则可根据实测变形量和变形速率等情况调整量测频率。 (6) 盾构穿越地面建(构)筑物、公路、铁路、桥梁、管线等时,必须对穿越地面建(构)筑物进行观测外,还宜对邻近周围土体进行变形观测。 (7) 变形量测等级划分与精度应符合现行国家标准《城市轨道交通工程测量规范》GB 50308的要求,变形量测的主要方法和精度要求必须符合现行国家标准《城市轨道交通工程测量规范》GB 50308的要求。 (8) 当采用物理传感仪器进行监控量测时,其测量精度不得低于现行国家标准《城市轨道交通工程测量规范》GB 50308的要求。		
	隧道结构监控量测	(1) 对于隧道结构监控量测内容必须包括隧道的沉降和椭圆度的量测,必要时,还应进行衬砌环应力等量测。隧道管片应力测量宜采用应力计量测。 (2) 初始观测值应在管片壁后注浆凝固后12h内进行量测。 (3) 变形量测频率应根据工程要求和监测对象的变形量和变形速率来确定。 (4) 变形量测方法应按各类仪器的埋设规定和监控量测方案的要求埋设传感器,其测量精度必须符合现行国家标准《城市轨道交通工程测量规范》GB 50308的要求。		
	资料整理和信息反馈	(1) 隧道盾构掘进施工中,宜采用计算机实现测量数据采集实时化、数据处理自动化、数据输出标准化,并应建立监控量测数据库。 (2) 应结合隧道盾构掘进施工和现场环境状况,对监控量测数据定期进行综合分析,并应绘制变形时态曲线图。 (3) 宜选择与实测数据拟合较好的函数对时态曲线进行回归分析,并应对变形趋势进行预测。 (4) 当实测变形值大于允许变形的2/3时,必须及时通报建设、施工、监理等有关部门单位,同时,应采取相应措施。 (5) 监控量测完成后应及时提供监测成果,工程竣工后应提供监控量测技术总结报告。		
	成型隧道的验收	**1. 主控项目** (1) 隧道结构表面必须无裂缝、无缺棱掉角,管片接缝应符合设计要求。 1) 检验数量:全数检验; 2) 检验方法:观察检验,检查施工日志。 (2) 隧道防水必须符合设计要求: 1) 检验数量:逐环检验; 2) 检验方法:观察检验,检查施工日志。		
审核人		交接人		接受交底人

续表

序号	项目	城市轨道工程隧道盾构掘进法施工技术交底的主要内容
18 隧道施工的监控量测	成型隧道的验收	(3)隧道的衬砌结构不应侵入建筑限界。 1)检验数量:每5环检验1次; 2)检验方法:全站仪、水准仪测量。 (4)隧道轴线平面位置和高程偏差必须符合表5-4-9中的要求。 隧道轴线平面位置和高程偏差　　表5-4-9 	序号	主要项目	允许偏差(mm)			检验方法	检查频率
---	---	---	---	---	---	---
		地铁隧道	公路隧道	水工隧道		
1	隧道轴线平面位置	±100	±150	±150	用全站仪测中线	10环
2	隧道轴线高程	±100	±150	±150	用水准仪测高程	10环 | 2. 一般项目 隧道允许偏差应符合表5-4-10中的有关规定。 隧道允许偏差　　表5-4-10 | 序号	主要项目	允许偏差(mm)			检验方法	检查频率
---	---	---	---	---	---	---
		地铁隧道	公路隧道	水工隧道		
1	衬砌环直径椭圆度	±0.6%D	±0.8%D	±1%D	尺量后计算	10环
2	相邻管片的径向错台	10	12	15	尺量	4点/环
3	相邻管片的环向错台	15	17	20	尺量	1点/环	 注:D——指隧道的外直径,单位:mm。
审核人		交接人　　　　　　　　　接受交底人

6 其他工程施工

6.1 钢筋混凝土高架桥施工技术交底

钢筋混凝土高架桥施工技术交底见表 6-1 所示。

表 6-1 钢筋混凝土高架桥施工技术交底

序号	项目	城市轨道工程钢筋混凝土高架桥施工技术交底的主要内容
1	一般规定	(1) 高架桥由于处于城市人口密集的地区,地面施工场地狭小,钢筋混凝土高架桥的预制构件在工厂制作好后,用大型运输车辆运送到施工现场,这不仅可以保证质量,而且可以加快现场施工进度,减少与城市交通干扰。 (2) 为了保证工程质量,钢筋混凝土高架桥施工中应经常检测、核对其各部位的位置、高程,并定期复测中线桩和水准点。 (3) 钢筋混凝土高架桥在施工时,应采用切实可行的措施,减少对城市正常的生活程序和对交通的干扰。
2	桥基开挖施工	(1) 施工前必须根据地质和现场环境条件,确定基坑开挖坡度或者支护形式及降排水措施,如桥基附近有建筑物或地下管线时,尚应采用防护措施。 (2) 放坡开挖的基坑,其开挖边坡,是根据各类土质的物理力学性质(主要指摩擦角、内聚力、湿度、容重等)和施工实践确定。 (3) 基坑开挖采用支护桩时,必须按照《地下铁道工程施工及验收规范》第 3 章有关内容执行。当 5m 以下的各类土在无水情况下的基坑边坡坡度,必须符合表 6-1-1 的要求。 **5m 内深度基坑开挖边坡最大坡度值**　　　　表 6-1-1 | 序号	土质的类型	人工挖土并将土临时堆放于坑边	机械开挖 基坑内挖土	机械开挖 基坑边挖土
---	---	---	---	---
1	中密砂土	1:1.00	1:1.00	1:1.25
2	中密碎石类土(填充为砂土)	1:0.75	1:0.75	1:1.00
3	硬塑轻亚黏土	1:0.65	1:0.75	1:1.00
4	中密碎石类土(填充为黏性土)	1:0.50	1:0.65	1:0.75
5	硬塑亚黏土、黏土	1:0.33	1:0.50	1:0.65
6	干黄土	1:0.25	1:0.25	1:0.33	 (4) 在高架桥的桥基坑上边临时堆土不得影响基坑开挖和坑壁稳定,其距基坑边缘不应小于基坑深度。基坑开挖后,如果边坡土体中的剪应力大于土的抗剪强度时,则边坡就会失稳。基坑上面堆土时,会使边坡土体自重加大,特别是下雨后土中的含水量增加,更容易促成土体滑动,而影响边坡稳定。 (5) 桥基基坑采用机械开挖时,为保证基底高程和边坡坡度必须符合设计要求,同时,辅以人工刷坡和清底,基底不得超挖和扰动。放坡基坑底边缘距桥基距离不得小于 0.5m,支护桩基坑不应小于 1m。
审核人		交接人　　　　　　　　　　接受交底人

续表

序号	项目	城市轨道工程钢筋混凝土高架桥施工技术交底的主要内容
2	桥基开挖施工	(6) 为增强地基的承载力,并使桥基与地基结合牢固,必须根据不同地质情况,提出不同的处理方法,地基处理应符合以下要求: 1) 基底若为未风化岩层时,应将基底面松碎石块、泥土等清理干净,节理倾斜时应将岩面凿成台阶状;如为风化岩层时,周围宜少留或不留富余量,并用基础施工填满坑底封闭岩层面; 2) 基底为碎石类土或砂类土层时必须先铺上一层砂浆; 3) 基底为干燥的黏性土时应先洒水湿润,过湿时应先铺上一层碎石垫层; 4) 当高架桥地基遇有水时,必须进行排水处理; 5) 对于特殊的地基应按设计和国家现行有关强制性标准执行。 (7) 桥基开挖和回填施工时,除需要符合本表的各项要求外,尚应符合《地下铁道工程施工及验收规范》中第5.4节的有关规定。
3	现浇钢筋混凝土结构施工 — 钢筋绑扎加工	(1) 高架桥桥墩结构深入盖梁及承台内主筋的搭接形式和长度必须符合设计规定要求,并绑扎(焊接)牢固。 (2) 桥台台帽采用钢筋网片施工,为了保证钢筋网片位置正确,防止施工荷载造成其变位和变形,所以,施工时必须架设支撑点,必要时应设置马蹬支架。而无筋基础与墩台连接处插设钢筋,是为了使墩、台上下连接紧密,整体性更好。 (3) 钢筋及预埋件的位置必须准确,固定必须牢固。钢筋绑扎的允许偏差是根据高架桥结构的具体特点而制成的,并应符合表6-1-2的要求。

钢筋绑扎允许偏差值(mm)　　　　　　　　　　　　　　表 6-1-2

序号	主要项目		允许偏差
1	受力钢筋间距	板、梁、墩、柱	±10
		基础、桥台	±20
2	箍筋间距		±20
3	预埋件位置	中心线	10
		平面及高程	±5
4	支座	平面位置	±10
		平整度	2
5	混凝土保护层厚度	板	±3
		梁、墩、柱	±5
		基础和桥台	±5

模板支立施工

(1) 模板是控制尺寸的重要工具,模板支立必须牢固、严密、平整,支架稳定、支立位置正确与否,直接影响高架桥各部位尺寸,所以,从测量放线到模板支立两方面进行质量控制,才能最终从整体上保证结构尺寸准确。模板支立允许偏差必须符合表6-1-3的要求。

高架桥结构模板支立允许偏差值(mm)　　　　　　　　　　表 6-1-3

序号	主要项目　结构内部	基础	桥台	墩柱	板或梁
1	轴线位移	±20	±10	±10	±10
2	结构断面尺寸	±10	±5	±5	±3

审核人		交接人		接受交底人	

续表

序号	项目	城市轨道工程钢筋混凝土高架桥施工技术交底的主要内容
3	模板支立施工	续表 | 序号	主要项目	结构内部 基础	桥台	墩柱	板或梁
---	---	---	---	---	---
3	垂直度(‰)	1	1	1	—
4	高程	±10	±3	±3	±3
5	预埋件位置	—	±3	±3	±3
6	预留孔洞	—	±3	±3	±3
7	相邻模板接缝平整度	2	2	2	2	 (2) 梁结构由于灌注混凝土时，模板和支架会产生一定的沉落量，同时，模板预留一定拱度，对梁的结构受力有利。 (3) 梁(现浇和预制)的模板，当跨度大于4m时，起拱必须符合设计规定，如设计无规定时，起拱高度宜为全跨度的2‰~4‰。 (4) 为保证钢筋混凝土结构拆除侧模板时，其混凝土表面及棱角不致受损，必须使混凝土的抗剪、抗拉强度大于拆模时的黏着力，并应符合下述要求： 1) 不承重结构侧模板不应小于2.5MPa，实践证明，混凝土的抗压强度达到2.5MPa时，可以满足拆除侧模时所需要的各项强度； 2) 为了防止拆模时由于受力而使结构产生裂缝，规定以3m为界限。即：当跨度小于3m的板、梁时，其抗压强度不得低于设计强度的50%，当跨度大于3m的板、梁时，其抗压强度不得低于设计强度的70%； (5) 高架桥的结构要求其混凝土的强度必须符合设计要求，并且要做到无露筋、无露石、无裂缝，表面平整。
现浇钢筋混凝土结构施工	混凝土灌注施工	(1) 为了节省水泥，桥基大多采用无筋混凝土掺入石块，使其结构强度和弹性模量达到设计要求。对于无筋混凝土填放石块时，必须符合下列要求：① 要求石块的填放数量不得大于体积的25%，同时，对石块的强度有一定的要求，是为了适应混凝土抗压强度的需要而提出来的，即石块的抗压强度不应低于30MPa；② 石块应无裂纹、无夹层，并具有一定的抗冻性。结构的受拉区及气温低于0℃时，不得进行石块的填放施工；其次是石块应清洗干净，并埋入混凝土内不得小于整块石块高度的一半；由于石块与混凝土粘结强度小于同强度等级混凝土强度，所以要求结构受拉区混凝土不准埋入石块，而冬期施工时需采取防冻措施，故也不得埋入石块；③ 要求石块分布必须均匀，其净距不应小于100mm，而且要求距结构侧边和顶、底面净距不得小于150mm。 (2) 高架桥作为地下铁道快速有轨交通的双线结构，一般采用双排墩柱，为减少其长细比，保持其整体性，从构造与受力要求，设计增设了横向连接杆，而墩柱和横向连接杆同时施工，容易保证工程质量。为保证混凝土灌注质量，防止连续梁和悬臂梁灌注混凝土时，由于模板支架不均匀沉降而导致梁体产生裂纹，并方便箱形梁拆模板。所以要求梁的混凝土、简支梁应自两端向跨中或自一端向另一端连续灌注，连续梁应自跨中向两端连续灌注，悬臂梁应自悬臂端向墩、柱方向连续灌注；箱形梁应先施工底板后才可施工边、顶与翼板。 (3) 为防止模板支架由于地基不均匀下沉，引起梁的混凝土产生裂缝，对于大跨度的简支梁或支架坐落在刚性不同基底上的连续梁或悬臂梁，故提出三条措施，可根据具体情况采用其中之一措施施工，以确保工程质量：混凝土掺缓凝剂并加加速灌注，在最初灌注的混凝土初凝前灌注完成；对支架施加全部结构荷载，使其充分变形后随卸载随灌注混凝土；以正负弯矩变换点附近分段，先灌注正弯矩区段。
审核人		交接人	接受交底人

续表

序号	项目	城市轨道工程钢筋混凝土高架桥施工技术交底的主要内容
3 现浇钢筋混凝土结构施工	混凝土灌注施工	(4) 梁板结合部是混凝土结合的薄弱部位，特别是采用预制梁的现浇和浇板龄期相差过大时，则相互之间收缩偏差就大，使连接处的后浇混凝土内应力增大而产生裂缝，由于混凝土不受收缩影响的时间一般为 3 个月。因此，混凝土龄期差不宜超过 3 个月。 (5) 为保证梁结构混凝土的密实度，规定初凝之前用表面振动器振一遍后及时抹面。一般桥面尚应铺贴防水层，所以要求抹面平整，其平整度允许偏差为 3mm。 (6) 高架桥上所应用的混凝土结构在强度增长过程中，如果过早的承受荷载，不但对混凝土强度增长不利，同时会使结构受损或出现裂缝，混凝土强度未达到 2.5MPa 时，不得承受荷载。 (7) 混凝土灌注后，为防止水化热的作用而导致混凝土产生裂缝，规定混凝土灌注终凝后应及时养护。而且通过施工实践确定，其养护期限不得小于 7d。 (8) 混凝土抗压强度试件留置组数，按照国家有关要求，同一配合比其基础和承台每 150m³ 制作一组，墩、台、柱、梁每 100m³ 制作一组；一次灌注混凝土不足以上规定者，也应制作一组。
4 装配式钢筋混凝土构件施工	构件制作加工	(1) 高架桥预制构件一般在工厂制作，由于有的构件比较长，在制作过程中，为防止地面不均匀的沉降，使构件产生附加应力而产生裂缝，故要求构件的制作场地必须坚实、平整，并且要求排水畅通。 (2) 为保证预制构件表面平整、美观，钢筋绑扎牢固，梁的支座预埋件等埋设位置正确，要求构件模板拆装方便，表面平整光滑，支撑牢固，缝隙严密，钢筋绑扎或焊接必须符合规定。 (3) 为保证构件混凝土密实和质量，避免了构件混凝土产生接茬而产生构件强度，构件混凝土必须采用机械振捣，并一次灌注完毕，不得间断。 (4) 为了方便安装，加快施工进度，防止出现错误，国家规定混凝土构件灌注完毕应及时抹面、养护，应标注构件的型号、尺寸和制作日期，对上下面难以分清的构件应在统一位置上标注方向。 (5) 构件侧模板，应在混凝土强度达到 2.5MPa 时才能拆除。重叠制作构件时，下层构件混凝土达到设计强度的 30% 以上时才可制作上层构件，并应采取隔离措施。 (6) 预制厂应对产品的质量负责，凡构件制造均应符合设计要求，表面应无蜂窝麻面、裂纹和漏振，构件必须有证明书和合格印记。构件制作允许偏差必须符合表 6-1-4 要求。

构件制作允许偏差(mm)　　　　表 6-1-4

序号	主要项目	允许偏差		
		梁、板	墩、柱	杆件
1	尺寸(长×宽×高)	±5	±10	±5
2	对角线之差	±10	±10	5±
3	翘曲和侧面不直顺度	5	5	3
4	表面平整度	3	3	3
5	预埋件位置	±5	±5	—
6	预留钢筋搭接长度	±10	±10	—
7	吊环外露高度	±10	±10	—
8	保护层厚度	±5	±5	±5
9	预留孔洞位置	±10	±10	—

审核人		交接人		接受交底人	

续表

序号	项目	城市轨道工程钢筋混凝土高架桥施工技术交底的主要内容
4 装配式钢筋混凝土构件施工	构件的运输与存放	(1) 钢筋混凝土预制构件,在强度增长过程中,会出现一个脆性阶段,在这期间如果移动或吊运,会产生裂缝甚至脆断,所以,必须进行检查并且合格,使其混凝土达到设计强度的70%以上时才能进行吊装运输。其吊起运方法应根据受力要求再进行确定,并要求固定牢靠。 (2) 为了构件吊运方便,防止沾污和损坏,构件存放应符合下列规定: 1) 场地必须坚实平整、排水流畅,支垫稳固可靠; 2) 对所有构件须按照吊运、安装顺序和型号应分别堆码,并且要求堆垛间留有运输通道,同时,还要满足吊车的吊距要求; 3) 根据构件本身的受力要求确定平放或立放,并且保持稳定; 4) 对于构件重叠分层存放时,其吊环面应朝上,层间应采用垫木垫平、垫实,上下层垫木应在一条垂直线上; 5) 存放的层高,应以构件不受损、吊运方便、堆垛稳固、保证安全为原则。
	构件安装施工	(1) 高架桥预制梁、墩、柱等大型构件吊装机械的起重能力必须与构件相适应,吊前应拟定施工方案,吊装施工过程中,无论采用何种施工方案,均应精心操作,以确保吊装安全,必须认真遵守安全操作规程。一般的墩、柱可采用汽车或履带吊机安装,而梁的结构除采用吊机吊装外,尚有悬索吊装法、龙门架桥机或龙门式吊车等安装方法。 (2) 预制梁的安装过程中,除承受本身自重外,尚还承受施工中不可预见的附加力,由于它是受弯构件,为防止构件受损,确保安全,因此,规定构件需达到设计强度100%。而对构件安装部位承重结构,大部是承受压应力的,所以规定其混凝土应达到设计强度的70%。预制梁逐块安装时,尚不能立即形成设计所要求达到的稳定状态,为保证安全,要求应及时固定。 (3) 预制墩柱安装前,应将预制留孔洞凿毛并清理干净,就位后支撑牢固,并及时用同强度等级砂浆或混凝土将缝隙填筑密实。伸长值校核可以综合反映张拉力是否足够,孔道摩阻力损失是否偏大,以及预应力筋是否有异常等。 (4) 预制梁安装前,必须检查其长度、宽度、梁和盖和盖梁及桥台座预埋件位置,并在桥台和盖梁上测放出梁的安装位置。每片梁安装就位后应固定牢固,梁的支座与桥台或盖梁支座连接应正确,不得出现歪斜现象。
5 预应力混凝土结构	概述	(1) 混凝土掺入氯盐后,易使钢筋和预应力筋及金属孔道等受到腐蚀,混凝土内掺入引气剂后,虽然可以改善和易性、提高抗冻、抗渗的抗侵蚀性能,但是其强度下降,水泥用量越多,混凝土水化越高,容易使混凝土产生裂缝。所以,预应力混凝土不得掺氯盐、引气剂和引气型减水剂。其水泥用量不得超过 $500kg/m^3$。 (2) 锚夹具是预应力梁主要受力部件,为保证安全和工程质量,对使用的锚具提出如下要求: 1) 类型应符合设计和预应力筋张拉的要求; 2) 产品必须有出厂合格证; 3) 由于预应力筋的最大张拉应力要求为钢材抗拉强度的80%,而锚具组合试验的锚固力要求不低于抗拉强度的90%,这样就更加安全可靠。
审核人		交接人　　　　　　　　　　　接受交底人

续表

序号	项目	城市轨道工程钢筋混凝土高架桥施工技术交底的主要内容	
5	预应力筋加工与编束	(1) 预应力筋在计算下料长度时,需要考虑到构件及台座长度、锚夹具及千斤顶长度、焊接接头或者镦头预留量、冷拉伸长值、弹性回缩值和外露长度等因素。所以预应力筋材料应符合现行国家标准《混凝土结构工程施工验收规范》GB 50204 的要求。 (2) 预应力筋的加工下料长度应通过计算确定,并宜采用切断机或砂轮机切断,如采用电弧切断时,在高温下易于降低抗拉强度。 (3) 编制成束的预应力筋采用等强度材料,编束时应梳理直顺,绑扎牢固。 (4) 钢绞线除低松弛的可不进行预拉外,其他均应在使用前进行预拉,预拉应力值采用整根钢绞线破断负荷 80%,持荷时间不少于 5min。 (5) 预应力筋加工验收后应妥善保管,防止损伤、变形和锈蚀等。	
5 预应力混凝土结构	施加预应力	(1) 张拉机具与锚具应配套使用,张拉设备和仪表应配套校验,其压力表的精度不宜低于 1.5 级,校验张拉设备的试验机测力计精度不得少于±2%。 校验时的千斤顶活塞口运行方向应与实际张拉工作状态一致,可直接确定张拉力与压力表读数之间的关系,这样校验比较准确。这也是为了保持我国现有设备条件并与国际上有些国家的规定一致。 (2) 张拉机具是测试预应力筋的主要设备,为保证设备的正常使用并准确,必须由专人使用、管理和维护,并定期校验,其校验期限不宜超过 6 个月或 200 次。同时,千斤顶使用中出现不正常现象或检修后均应重新校验。 (3) 为了使张拉设备的拉力与预应力筋受力方向一致,使张拉筋受力正确,《地下铁道工程施工及验收规范》要求:张拉设备安装时,直线预应力筋应使张拉力的作用线与孔道中心线重合;曲线预应力筋应使张拉力的作用线与孔道中心线末端的切线重合。 (4) 为提高预应力结构在施工期间和使用中其受压区内预应力钢筋的抗拉性能,并为部分抵消由于松弛、摩擦、钢筋分批张拉以及预应力钢筋与张拉台座之间的温度差等因素产生的预应力损失,预应力筋张拉控制应力可比设计要求高一些,但不得超过表 6-1-5 的要求。	

预应力钢筋的最大张拉控制应力允许值　　表 6-1-5

序号	钢材的种类	张拉方法	
		先张法	后张法
1	碳素钢丝、刻痕钢丝、钢绞线	$0.80 f_{ptk}$	$0.75 f_{ptk}$
2	热处理钢筋、冷拔低碳钢丝	$0.75 f_{ptk}$	$0.70 f_{ptk}$
3	冷拉钢筋	$0.95 f_{pyk}$	$0.90 f_{pyk}$

注:f_{ptk} 为预应力筋极限抗拉强度标准值;
　　f_{pyk} 为预应力筋屈服强度标准值。

(5) 伸长值校核可以综合反映张拉力是否足够,孔道摩阻力损失是否偏大,以及预应力筋是否有异常现象等。实践证明实际伸长值与理论伸长值之差控制在 6% 以内合适。
(6) 预应力筋张拉时,其理论伸长值 ΔL(mm)可按下式计算:
$$\Delta L = PL/A_y \cdot E_q$$
式中　P——预应力筋平均张拉力(N);
　　　L——预应力筋长度(mm);
　　　A_y——预应力筋的截面面积(mm^2);
　　　E_q——预应力筋的弹性模量(mm^2)。

审核人		交接人		接受交底人	

续表

序号	项目	城市轨道工程钢筋混凝土高架桥施工技术交底的主要内容
5 预应力混凝土结构	施加预应力	(7) 预应力筋在张拉之前,必须先调整至初应力值 σ_0(一般为张拉控制应力的10%~25%)后开始测量,但是,必须加上初应力时的推算伸长值。由于初应力时的各根(束)预应力筋松紧、弯直程度不一,因此,宜采用推算方法。对后张法混凝土结构在张拉过程中所产生弹性压缩值可以省略。 (8) 在预应力筋张拉后,如果锚固值与设计规定的检验值相差±5%时,其预应力筋仍在弹性变形范围之内。 (9) 根据国家现行有关标准并结合高架桥钢筋混凝土预应力结构的具体情况,要求锚固阶段张拉端预应力筋的内缩量,不应大于表6-1-6中的允许值。 **锚固阶段张拉端预应力筋的内缩量允许值**　　表6-1-6 	序号	锚具的主要类型	内缩量允许值
1	螺纹锚具及墩头锚具	1
2	锥形锚具	6
3	夹片锚具	5
4	楔片式锚具 用于钢筋时	2
	楔片式锚具 用于钢绞线时	3 | (10) 预应力筋张拉属于隐检项目,预应力筋张拉及时放松时,必须做好施工记录,并纳入竣工文件之一。
	先张法施工	(1) 先张法是将预应力筋用夹具临时固定在台座上,在未施工混凝土前施加预应力。为确保先张法墩式台座结构的安全应符合下列要求: 1) 承力台座抗倾覆系数不得小于1.5,抗滑移系数不应小于1.3; 2) 横梁受力挠度不得大于2mm; 3) 台座结构构造必须满足预制构件施工工艺要求。 (2) 混凝土构件的预应力是混凝土与预应力筋的粘结作用而获得的,如预应力筋污染,将影响与混凝土的握裹力,降低混凝土的预压应力。所以,预应力筋铺设时,应具有防止沾污的有力措施。 (3) 多根预应力筋同时张拉时,在没有调到初应之前,各根(束)预应力筋松紧、弯直程度不一,为保持其相互之间张拉之前应力一致,应先把各根(束)预应力筋调整至初应力值。 (4) 先拉法张拉时,造成断丝的原因一般有:钢材质量不合格,钢丝束未理顺,张拉受力不均匀,钢丝被锚夹具卡断等。为保证质量,根据施工经验和质量评定标准。预应力筋张拉时的断丝允许值不得超过表6-1-7规定。 **预应力筋张拉时的断丝允许值**　　表6-1-7 | 序号	预应力筋类别	检查的主要项目	允许值
---	---	---	---
1	钢丝及钢绞线	同一构件内断丝不得超过总数	1%
2	钢筋	拉断	不允许	 (5) 同时张拉同一构件的多根钢筋时,应抽查预应力值,其偏差的绝对值不得大于或小于全部钢筋预应力值的5%。
审核人		交接人　　　　　　　　　接受交底人

续表

序号	项目	城市轨道工程钢筋混凝土高架桥施工技术交底的主要内容
5 预应力混凝土结构	先张法施工	(6) 同一构件的多根钢丝同时张拉，必须采用钢丝应力测定仪等仪器抽测其应力值。其检测的总预应力值，与该构件计算出的全部钢丝预应力总值相差 5% 以内时，则可认为预应力筋仍在弹性变形范围内，并可保持构件受力的整体性。否则，应检查原因并进行处理。 (7) 预应力筋张拉后，由于持荷至混凝土灌注的时间差问题，容易导致预应力筋松弛而使其应力受到一定影响，为弥补这一损失，必须采取超张拉程序进行张拉。同时，为了调整每根预应力筋的应力使其一致和避免预应力筋超其屈服点或屈服强度张拉，其张拉程序应符合表 6-1-8 的要求。 先张法预应力筋张拉程序表　　表 6-1-8 | 预应力筋种类	持荷时间(min)	张 拉 程 序
钢　筋	5	$0 \to$ 初应力 $\to 105\sigma_k\% \to 90\sigma_k\% \to \sigma_k$(锚固)
钢丝、钢绞线	5	$0 \to$ 初应力 $\to 105\sigma_k\% \to 0 \to \sigma_k$(锚固) | (8) 对于梁体构件，先张法一般多采用预应力板或预应力空心板梁结构，其预应力筋在张拉前，两发端用夹具固定在横梁后面的定位板上，只要定位板位置正确，一般预应力筋不会发生较大的平面偏差。《地下铁道工程施工及验收规范》中明确规定：预应力筋张拉完毕，位置允许偏差为 ±5mm，并不得大于结构断面最短边的 4%。 (9) 混凝土一般达到设计强度的 70% 时，才可获得所需抗压强度和预应力筋的粘结力，否则，放张时，混凝土构件端部可能沿预应力筋周围会出现裂纹，这样会严重影响工程质量。 (10) 为了防止预应力构件松张时发生裂纹及预应力筋断折等现象，要求预应力筋张拉后切断顺序应由放张端开始，逐次切向另一端。
	后张法施工	(1) 随着大跨度预应力梁施工技术的发展，后张法大吨位曲线束和多跨连续曲线束增多，孔道密集，形态复杂，采用传统的钢管抽芯、胶管抽芯和预埋钢管等已不能适应，因此，目前多采用波纹管。波纹管具有质量轻、刚度好、弯折方便，易于连接，与预应力筋摩阻系数小，与混凝土粘着力强等优点。 (2) 预应力筋孔道的波纹管安装，是保持预应力筋位置正确的关键工序，它的质量好坏，对预应力筋穿束和张拉关系极大，所以施工时必须确保质量。为保证穿束顺利进行，根据施工实践，选择波纹管内径一般比预应力筋(束)的外径大 10～15mm 较为合适。安装时其具体要求如下： 1) 位置正确，控制点允许偏差为：垂直方向 ±10mm，水平方向 ±20mm； 2) 固定波纹管的托架应与结构钢筋连接牢固，托架间距不应大于 600mm，特殊部位应加密； 3) 管接头连接应严密，灌浆孔设置间距不应大于 30m； 4) 端头波纹管孔道中心线应垂直于锚垫板并连接牢固、严密。 (3) 为防止后张法预留孔道堵塞和使其位置正确，要求孔道形成后应逐根检查，合格后才可进行下道工序施工。施工中，若电火花烧伤波纹管，会造成灌注混凝土时水泥浆灌入管内，影响预应力筋张拉质量。 (4) 混凝土强度未达到规定即行张拉时，则因混凝土收缩、徐变所引起的预应力损失值将大为增加，严重时可使锚垫板处的混凝土产生裂缝甚至破碎。因此，施加预应力时的结构混凝土不应低于设计强度的 70%。
审核人		交接人　　　　　　　　　接受交底人

续表

序号	项目	城市轨道工程钢筋混凝土高架桥施工技术交底的主要内容
5 预应力混凝土结构	后张法施工	(5) 采用后张法多根(束)预应力筋张拉时,必须使张拉的合力作用线处在结构核心截面以内,主要是防止受压结构的截面产生过大偏心受压和边缘拉力,并引起张力损失。因此,《地下铁道工程施工及验收规范》中明确规定:预应力筋应分批、分阶段对称张拉,其张拉顺序必须符合设计规定。 (6) 预应力筋超张拉时,其张拉程序必须符合表6-1-9的要求。 **后张法预应力筋张拉程序**　　表6-1-9 	序号	预应力筋种类		持荷时间(min)	张拉程序
---	---	---	---	---
1	钢筋、钢筋束及钢绞线束		5	$0 \to 初应力 \to 105\sigma_k\% \to \sigma_k(锚固)$
2	钢丝束	夹片式锚具及锥销式锚具	5	$0 \to 初应力 \to 105\sigma_k\% \to \sigma_k(锚固)$
		其他锚具	5	$0 \to 初应力 \to 105\sigma_k\% \to 0 \to \sigma_k(锚固)$ | (7) 长度大于25m的预应力筋与孔道之间摩阻力较大,如一端固定,另一端张拉时,则摩阻力集中在一端锚具和张拉设备上,实际的预应力有可能达不到要求,故要求采取两端张拉的方法。 (8) 预应力筋断丝、滑移不得超过表6-1-10中的规定。 **后张法预应力筋断丝、滑移控制值**　　表6-1-10 | 序号	检查的主要项目		控制数
---	---	---	---
1	钢丝、钢绞线	每束钢丝或钢绞线断丝、滑丝	1根
		每个断面断丝之和不超过该断面钢丝总数	1%
2	单根钢筋	断筋或滑移	不允许	
	孔道压浆施工	(1) 预应力孔道压浆的目的,是通过凝结后的水泥浆将预应力传布至混凝土结构,并防止预应力筋锈蚀,因此,要求预应力筋张拉后,应及时进行孔道压浆。其水泥浆应符合以下要求: 1) 由于普通硅酸盐水泥适用性强,而矿渣硅酸盐水泥早期强度低,泌水性大,抗冻性差,因此,一般应先采用普通硅酸盐水泥,但矿渣硅酸盐水泥除冬季也可采用。实际工程上宜常采用32.5级以上的普通硅酸盐水泥或矿渣硅酸盐水泥; 2) 为了减少水泥浆凝结时的收缩,增加其密实度,并且要求水灰比为0.4~0.45,泌水率不应大于4%;水泥中掺入适量膨胀剂后可增加密实度,但掺量过大时,将降低水泥强度,故要求膨胀率不得大于10%; 3) 水泥浆调制稠度和流动度的要求,主要是考虑压浆的压力和便于灌浆,所以要求稠度为14~18g,流动度为120~170mm; 4) 水泥浆调好后如延续时间太长,将降低其流动性,不但增加压力而且不宜密实,为防止水泥浆沉淀、泌水和过快地降低流动性,《地下铁道工程施工及验收规范》要求:水泥浆调至灌注延续时间不应超过45min,并在压浆中经常搅动。 (2) 压浆施工中应符合以下要求: 1) 孔道压浆前进行清理和湿润是为了保证压浆质量、增加水泥浆流动性和密实度;所以,压浆前应将孔道清理干净,湿润无积水;

审核人		交接人		接受交底人	

续表

序号	项目	城市轨道工程钢筋混凝土高架桥施工技术交底的主要内容
5	预应力混凝土结构	2）压浆由最低处的压浆孔压入，可迫使孔道内空气聚集在水泥上面，并逐渐由最高点排气孔排气和泌水，以保证水泥浆的密实度，况且施工中必须压浆缓慢、均匀进行。每一孔道宜于两端先后各压一次，间隔时间为30～45min，泌水率较小的水泥浆，可采用一次压注法进行； 3）压浆采用机械进行，一般是活塞泵或压浆泵压注水泥浆，而风压式或使空气窜入水泥浆中会产生气孔，所以，不得使用压缩空气； 4）压浆泵需要的压力，以能将水泥浆压入并充满孔道的孔隙为原则。对气温的要求，是根据混凝土施工条件提出来的。如气温在35℃以上压注混凝土时，由于气温高，对压注水泥浆不利，而夜间气温较低些。所以，要求压浆中及压浆后48h内结构混凝土温度控制在5～35℃之间； 5）压浆施工过程中必须填写记录，并且每班留取3组试件。 （3）压浆结束后，锚具应灌注混凝土封闭。长期外露的锚具，应采取防锈措施。 （4）当预制构件的孔道水泥浆达到设计强度的55%时，其强度不得低于20MPa时才可以进行移运和吊装。
6	高架桥桥面系施工	（1）高架桥变形缝是为了气温升高或降低而引起桥梁长度变化而设置的。为防止其变化引起应力集中而损坏梁结构或垫层以及保证变形缝填缝质量，同时为不影响防水层铺贴。 （2）高架桥上的变形缝应直顺无堵塞，垫层与结构变形缝同位，填料前应清理干净，填料填充密实并与垫层面相平。 （3）桥面的栏杆、消声墙、人行步道、缘石和灯杆等，都是以线路为准测放其位置和高程的。这样不但避免累积偏差的出现，而且保证不侵入限界。 （4）桥面采用卷材或涂膜防水层时，其施工注意事项请参照《地下铁道工程施工及验收规范》第九章第三节、第四节中的有关内容。 （5）栏杆安装应符合如下要求： 1）立柱位置和顶端高程应正确并垂直，允许偏差：平面位置和高程均±4mm，垂直度为2‰； 2）扶手应垂直，其允许的偏差一般为3mm。 （6）高架桥上的消声墙安装位置应正确，支架应横平竖直，消声板固定必须牢固，消声墙允许偏差为：平面位置±5mm，垂直度2‰。 （7）城市高架桥上的人行步道，必须平整，并按设计要求而留出排水的坡度，其平整度的允许偏差为3mm。 （8）缘石必须固定牢靠，位置必须正确，其平整度允许偏差为3mm。 （9）高架桥上均安装了路灯，其灯杆安装的允许偏差为：平面位置，纵向±100mm，横向±20mm；垂直度2‰。 （10）排水孔位置必须正确，排水畅通，并应伸出结构100～150mm，主要是为防止排出的水含有有害物质，长期侵蚀混凝土结构而受到损坏。
7	高架桥的工程验收	（1）钢筋混凝土高架桥施工以下项目必须进行中间检验，并符合《地下铁道工程施工及验收规范》中的有关规定： 1）高架桥的桥基及开挖后的基底高程、基坑宽度、基坑支护和边坡稳定性以及基底处理和基础完成后，对基坑进行清理和回填； 2）高架桥结构使用的原材料、预制构件及混凝土的配合比、搅拌、灌注和钢筋加工、绑扎、模板及预埋件等；
审核人		交接人	接受交底人	

续表

序号	项目	城市轨道工程钢筋混凝土高架桥施工技术交底的主要内容		
7	高架桥的工程验收	3) 高架桥上的所有预应力混凝土结构,如钢筋冷拉、钢材编束、孔道预留、施加预应力和孔道压浆等; 4) 高架桥桥面系各部件安装及防水材料和施工。 (2) 高架桥结构竣工验收时,其混凝土强度必须符合设计要求,无露筋、露石、裂缝,表面平整,结构允许偏差值应符合表 6-1-11 的要求。		

高架桥钢筋混凝土结构允许偏差值(mm)　　　表 6-1-11

序号	主要项目		允许偏差	检查方法
1	平面位置	基础	±20	以线路中线为准,经纬仪检查
		承台	±15	以线路中线为准,经纬仪检查
		台、墩、柱	±10	以线路中线为准,经纬仪检查
		梁、板	±10	以线路中线为准,经纬仪检查
		变形缝	±10	以线路中线为准,用尺检查
		预埋件	±10	以线路中线为准,用尺检查
		预留孔洞	±10	以线路中线为准,用尺检查
		消声墙	±10	以线路中线为准,用尺检查
2	垂直度	基础	±30	吊锤塞尺检查
		承台	±20	吊锤塞尺检查
		台、墩、柱	2‰	吊锤塞尺检查
		消声墙	2‰	吊锤塞尺检查
3	平整度及直顺度	基础	20	拉线用 2m 靠尺检查
		承台	15	拉线用 2m 靠尺检查
		台、墩、柱	10	拉线用 2m 靠尺检查
		梁、板及步道	10	拉线用 2m 靠尺检查
		消声墙	10	拉线用 2m 靠尺检查
		预埋件	10	用靠尺检查
4	高程	基础	±20	用水平仪检查
		承台	±15	用水平仪检查
		台、墩、柱	±10	用水平仪检查
		梁、板	±10	用水平仪检查
		桥面梁板防水保护层及步道	±10	用水平仪检查
		预留孔道	±15	用水平仪检查
		预埋件	±10	用水平仪检查

(3) 高架桥的工程竣工验收前,施工单位必须提供如下资料:
1) 原材料、成品、半成品质量合格证;
2) 各种试验报告和质量评定记录;
3) 隐蔽工程验收记录;
4) 工程测量定位记录;
5) 混凝土冬期施工热工计算及施工记录;
6) 图纸会审记录、变更设计或洽商记录;
7) 开工、竣工报告;
8) 竣工图。

审核人		交接人		接受交底人	

6.2 轨道工程建筑装修施工技术交底

城市轨道工程建筑装修施工技术交底见表 6-2 所示。

表 6-2 城市轨道工程建筑装修施工技术交底

序号	项目	城市轨道工程建筑装修施工技术交底的主要内容
1	一般规定	(1) 城市轨道工程的车站及附属建筑物装修工程施工应具备以下要求: 1) 城市轨道工程施工组织设计已经被批准并必须进行交底; 2) 城市轨道工程的车站及附属建筑物主体结构验收必须合格,并要求清理干净; 3) 轨道工程装修范围内的整体道床及附属建筑物施工必须完毕; 4) 城市轨道工程的车站及附属建筑物主体结构和道床已贯通测量,与装修有关的水准点、轨道中线点等有关资料交给装修施工单位; 5) 所有轨道工程装修施工范围内的临时供电线路及供水管道敷设完毕。 (2) 装修施工时的环境温度和湿度应符合以下要求:抹灰与镶贴块饰面工程必须低于 5℃、涂料工程要求不得低于 8℃、玻璃工程不得低于 5℃、胶粘剂粘贴饰面工程必须低于 10℃、施工的周围环境相对湿度不宜大于 80%。 (3) 施工前应对结构净空尺寸、柱子、墙面的垂直度、轴线、预埋件及预留孔、槽等进行检查,所有不符合设计要求的应进行处理。
2	车站的吊顶施工	(1) 城市轨道工程的车站吊顶工程必须在顶棚内的管道、检修通道安装完毕后才能进行施工。 (2) 为了保证吊顶和管道设备安全并便于维修,特提出吊挂系统需要独立设置的要求。即:吊顶时使用的吊挂件不得与设备管道及检修通道的吊挂件合用,更不能吊挂在管道或其他设备上。设备管道不得架设在吊顶龙骨上。 (3) 为防止吊顶的吊挂件与管道设备的吊挂件发生矛盾,并保证其位置正确,所以要求:吊顶施工前,必须在结构顶板底面测放出大龙骨吊点的位置和吊顶周边线以及高程控制线(点)。 (4) 吊顶的吊挂点在结构顶板上固定方法基本上有两种,第一种是在结构顶板内预埋钢板或套管,然后与吊杆焊接或用螺栓连接;第二种是采用打膨胀螺栓的方法,然后与吊挂件连接。为保证安全施工,要求吊顶的吊挂点与结构连接可采用预埋件或膨胀螺栓,位置应正确并固定牢固。如果膨胀螺栓钻孔遇到结构钢筋时,必须沿大龙骨方向前后移动 50~100mm 补设。特别是站厅(台),吊顶面积大,吊杆负荷比较重,必要时尚需作负载试验。 (5) 根据施工实践经验,对于车站大厅的吊顶施工,大厅的中间必须起拱,而且起拱的高度应当为顶棚短边长度的 1/400~1/500。 (6) 吊杆与吊点及大龙骨的连接必须是连接牢固可靠,并且吊杆不得弯曲。对于大、中、小龙骨的挂、插件应连接牢固。 (7) 为使吊顶铁件延长使用寿命,防止铁件因氧化而锈蚀,特别要求吊件及连接件等,除采用镀锌件外,凡金属外露面均应做防锈处理。 (8) 吊顶的大龙骨是主要受力构件,为防止吊顶变形,保证工程质量,《地下铁道工程施工及验收规范》规定:吊顶的大龙骨不宜悬挑,如若遇到悬挑时,其悬挑的长度不应大于 300mm。大龙骨对接接长时,其相邻大龙骨的接头位置应相互错开。 (9) 在车站站厅(台)吊顶上,除安装一般筒灯照明外,有的尚安设组合灯具、通风口箅子、广播喇叭箅子等,为防止吊顶变形和以上设施坠落,国家规定:吊顶上的照明灯具(筒灯除外)、通风口及广播喇叭等,必须增设附加龙骨固定在大龙骨上或单独吊挂,不得架设在中、小龙骨上。
审核人		交接人		接受交底人	

续表

序号	项目	城市轨道工程建筑装修施工技术交底的主要内容
2	车站的吊顶施工	(10) 吊顶饰面板必须在吊顶内的照明、广播及通风管线敷设完工并验收合格后安装。 (11) 由于建筑装修材料的日新月异发展,结合地下铁道车站厅(台)适应的吊顶材料和形式,所以,《地下铁道工程施工及验收规范》规定:对水泥加压板、金属板(条)、钢丝网片等吊顶材料的施工做出必须符合如下要求: 1) 明龙骨布置,如设计无要求时,中龙骨(或通长次龙骨)应沿车站大厅纵向或主要入口方向敷设,房间内应沿主要入口或房间长边方向敷设;中、小龙骨必须相互垂直,搭接底面应平整、无错台,间距尺寸正确,饰面板周边与龙骨支承面必须密贴,不得翘曲露缝等; 2) 暗龙骨饰面板与龙骨应固定牢靠,板面平整,板缝纵横直顺、宽窄均匀一致; 3) 金属扣条饰面板面应平整,条缝应直顺,相邻条板接头位置相互错开,接缝严密,不得有错台和错位;饰面板与灯口、箅子口等相交处,套割尺寸必须正确,边缘整齐,不得露缝; 4) 钢丝网片饰面的纵横龙骨必须相互垂直,接头平整,网格形状一致,周边支撑长度必须符合设计要求,网片中部不得下垂,网片和龙骨的涂料颜色必须均匀一致; 5) 饰面板起拱尺寸应正确,阴阳角收边应规整。 (12) 为吊顶花饰安装后达到应有的艺术效果,《地下铁道工程施工及验收规范》规定:吊顶花饰安装应牢固,并具有完整性和一贯性,花饰板面不得翘曲和歪,表面必须洁净。 (13) 为防止吊顶变形和损坏,避免已装修好的吊顶面层涂料变色、起皮现象发生,特要求吊顶饰面板安装后,不得踩踏龙骨和饰面板,并保持环境通风干燥、安全。
3	站台(厅)地面施工	(1) 为了确保车站大厅地面的施工质量而要求:站厅(台)地面面层必须在吊顶和柱(墙)面装修完工后施工。在特殊情况下如先做地面时,则应采取保护措施,避免造成地面面层返工。 (2) 车站站台面高度是根据运行车辆的车厢门下槛的高度而确定,而站台帽石边缘距离,是根据建筑限界而确定的。《地下铁道工程施工及验收规范》规定:站厅(台)地面必须以轨道中线位置及高程为基准,测放基高程及站台侧面帽石外缘的位置,其允许偏差为:距离$^{+3}_{0}$mm;高程±3mm。 (3) 车站站台的边缘都设有与轨道平行的安全线标志,以提醒乘客注意列车进出站时的安全。所以,站台边沿与轨道方向平行铺设的安全线标志的位置及材料规格和颜色必须符合设计要求。 (4) 为防止结构不均匀沉降,一般结构分段变形线,而站台地面也在与结构同部位处设变形缝,以保持与结构沉降变形的一致性。 另外为检修站台下的管道、电缆等需要,在站台地面上设有检查人孔。变形缝及检查人孔板周边均设置角钢边框,为保证乘客行走安全和面层质量。《地下铁道工程施工及验收规范》规定:站台面设置的变形缝及检查人孔,其镶边角钢预埋件应与地面基层结合牢固、直顺,宽窄一致并与站台面齐平。变形缝的盖板条及检查孔盖板,表面必须平整并与站台面相平。城市轨道运输的乘客流量大,车站站厅及站台厅地面多采用耐久性强、容易清洗的板块材料铺砌而成,目前除常用的预制水磨石板、红砖外,还大量采用陶瓷地砖、天然石板等材料。所以,站厅(台)面层采用板(砖)块铺砌时必须符合下述要求: 1) 铺砌前应分类选择,凡有裂纹、表面破损和有缺陷的应予剔出,不同品种的板(砖)材不得混用,板(砖)块面层材料应湿润后铺砌; 2) 板(砖)块应在砂浆结合层初凝前铺砌完毕,其表面应平整,板缝直顺、缝宽一致,图案镶嵌正确。施工间歇后继续铺砌时,应将已铺砌板(砖)块挤出的砂浆清理干净; 3) 板(砖)块面层宜在铺砌 1~2d 后用水泥填缝,水泥凝固后才可清洗层; 4) 大理石面铺砌前,应按设计图案或板面纹理试拼并编号。铺砌后应保护,待水泥砂浆结合层达到设计强度后才可打蜡擦亮。
审核人		交接人　　　　　　接受交底人

续表

序号	项目	城市轨道工程建筑装修施工技术交底的主要内容
4	站台(厅)钢管柱及钢筋混凝土柱饰面施工	(1) 地下铁道车站建成初期比较潮湿,钢管柱表面容易产生锈蚀,为了延长钢管柱使用寿命,要求在柱面装修时,首先应认真除锈,并及时进行下道工序施工。 (2) 柱面饰面板施工必须有符合以下规定: 1) 施工安装前,饰面板必须按照其品种、规格、颜色进行认真的分类并清理干净,大理石板块尚应进行试拼编号; 2) 饰面板必须固定牢靠,其位置必须正确,接缝必须直顺,竖缝必须封闭严密。且板面与柱面应湿润后及时灌注水泥砂浆; 3) 天然及预制水磨石饰面板接缝应干接,并用与面板相同颜色的水泥浆填缝抹平; 4) 饰面板安装完毕,柱面面层清洗干净后应打蜡擦亮。 (3) 柱面面层镶贴面砖施工必须有符合以下要求: 1) 由于钢筋混凝土柱面常因沾有模板隔离剂而很难清洗干净,为使抹灰层与柱面结合牢固,避免空鼓,要求钢筋混凝土柱面必须凿毛、刷界面剂,抹1:3的水泥砂浆底层后弹好控制线; 2) 明确施工程序和方法,以便保证工程质量。特别是对面砖镶贴前应先选砖、预挂、浸泡晾干后镶贴。面砖接缝的嵌填材料、颜色及勾缝深度应符合设计要求; 3) 面砖应自下向上逐层进行镶贴,对于贴砖砂浆必须饱满,镶贴面砖表面必须平整,其接缝横平竖直。
5	站台电线墙施工	(1) 地下铁道内的各种电缆均沿隧道结构墙壁悬挂敷设,当电缆通过车站时,由于建筑装修需要,采用电缆墙加以隐蔽,其电缆墙有的采用混凝土管块、金属活动板墙及水泥加压板墙等形式,由于电缆墙与行车安全和站台厅装修有关,所以,《地下铁道工程施工及验收规范》规定:电缆墙饰面层使用的材料应符合设计要求,墙面应垂直、平整、直顺,并与主体结构连接牢固,其位置以线路中线为准,允许偏差为$^{+3}_0$mm。 (2) 根据国家现行标准《通信管道工程施工及验收技术规范》YDJ 39,并结合已建成地下车站混凝土管块电缆墙施工的实践,混凝土管块电缆墙铺砌应符合下列规定: 1) 管块应平实铺卧在砂浆垫层上,垫层厚度为15~20mm; 2) 管块接缝间隙不应大于5mm,上下两层接缝宜错开1/2管块长度; 3) 管块接缝处应用纱布包缠并湿润,刷一道水泥浆后抹水泥砂浆; 4) 管块铺设完毕后,管孔应用拉棒试通,并要求安全、合格。 (3) 金属活动板及水泥加压板电缆墙面是靠型钢骨架与主体结构连接在一起,为保证墙面的稳固,要求其连接必须牢固,对于竖、横龙骨必须相互垂直、表面平整直顺和美观大方,接头处不得有错台,骨架应做防锈处理。 (4) 金属活动板电缆墙的活动板块(扇)与型钢骨架的连接,当采用合页连接时,扇的开启方向必须符合设计要求,并且关闭后的固定装置应可靠,以确保行车安全。 (5) 为保证水泥加压板电缆墙的板面与型钢骨架固定牢固,防止板面松动和表面变形,《地下铁道工程施工及验收规范》规定:水泥加压板电缆墙板面安装应符合以下要求: 1) 板面安装可采用自攻螺栓或沉头螺栓紧固在型钢骨架上,自攻螺栓或沉头螺栓的间距为:周边不应大于200mm,中间不应大于300mm,距板边宜为12~16mm; 2) 对于自攻螺栓或沉头螺栓帽必须略埋入板面,并必须做好防锈处理,一般采用腻子补平后再刷涂料; 3) 板缝处理必须符合其设计要求。
审核人		交接人 接受交底人

续表

序号	项目	城市轨道工程建筑装修施工技术交底的主要内容
6	不锈钢栏杆及楼梯扶手施工	(1)不锈钢栏杆及楼梯扶手所使用的材料品种、规格必须符合设计要求,管壁厚度如若无设计要求时,应大于1.2mm。 (2)为确保不锈钢栏杆及楼梯扶手在安装后达到设计要求和使用安全,《地下铁道工程施工及验收规范》规定:栏杆及楼梯扶手安装的位置必须正确、牢固,扶手的坡度与楼梯的坡度应保持一致,栏杆必须垂直,其间距应均匀、正确。 (3)不锈钢栏杆的立柱与扶手的接口必须吻合,焊接密实,其焊口表面光洁度及颜色均必须与原材料相一致。 (4)对于不锈钢栏杆、楼梯扶手的加工质量提出特别要求,当楼梯的扶手转角为弧形角时,必须圆顺、光滑、不变形;直拐角接口割角必须正确、接缝必须严密,外形美观大方。
7	建筑装修工程验收	(1)车站的吊顶以下项目必须进行中间检验,并应符合《地下铁道工程施工及验收规范》"建筑装修"中的有关规定。即:吊顶所用材质、品种、规格、颜色;龙骨吊点测放的位置、固定及组装;卸面板块的切割和安装等。 (2)吊顶竣工后,龙骨及板块必须固定牢靠,板面平整,无污染、翘曲、下垂、缺棱掉角等缺陷,板(条)均匀一致,纵横直顺。其吊顶的饰面板允许偏差应符合表6-2-1的要求。 **吊顶饰面板允许偏差(mm)** 表6-2-1 | 序号 | 主要项目 | 允许偏差 | 检查方法 | |---|---|---|---| | 1 | 表面平整度 | 2 | 用2m靠尺和楔形塞尺检查 | | 2 | 接缝平直度 | 3 | 拉5m线,不足5m拉通线用尺量检查 | | 3 | 接缝高低差 | 0.5 | 用直尺和楔形塞尺检查 | | 4 | 吊顶起拱高度 | ±5 | 拉线用尺量或水平仪检查 | | 5 | 吊顶边线高度 | ±2 | 拉线用尺量或水平仪检查 | | 6 | 分格线平直度 | 2 | 拉5m线,不足5m拉通线用尺量检查 | (3)站厅(台)板块地面以下项目必须进行中间检验,并应符合《地下铁道工程施工及验收规范》"建筑装修"中的有关规定。例如: 1)板块的材质、品种、规格、颜色和光洁度; 2)板块垫层砂浆材质、配合比及铺砌; 3)板面及踢脚板铺砌,站台安全线位置及直顺度; 4)站台帽石边缘距轨道中心线的距离及地面高程。 (4)站厅(台)板块地面竣工后必须无空鼓,表面平整、洁净,无明显色差,缝隙直顺,宽窄一致,其板块地面面层偏差必须符合表6-2-2中的要求。 **板块地面面层偏差(mm)** 表6-2-2 | 序号 | 主要项目 | 允许偏差 |||| 检查方法 | |---|---|---|---|---|---|---| | | | 天然光镜面石材 | 预制水磨石 | 陶瓷地砖 | 红砖 | | | 1 | 表面平整度 | 1 | 2 | 2 | 4 | 用2m靠尺和楔形塞尺检查 | | 2 | 缝格平直度 | 2 | 3 | 3 | 3 | 拉5m线,不足5m拉通线用尺量检查 |
审核人		交接人 接受交底人

续表

序号	项目	城市轨道工程建筑装修施工技术交底的主要内容
7	建筑装修工程验收	续表 	序号	主要项目	允许偏差				检查方法
---	---	---	---	---	---	---
		天然光镜面石材	预制水磨石	陶瓷地砖	红砖	
3	接缝高低差	0.5	1	1	1.5	用直尺和楔形塞尺检查
4	踢脚板上口平直度	1	2	2	—	拉5m线,不足5m拉通线用尺量检查
5	板缝宽度	1	2	2	2	尺量检查
6	帽石边距轨道中线	+3 0 |||| 用经纬仪和尺量检查
7	站台面高程	±3 |||| 用水平仪和尺量检查 | 注:表中第5项板缝宽度为设计无要求时的宽度。 (5)站厅(台)柱面板块饰面以下项目必须进行中间检验,并应符合本节前面已述的有关要求与规定,即:饰面板的材质、品种、规格、颜色和光洁度,饰面板底层砂浆材质、配合比及铺砌,以及板块的镶贴等。 (6)站厅(台)柱面板块饰面竣工后必须无空鼓,表面平整、洁净,无明显色差,缝隙直顺,宽窄一致,阳角方正,弧面圆顺。其柱面板块面层偏差必须符合表6-2-3中的要求。 **站厅(台)柱面面层允许偏差值(mm)** 表6-2-3 | 序号	主要项目	允许偏差 ||||| 检查方法
---	---	---	---	---	---	---	---
		天然光镜面石材		粗磨面石材	预制水磨石	饰面砖	
		方柱	圆柱				
1	表面平整度	1	—	2	2	2	用2m靠尺和楔形塞尺检查
2	立面垂直度	2	2	2	2	2	用2m托线板检查
3	阳角方正	2	2	3	2	2	用200mm方尺楔形塞尺检查
4	接缝高低差	0.3	0.3	1	0.5	0.5	用直尺和楔形塞尺检查
5	板缝宽度	0.5	0.5	1	0.5	1	用尺量检查
6	弧形柱面精度	—	1.5	—	—	—	用1/4圆板和楔形塞尺检查
7	柱群纵横向直顺度	5	5	—	—	—	拉通线或经纬仪用尺量检查 | (7)电缆墙以下项目应进行中间检验,并符合本节有关要求,即:使用的材质、品种、规格、型号,混凝土管块的砌筑和试通,金属活动板及加压板电缆墙的安装质量。 (8)电缆墙竣工后必须与结构连接牢固,墙面平整、垂直,混凝土管孔拉棒试通合格,金属活动板及水泥加压板骨架横平竖直,其允许偏差应符合表6-2-4的要求。
审核人		交接人　　　　　　　　接受交底人

续表

序号	项目	城市轨道工程建筑装修施工技术交底的主要内容
7	建筑装修工程验收	电缆墙允许偏差值(mm)　　　表6-2-4 	序号	主要项目	允许偏差	检查方法
---	---	---	---
1	墙面距轨道中线	+3 -2	用经纬仪和尺量检查
2	墙面垂直度	3	用2m托线板检查
3	墙面平整度	3	用2m靠尺和楔形塞尺检查
4	板墙骨架横竖龙骨中心距	±2.5	用尺量检查
5	板墙骨架横竖龙骨对角线尺寸	≤5	用尺量检查
6	管道管孔通顺度	拉棒试通	用比管孔孔径小5mm、长900mm的拉棒进行检查,两孔以上的水泥管块管道,每个管块任抽试两孔应通顺 | (9) 不锈钢栏杆、扶手以下项目应进行中间检验,并符合本节有关内容规定:例如:使用的材质、品种、规格,制作尺寸和安装位置。 (10) 不锈钢栏杆、扶手竣工后应固定牢固,位置正确,表面光滑、色泽光亮一致,扶手弧形弯角无变形,直角接口严密无缝隙,其允许偏差必须符合表6-2-5的要求。 不锈钢栏杆、扶手安装允许偏差值(mm)　　　表6-2-5 | 序号	主要项目	允许偏差	检查方法
---	---	---	---
1	扶手直顺度	1	拉5m线,不足5m拉通线尺量检查
2	栏杆垂直度	1	吊线尺量检查
3	栏杆间距	2	尺量检查	 (11) 建筑装修工程竣工验收应提供下列资料: 1) 原材料、成品、半成品质量合格证; 2) 各种试验报告和质量评定记录; 3) 隐蔽工程验收记录,工程测量定位记录; 4) 图纸会审记录、变更设计或洽商记录; 5) 开竣工报告; 6) 竣工图。
审核人		交接人　　　　　　　　接受交底人